LE BON FONDEMENT

Olivier Favre

LE BON FONDEMENT

un survol des doctrines chrétiennes
dans l'esprit de la réformation

© Editions Repères, case postale 86, CH-1009 Pully
Maquette et compostion : Nicolas Denis

Publié en Europe par Éditions Réperes

Publié au Canada par Éditions Cruciforme
avec permission

ISBN : 978-2-924110-44-7

Dépôt légal – Bibliothèque nationale du Québec, 2015
Dépôt légal – Bibliothèque nationale du Canada, 2015

Table des matières

A l'Eglise Réformée Baptiste de Lausanne
et à son corps d'anciens,
en souvenir des belles années passées
ensemble au service de notre divin Maître.

Je tiens à remercier tout particulièrement :

Madame Danielle Scharf, sans laquelle ce livre n'aurait jamais vu le jour puisqu'elle a dactylographié l'ensemble des prédications.

Mon épouse Denise et sa sœur Madame Madeline Comte, pour leur relecture attentive.

Mon ami Christian Benoit ainsi que Monsieur Nicolas Denis, pour leur important travail de correction et de mise en page.

Préface

Il est bon d'examiner de temps à autre le fondement sur lequel repose un édifice. En effet, une construction peut paraître en bonne santé mais se mettre tout à coup à chanceler, révélant ainsi une fondation défectueuse.

Selon Ephésiens 2:21, l'Eglise de Jésus-Christ est comparée à un édifice bâti sur le fondement des Apôtres et des Prophètes. Il est donc important d'étudier la confession de foi et l'enseignement de l'Eglise locale afin de vérifier son contenu à la lumière de l'enseignement biblique. Car de sa conformité à la doctrine des Apôtres dépendra la solidité de la construction.

A l'origine, les exposés doctrinaux qui constituent cet ouvrage ont été donnés sous forme de prédications en 1994 et 1995 à l'Eglise Réformée Baptiste de Lausanne. Devant l'intérêt suscité par ces enseignements et suite à la proposition d'une dame de dactylographier l'ensemble de ces prédications, il m'a paru bon de les réunir dans le livre que voici. Le style oral a été maintenu et laisse ainsi au lecteur un texte d'approche facile et directe.

Dans *Le Bon Fondement* je me propose d'examiner brièvement, en général au moyen d'une seule prédication par sujet, les doctrines fondamentales exposées dans *Les grandes Confessions de Foi de la Réforme* et en particulier dans *La Confession de Foi Réformée Baptiste de 1689*. Comme il s'agit d'une sorte de «survol», pour une réflexion plus approfondie le lecteur trouvera le plus grand profit à se référer directement aux

Confessions de Foi[1] et à faire usage de la bibliographie qui se trouve à la fin de l'ouvrage.

Puisse la lecture et la méditation de ces exposés affermir votre foi et vous pousser à glorifier l'Eternel. A lui seul soit la Gloire aux siècles des siècles !

Olivier Favre,
Corcelles près Payerne, Suisse, automne 2007

---

[1] Voici quelques indications bibliographiques pour ceux qui voudraient se procurer ces Confessions de Foi. *Les Textes de Westminster*, Ed. Kerygma, Aix-en-Provence, 1988, *La Confession de la Rochelle*, Ed. Kerygma, Aix-en-Provence, 1988, *La Seconde Confession helvétique*, Ed. Kerygma, Aix-en-Provence, 2001, *La Confession Réformée Baptiste de 1689*, Ed. Europresse (Comité d'entraide Réformé Baptiste), Châlon sur Saône, 1994.

Chapitre 1 : La Bible

Luc 1:1-4 ; Luc 16:27-31 ; 2 Timothée 3:14-17 ;
2 Pierre 1:20, 21 ; 2 Pierre 3:15,16.

La Bible est le premier sujet abordé dans ces Confessions de Foi ; en effet c'est par la Bible que nous avons la connaissance de Dieu. Nous nous pencherons donc d'abord sur le sujet de la Bible en nous posant trois questions : Pourquoi avons-nous besoin de la Bible ? Qu'est-ce que la Bible ? Comment la Bible a-t-elle été écrite ?

Pourquoi avons-nous besoin de la Bible ?

Selon Romains 1:18ss, chaque homme sait, par la révélation générale*[2] de Dieu, que Dieu existe. Selon Romains 2:12ss, chaque homme, par la conscience que Dieu a placée en lui, sait que ce Dieu exige de lui une obéissance à des lois, un certain comportement. Selon Ecclésiaste 3:11, chaque homme sait dans son cœur qu'il existe une éternité, une vie qui ne finira jamais. Mais tout cela n'est pas suffisant pour connaître le message du salut. Il y a assez de lumière pour que chaque être humain soit condamné par Dieu, mais pas assez pour qu'il puisse se sauver par lui-même, pour qu'il puisse arriver à la connaissance du salut, sans une intervention spéciale de Dieu. Il fallait donc que Dieu vienne nous rencontrer dans notre esclavage du péché, il fallait une révélation spéciale* de Dieu car il habite une lumière inaccessible à l'homme.

[2] Les mots suivis d'une astérisque sont brièvement définis dans le lexique en fin d'ouvrage.

Voilà pourquoi nous avons encore besoin de la Bible aujourd'hui. Par nos propres efforts, nous ne pouvons pas atteindre cette lumière inaccessible de Dieu. L'homme a besoin d'un livre qui lui fasse connaître : qu'il est dans le péché, qui est Dieu, quel est le salut de Dieu ; ce que Dieu requiert de lui en matière de foi et d'obéissance.

Et c'est exactement ce à quoi Dieu a pourvu en donnant la Bible. Lisons 2 Timothée 3:14-17. Paul parle ici à Timothée, l'appelant *homme de Dieu* (c'est-à-dire qui a une responsabilité dans l'Eglise de Dieu). Il lui dit que l'Ecriture est utile pour tout son ministère : pour enseigner, pour convaincre, pour redresser, pour éduquer dans la justice et même pour toute œuvre bonne.

L'Ecriture, la Parole inspirée de Dieu, est donc pleinement suffisante pour tout ce dont vous avez besoin dans votre vie chrétienne. Rien ne manque à l'Ecriture, autant pour les enfants et chaque membre de l'Eglise, que pour ceux qui ont la responsabilité de conduire et de nourrir l'Eglise de Dieu. L'Ecriture est toute suffisante pour chaque homme. Cette affirmation va à l'encontre de bien des pensées actuelles. En effet il n'y a plus besoin de révélation nouvelle, comme beaucoup d'Eglises le prétendent aujourd'hui ; il n'y a aucun besoin non plus, d'une Tradition avec un grand T, comme le prétend l'Eglise Catholique Romaine. Non, nous insistons là-dessus : *la Parole de Dieu est toute suffisante pour chaque homme.*

Mais il faut bien comprendre cette expression. Cela ne veut pas dire que la Parole de Dieu dise tout sur tous les sujets, mais plutôt qu'elle est suffisante pour orienter toute votre vie, vos actes et vos pensées afin que vous glorifiiez Dieu ; pour que vous sachiez tout ce que vous avez à connaître sur Dieu et sur le salut ; pour donner une base correcte à toutes les autres sciences.

Par exemple, l'Ecriture ne dira pas à un étudiant en mécanique quel est le meilleur alliage pour fabriquer des roulements à billes. Par contre, elle sera pleinement suffisante pour lui faire comprendre qu'il doit structurer ses journées d'étude en gardant du temps pour le Seigneur ; elle lui dira que sa raison, son intelligence lui viennent de Dieu et qu'il ne doit pas s'en glorifier ;

elle lui donnera un enseignement précis sur la création, sur le salut, sur l'attitude à développer envers ses camarades, ses professeurs; elle l'exhortera à rester humble devant toutes les connaissances qu'il peut acquérir; à lutter contre le péché dans sa vie; et si les cours auxquels il assiste viennent contredire ce que l'Ecriture affirme, alors il devra les rejeter. Imaginez aussi une ménagère. L'Ecriture ne lui donnera pas, bien sûr, la recette dont elle a besoin pour son prochain repas. Par contre elle sera toute suffisante pour l'amener à courber le genou devant Jésus-Christ, le Seigneur de gloire, à confesser son péché; pour l'exhorter à exercer l'hospitalité; pour lui enseigner quelle attitude manifester à l'égard de ses voisins; comment accomplir son rôle d'épouse et de mère jusque dans des détails précis et concrets.

L'Ecriture est donc toute suffisante parce qu'elle nous donne la base de toute science et la façon juste de réfléchir dans chacune de ces sciences. Malheureusement aujourd'hui, bon nombre de gens ont tendance à dévaloriser l'Ecriture parce que, disent-ils, c'est une parole écrite et en tant que telle elle est figée, alors que l'Esprit de Dieu, lui, parle de façon orale et n'est donc pas limité et figé. Ces gens opposent la Parole écrite de Dieu à l'action directe du Saint-Esprit. Ainsi, ils s'attendent à de nouvelles révélations, à des miracles, en vue d'une croissance chrétienne qu'ils appellent supérieure. Mais Jésus-Christ affirme, dans Luc 16, que si les gens n'écoutent pas Moïse et les prophètes, ils ne seront pas plus réceptifs à la vue de miracles et même de résurrection des morts. Ayons donc confiance dans la Parole écrite de Dieu. Elle est puissante et agissante encore aujourd'hui, plus puissante que tous les miracles qui pourraient être opérés parmi nous.

Alors pourquoi avons-nous besoin de la Parole *écrite* de Dieu? Parce que notre cœur est tortueux et oublieux. Si Dieu n'avait pas préservé Sa Parole avec de l'encre sur du papier, nous aurions vite fait de tordre l'Ecriture et de la transmettre de façon erronée ou lacunaire à la génération suivante, de telle façon que nous n'aurions plus qu'un pauvre petit lambeau du message de l'Evangile. Tandis que, grâce à Dieu, nous avons encore devant nos yeux la Parole même de Dieu.

De plus, nous avons besoin de la Bible parce qu'elle est le livre exactement approprié au besoin de l'homme pécheur. Il était éloigné de Dieu, Dieu est venu à lui par une règle infaillible pour lui indiquer tout ce qu'il avait à connaître en matière de foi, de salut et d'obéissance à Dieu.

Qu'est-ce que la Bible ?

Biblion, en grec, veut dire *livre* (c'est de ce terme que nous avons tiré le mot «bibliothèque» par exemple). La Bible est donc un livre qui, lui-même, contient soixante-six livres en tout: trente-neuf pour l'Ancien Testament et vingt-sept pour le Nouveau. Des livres d'auteurs, de styles et de sujets variés, mais aussi d'époques différentes.

C'est ainsi que dans l'Ancien Testament, par exemple, la Genèse va nous parler de la création, puis du jugement de Dieu sur la première race méchante et de son salut qu'il accomplit au travers de Noé; du recommencement, puis du début du peuple d'Israël. Les livres de l'Exode à Esther vont nous parler de l'histoire du peuple d'Israël jusqu'à environ 400 ans avant Jésus-Christ. Les livres de Job au Cantique des Cantiques sont des écrits poétiques. Les livres d'Esaïe à Malachie sont les messages de Dieu adressés à son peuple, pour son époque, pour celle de la venue du Messie, et enfin pour celle de l'Eglise.

Puis les livres du Nouveau Testament: quatre Evangiles qui présentent la vie de Jésus-Christ; le livre des Actes qui raconte la naissance de l'Eglise et la propagation de l'Evangile jusqu'en Europe, au travers du ministère de Paul et des autres apôtres; les épîtres de Romains à Jude, des lettres écrites à des individus ou à des Eglises, qui expliquent le salut en Jésus-Christ seul et développent des sujets souvent très concrets, très pratiques, parfois liés à des problèmes dans ces Eglises; et enfin l'Apocalypse, l'histoire de l'Eglise racontée en sept visions parallèles.

Ainsi, nous voyons dans l'Ancien Testament comment Dieu prépara la venue du Messie qui sauverait son peuple de ses péchés. Il l'a fait en choisissant un homme, Abraham, en faisant alliance avec lui; en suscitant tout un peuple, issu de sa descendance; en veillant sur ce peuple au moyen des prophètes; en lui donnant une loi, un culte pour préparer la venue du Messie et pour aider à la compréhension de l'œuvre de salut qu'il accomplirait; en lui donnant des prophéties qui annonçaient déjà la venue de ce Messie afin que le peuple se prépare à l'accueillir.

Donc l'Ancien Testament pointe vers Jésus-Christ, tandis que le Nouveau Testament regarde en arrière. Le Nouveau Testament a été écrit alors que le Seigneur était mort et ressuscité, qu'il était remonté à la droite du Père. Il nous décrit la vie de ce Seigneur ici-bas, ses actes, ses miracles, ses paroles même. Il nous explique son œuvre afin que nous comprenions qu'il est vraiment le Sauveur dont l'homme a besoin afin que ses péchés soient expiés et qu'il paraisse juste devant Dieu. Et puis ce Nouveau Testament regarde aussi vers l'avenir: il avertissait déjà l'Eglise de Dieu des dangers qui la guettaient, il lui enseignait comment obéir à son nouveau maître et il pointait aussi et toujours vers l'espérance du retour du Seigneur en gloire, vers le jugement et la condamnation de ceux qui se rebellent contre Dieu, et la félicité éternelle des croyants; vers le rétablissement de toute chose; vers cette vie glorieuse, éternelle, dans la présence de Dieu pour célébrer sa gloire. Le Nouveau Testament nous décrit toutes ces choses afin de nous aider à nous y préparer.

Ainsi nous comprenons que bien que la Bible soit composée de nombreux livres, il est pourtant légitime de dire qu'elle ne forme qu'un seul livre, parce qu'elle n'a qu'un seul thème central, celui de l'histoire du salut en Jésus-Christ. Dieu a jeté un regard favorable sur cette humanité pécheresse et il a manifesté Son amour en envoyant Son Fils mourir à la croix pour porter le péché et la condamnation du pécheur.

Comment la Bible a-t-elle été écrite ?

La Bible affirme elle-même qu'elle est la Parole de Dieu. Paul nous dit : « Nous rendons continuellement grâces à Dieu de ce qu'en recevant la Parole de Dieu, que nous vous avons fait entendre, vous l'avez reçue, non comme la parole des hommes, mais, comme ce qu'elle est vraiment, comme la Parole de Dieu qui agit en vous qui croyez » *(1 Th 2:13)*. Mais ce même apôtre, au début de cette même épître, peut aussi témoigner qu'elle a des auteurs humains et il écrit ceci : « Paul et Sylvain et Timothée, à l'Eglise des Thessaloniciens... »

Ainsi nous comprenons que chaque livre de cette bibliothèque qu'est la Bible, a deux auteurs distincts : Dieu lui-même auteur divin, et l'homme auteur humain. La jonction concrète entre les deux auteurs est difficile à cerner. Elle est probablement aussi difficile à cerner que l'est le rapport entre les deux natures de Christ, sa vraie humanité et sa vraie divinité. Jésus-Christ est vrai Dieu et vrai homme, sans que les natures soient confondues, ni séparées l'une de l'autre. L'inspiration des auteurs sacrés par l'Esprit de Dieu est un mystère du même ordre.

L'Ecriture est donc un livre pleinement divin et en même temps pleinement humain, sans que nous puissions séparer une chose de l'autre et dire ceci est humain et cela est divin, et commencer à trancher entre ce qui serait inspiré et ce qui ne le serait pas. Ce sont des auteurs humains qui ont écrit la Parole de Dieu, et si nous la lisons, nous le voyons de façon évidente. Chacun a son vocabulaire propre, son style particulier, sa connaissance. Luc lui-même, au début de son Evangile, n'hésite pas à dire qu'il a fait des recherches exactes et qu'il a bénéficié de l'enseignement de témoins oculaires avant de l'écrire.

Pourtant nous pouvons affirmer en même temps, que ce n'est jamais par sa propre volonté qu'un seul de ces auteurs a écrit un seul mot de l'Ecriture Sainte. En effet, 2 Pierre 1:21 nous dit : « Car ce n'est pas par une volonté d'homme qu'une prophétie a jamais été apportée, mais c'est poussés par le Saint-Esprit que des hommes ont parlé de la part de Dieu. » En 2 Pierre 3:16, l'apôtre Pierre peut dire d'un autre apôtre (Paul) que la sagesse lui était donnée et lui a permis d'écrire des vérités qui étaient difficiles à comprendre.

Cette œuvre divine se découvre aussi quand nous voyons, par exemple, que certains auteurs bibliques n'ont pas eu peur d'affirmer qu'ils écrivaient des choses qu'ils ne comprenaient pas eux-mêmes. Voici ce que Daniel déclare : «J'entendis, mais je ne compris pas et je dis : Mon seigneur, quelle sera l'issue de ces choses ? Il répondit : Va, Daniel, car ces paroles seront tenues secrètes et scellées jusqu'au temps de la fin» *(Dn 12:8, 9)*.

Un seul livre, deux auteurs. Un livre pleinement divin et pleinement humain. Ce sont des hommes qui ont écrit la Parole de Dieu, mais des hommes dans lesquels le Saint-Esprit a agi de telle façon que leurs écrits puissent être qualifiés de *la* Parole de Dieu, sans pour autant effacer leur personnalité distincte. C'est un mystère, et je ne pense pas qu'on puisse aller beaucoup plus loin pour l'expliquer.

Cette Parole ne contient pas la moindre erreur, parce qu'elle est inspirée par un Dieu parfait, jusque dans ses moindres détails : c'est ce que nous appelons l'inspiration *plénière**. Elle est aussi inspirée jusque dans chacun de ses mots : c'est ce que nous appelons l'inspiration *verbale**. Nous croyons à l'inspiration verbale et plénière de la Parole de Dieu, parce qu'elle a été inspirée par le Dieu parfait et très saint.

En arrivant à ce point, nous comprenons que cette Parole contient l'autorité divine en elle-même. C'est-à-dire qu'elle est la Parole de Dieu. C'est ainsi qu'elle s'impose à nos consciences. Quand tout à coup l'Esprit de Dieu agit en nous, la Parole de Dieu s'éclaire et l'autorité de cette parole commence à s'incruster dans notre cœur et nous reconnaissons qu'elle est la Parole de Dieu.

Si j'insiste sur ce point, c'est pour expliquer comment le Canon de l'Ecriture, c'est-à-dire comment les soixante-six livres se sont rassemblés pour former la Bible qui est notre autorité. Ce sont les textes bibliques eux-mêmes qui, petit à petit, se sont imposés à l'Eglise, parce qu'ils avaient l'autorité de Dieu en eux-mêmes, et l'Eglise naissante a dû reconnaître cette autorité et se courber devant elle. C'est pourquoi Pierre nous dit en 2 Pierre 3:16: «C'est ce qu'il fait (c'est-à-dire l'apôtre Paul) dans toutes les lettres, où il parle de ces choses, dans lesquelles il y a des points difficiles à comprendre, dont les personnes ignorantes et mal affermies tordent le sens, comme celui des autres Ecritures, pour leur propre ruine.» Pour lui, au moment où il écrit ses épîtres, les écrits de Paul faisaient déjà partie de l'Ecriture, au même titre que l'Ancien Testament qui avait une autorité divine reconnue dans l'Eglise de Dieu.

Ce n'est pas l'Eglise qui confère l'autorité à certains écrits, mais ce sont les écrits eux-mêmes qui ont l'autorité de Dieu en eux. Pourquoi est-ce important d'insister? Parce que c'est la grande différence entre la Bible des Protestants et celle des Catholiques Romains. Selon ces derniers, c'est l'Eglise qui a autorité pour reconnaître quel écrit est inspiré et lequel ne l'est pas. Elle a donc décidé, de sa propre autorité, d'accepter les écrits apocryphes dans son Canon, alors que le Protestantisme souligne que c'est l'Ecriture elle-même qui s'est imposée comme norme à l'Eglise naissante.

Concluons donc ce premier chapitre sur l'Ecriture. Quelle grâce, n'est-ce pas! La Bible est un écrit divin dans lequel Dieu s'est abaissé à notre langage pour nous communiquer le message du salut dans notre propre langue humaine. Il l'a fait au moyen d'hommes, comme vous et moi, qu'Il a qualifiés et inspirés à certains moments pour transmettre un message parfait, sans faille, sans erreur. Mais attention, cet enseignement sur la Bible ne doit pas nous pousser à adorer le livre de la Bible. Ce n'est pas la Bible que nous adorons! Sa perfection, la majesté de son style, sa diversité, sa cohérence interne ainsi que son message unique sur Jésus-Christ le Seigneur de gloire, sont là pour nous pousser à glorifier, non pas le livre, mais Dieu lui-même. Tout cela doit nous pousser à tomber à genoux devant ce Seigneur qui a accompli un si grand salut dans la personne de son Fils bien-aimé. Et si la Bible ne doit pas être adorée, il est tout aussi grave de la traiter comme un autre livre, de la dénigrer ou de la rejeter. Parce que rejeter le message de la Parole de Dieu, c'est rejeter le seul message du salut par lequel vous puissiez être sauvés de l'esclavage du péché.

Alors lisez la Parole de Dieu, méditez-la, nourrissez-vous de cette Parole en sachant que c'est l'Esprit de Dieu qui doit agir en vous afin de l'appliquer à vos cœurs et produire en vous le salut.

Chapitre 2 : L'étude de la Bible

Psaume 119:153-176 ; Luc 24:25-27 ; Actes 8:30, 31 ;
1 Corinthiens 2:12,13 ; 2 Corinthiens 3:12-17 ;
1 Pierre 1:10-12.

Dans le chapitre précédent nous avons examiné la source de toute notre connaissance de Dieu, de notre connaissance à salut ; la Bible, la Parole de Dieu. Nous avons vu que la Bible est le livre exactement approprié à la situation de l'homme pécheur, éloigné de Dieu, parce qu'elle est la règle infaillible pour lui indiquer ce qu'il doit connaître en matière de salut, de foi et d'obéissance.

Elle est composée de soixante-six livres, d'époques, de styles, de sujets différents, mais elle a un seul thème central, c'est pourquoi nous pouvons l'appeler la Bible : la révélation de l'histoire du salut en Jésus-Christ.

Nous avons vu comment un tel livre peut demeurer infaillible tout en ayant été écrit par des hommes : parce qu'il s'agit d'un livre inspiré par l'Esprit de Dieu lui-même. Le Créateur de toutes choses s'est abaissé à communiquer parfaitement avec nous, dans notre langage humain, afin que nous connaissions le message du salut. Et nous mesurons alors notre immense privilège. Nous avons, en effet, entre nos mains la Parole même de Dieu dans un langage humain de façon à ce que nous puissions le comprendre.

Mais il ne suffit pas de posséder la Bible pour être sauvé ; il faut aussi la lire et l'interpréter droitement. En effet, si l'on est de mauvaise foi, on peut presque faire dire n'importe quoi à la Bible. Il est par exemple écrit dans le Psaume 53:2 «Dieu n'existe pas !» Mais ce qu'elle dit avant, c'est que «l'insensé dit en son cœur que Dieu n'existe pas !» Il est donc nécessaire d'avoir une interprétation honnête de la Bible et d'accepter son message par la foi. C'est pourquoi nous allons nous pencher maintenant sur l'étude de la Bible.

Une révélation fiable

C'est en observant l'autorité que Christ accorda à l'Ecriture de son époque, c'est-à-dire les trente-neuf livres de l'Ancien Testament, que nous allons pouvoir comprendre la fiabilité de la Bible que nous avons entre nos mains. Quand Christ enseigne, il se réfère sans cesse à l'Ecriture et la traite comme un livre digne de foi, l'appelant la Parole de Dieu : «Pour ce qui est de la résurrection des morts, n'avez-vous pas lu ce que Dieu vous a dit...» *(Mt 22:31)*, puis il cite l'Ancien Testament. Christ ne relativise jamais la Parole de Dieu, il ne la critique jamais, mais il s'y réfère sans cesse comme à une norme infaillible.

Puis quand nous regardons à la vie de notre Seigneur, nous voyons qu'il s'applique à accomplir l'Ecriture jusque dans ses moindres détails. Il ne se contente pas de l'accomplir en général, de façon peu scrupuleuse. Quand il meurt sur la croix, il peut véritablement dire «tout est accompli», parce qu'il a accompli l'Ecriture à la lettre.

Ainsi, nous voyons que notre Seigneur accorda à la Parole de Dieu, à l'Ecriture qu'il avait entre les mains, une autorité totale jusque dans les moindres détails.

Si nous considérons le Nouveau Testament, nous constatons que très rapidement ses vingt-sept livres s'imposèrent à l'Eglise parce qu'ils avaient en eux l'autorité de Dieu et trouvèrent place à côté des écrits auxquels Jésus-Christ donnait toute autorité. A la fin de la rédaction du Nouveau Testament, certaines épîtres de Paul sont déjà appelées «l'Ecriture» par Pierre *(2 P 3:16)*. Quant à Paul, lorsqu'il écrit aux Thessaloniciens, il réclame pour ses propres paroles, pour ses écrits, une autorité divine si bien que celui qui ne s'y soumet pas mérite d'être écarté de la communion du peuple de Dieu. Lisons 2 Thessaloniciens 3:14 : «Et si quelqu'un n'obéit pas à ce que nous disons par cette lettre, notez-le, et n'ayez point de communication avec lui, afin qu'il éprouve de la honte.»

La Bible, dans son entier, est une révélation fiable, non seulement en matière de doctrine, comme si elle était un traité de théologie abstraite, mais elle est aussi revêtue de l'autorité divine en ce qui concerne notre obéissance de chaque jour. Christ s'est soumis jusque dans les moindres détails à l'Ecriture.

Si la Bible a une telle autorité dans son ensemble, cela nous permet d'affirmer qu'elle nous fournit le meilleur commentaire d'elle-même, c'est-à-dire que la Bible est le seul commentaire infaillible que nous ayons pour comprendre la Bible. C'est ce que les Réformateurs appelaient le principe de «l'analogie de la foi» ou de «l'analogie de l'Ecriture». Aussi avant d'aller chercher une réponse ou une explication dans toutes sortes de commentaires, ou d'écrits extra-bibliques, sondez l'Ecriture ; cherchez quels sont les textes parallèles qui peuvent vous éclairer sur le passage que vous êtes en train de lire ; réfléchissez à la façon dont le même auteur exprime la même idée ailleurs dans le même livre, à la façon dont il emploie ce même mot dans le chapitre qui précède et celui qui suit, etc. La Bible est son meilleur interprète parce qu'elle est une révélation fiable et infaillible.

Une révélation progressive

Quand nous nous approchons de l'Ecriture nous devons nous rappeler qu'elle n'est pas un livre tombé du ciel (comme le serait le livre des Mormons, selon cette secte). La Bible vient de Dieu, elle est la Parole de Dieu, mais elle a été écrite tout au long de l'histoire du peuple de Dieu jusqu'à ce que Dieu mette fin à sa révélation. Il y a une progression dans l'histoire du salut afin d'arriver au point culminant : Jésus-Christ, Dieu fait homme, la Parole faite chair. Les croyants de l'Ancien Testament sont au bénéfice de la même grâce de Dieu que nous en Jésus-Christ, ils ont un moyen de salut identique au nôtre par la foi, comme ce fut le cas d'Abraham, cependant, nous devons reconnaître qu'il existe une progression dans la révélation du plan du salut de Dieu. C'est ce qu'atteste 1 Pierre 1:10-12 : «Les prophètes, qui ont prophétisé touchant la grâce qui vous était réservée, ont fait de ce salut l'objet de leurs recherches et de leurs investigations, voulant sonder l'époque et les circonstances marquées par l'Esprit de Christ qui était en eux, et qui attestait d'avance les souffrances de Christ et la gloire dont elles seraient suivies. Il leur fut révélé que ce n'était pas pour eux-mêmes, mais pour vous, qu'ils étaient les dispensateurs de ces choses, que vous ont annoncées maintenant ceux qui vous ont prêché l'Evangile par le Saint-Esprit envoyé du ciel, et dans lesquelles les anges désirent plonger leurs regards.» Il y eut un temps dans l'histoire du salut, où les fidèles devaient faire du salut en Christ l'objet de leurs recherches, où ils ne voyaient qu'à travers un certain brouillard, et non clairement comme les apôtres et les croyants qui les ont suivis, cependant, ils savaient que ce salut viendrait.

Les deux Testaments sont complémentaires. Nous n'avons pas à rejeter l'Ancien pour nous concentrer sur le Nouveau, parce que tous deux, Ancien et Nouveau, s'appellent l'un l'autre, s'exigent l'un l'autre, pour une saine compréhension.

Prenons un exemple : dans 1 Corinthiens 5:7 il nous est dit : «Christ, notre Pâque, a été immolé.» Il est impossible de comprendre ce verset du Nouveau Testament sans avoir recours à l'Ancien Testament et particulièrement à Exode 12 qui nous explique ce qu'était la Pâque : un agneau sacrifié à la place du premier-né des familles d'Israël. Pour comprendre le salut, et ce que signifie «Christ notre Pâque», nous avons donc besoin d'aller à l'Ancien Testament.

A l'inverse, nous voyons que pour comprendre l'Ancien Testament dans toute sa plénitude, nous devons faire appel au Nouveau Testament. Par exemple, Michée 5:1 ne peut pas être pleinement compris sans le Nouveau Testament : «Et toi, Bethléhem Ephrata, petite entre les milliers de Juda, de toi sortira pour moi celui qui dominera sur Israël, et dont l'origine remonte aux temps anciens, aux jours de l'éternité.» Ce texte ne peut pas être compris sans le Nouveau Testament qui nous dit que Jésus-Christ est né à Bethléhem, de la descendance de David et qu'Il est le Fils éternel de Dieu.

Nous constatons alors que les deux Testaments, bien que différents l'un de l'autre, sont indissociables pour la compréhension du message de la Bible. Mais cela ne veut pas dire qu'ils soient aussi explicites l'un que l'autre sur la doctrine du salut. L'Ancien Testament nous la dévoile petit à petit, et nous n'avons pas à être choqués si certains livres bibliques n'expliquent pas le salut aussi complètement que ne le fait l'épître aux Romains par exemple. Il est normal que les livres d'Esther ou de Ruth soient moins clairs sur les deux natures du Christ que ne l'est l'épître aux Hébreux, parce qu'ils se trouvent placés à un autre moment de la révélation de Dieu.

Notre responsabilité n'est pas d'appliquer des doctrines du Nouveau Testament sur l'Ancien, mais de comprendre l'Ancien Testament à la lumière du contexte et des mots de son époque, sans faire violence à la Parole inspirée de Dieu.

Une révélation claire

Bien que la Bible doive être comprise dans son contexte, dans son vocabulaire, bien que ce soit les langues originales que nous déclarons inspirées de Dieu, elle n'est pas un livre ésotérique, un livre dont le sens est caché, qui ne serait révélé qu'à des personnes qui auraient passé par un rite initiatique pour la comprendre. Non, la Bible est un livre clair; le message du salut est simple et accessible à tous; il peut être compris par les enfants et les plus simples. C'est ce que nous dit 2 Timothée 3:14, 15: «Toi, demeure dans les choses que tu as apprises et reconnues certaines, sachant de qui tu les as apprises: dès ton enfance, tu connais les saintes lettres, qui peuvent te rendre sage à salut par la foi en Jésus-Christ.»

La Bible est un livre clair, le message du salut s'y dégage de façon simple. Mais cette affirmation ne veut pas dire que tout dans l'Ecriture soit aussi clair que nous le souhaiterions. Pierre n'affirme-t-il pas qu'il y a dans les écrits de Paul des passages difficiles à comprendre? Mais s'il existe effectivement des passages difficiles, le Seigneur a aussi, dans sa grâce, pourvu à ce que nous puissions les comprendre en instituant un cadre précis qui est celui de l'Eglise et en donnant des pasteurs-enseignants dans l'Eglise; des hommes qui ont la responsabilité de s'efforcer de dispenser avec droiture la Parole de vérité; des hommes qui doivent «s'efforcer», parce que ce n'est pas toujours une tâche facile.

La Bible est une révélation claire, et si c'est le cas nous n'avons pas à chercher des sens cachés ou obscurs qui ne jaillissent pas à sa lecture. En général, le sens le plus simple doit être privilégié, mais cela ne veut pas dire que ce soit toujours le sens littéral qui doive être privilégié; il peut y avoir une compréhension spirituelle de certains textes mais pas de sens obscur, ou caché, réservé à des initiés.

Une révélation spirituelle

Il s'agit maintenant de nuancer ce qui précède. J'ai dit que le message du salut était accessible à tous. C'est vrai parce que c'est un message clair. Mais il faut y adjoindre une condition pour qu'il soit compréhensible à salut pour tous. Je veux parler de l'illumination du Saint-Esprit. Pour que la révélation du salut contenue dans l'Evangile vous convainque de péché et de justice en Jésus-Christ, il a fallu que l'Esprit de Dieu illumine votre cœur aveugle, endurci par le péché, et lui permette tout à coup de discerner votre misère, de discerner en Christ, la Pâque, l'agneau immolé pour vous. C'est ce que Paul affirme dans 1 Corinthiens 2:12: «Or nous, nous n'avons pas reçu l'esprit du monde, mais l'Esprit qui vient de Dieu, afin que nous connaissions les choses que Dieu nous a données par sa grâce.» Voilà pourquoi il faut nécessairement l'illumination du Saint-Esprit

25

pour que tel jeune enfant puisse comprendre le message de l'Evangile ; il faut l'illumination du Saint-Esprit pour que tel éminent savant puisse comprendre le message simple et clair de l'Evangile.

La compréhension de la Parole n'est pas une simple question académique, d'où l'importance de prier et de demander l'assistance et l'aide du Saint-Esprit avant d'étudier la Parole. Quand nous l'étudions et que nous nous trouvons devant un texte difficile, prions, demandons à Dieu l'assistance de son Esprit. Mais attention, cette illumination du Saint-Esprit n'est pas à confondre avec l'inspiration du Saint-Esprit que reçurent les apôtres afin d'écrire une Parole infaillible. Malgré l'illumination du Saint-Esprit, il peut encore nous arriver de nous tromper sur le sens de l'Ecriture, à cause de notre cœur tortueux. D'où l'importance de nous approcher du texte de l'Ecriture avec humilité, tout en comptant sur l'illumination de l'Esprit de Dieu.

Une révélation christocentrique

Si vous étudiez la Bible comme un livre de littérature, d'histoire, ou comme un traité de morale, ou un manuel d'idéologie politique, comme le font certains, vous l'étudierez en pure perte. Parce que la Bible est un livre qui n'a qu'un seul sujet essentiel : la venue, dans notre histoire, de la Parole faite chair ; la venue du Fils de Dieu dans notre humanité pour accomplir le salut. Or, si Christ n'est pas venu, il n'est pas besoin de lire la Bible, parce qu'il n'y a pas d'autre moyen sous le ciel par lequel nous puissions être sauvés que par le sang et le nom de Jésus-Christ. Et lire la Bible pour y trouver autre chose que Jésus-Christ, c'est une pure perte *(cf. Jn 5:39)*.

Donc quand nous lisons la Bible, nous devons nous efforcer d'y voir Jésus-Christ puisqu'il est le Sauveur. Et si nous étudions un texte de la Parole sans qu'il nous pousse à glorifier Dieu pour le salut en Jésus-Christ, nous passons à côté du sens de l'Ecriture. Jésus-Christ lui-même n'affirme-t-il pas que l'Ancien Testament parle de lui? Quand il parla aux disciples d'Emmaüs, il commença par Moïse, c'est-à-dire le Pentateuque, et continua avec tous les prophètes, leur montrant dans toutes les Ecritures ce qui le concernait *(Lc 24 : 27, 45).*

Paul déclare de même aux Corinthiens que ce n'est qu'en Christ que l'Ancien Testament trouve sa véritable compréhension. Tant que nous ne nous sommes pas approchés de Christ, un voile demeure et l'Ancien Testament n'est qu'un recueil de lois serviles : «Mais ils sont devenus durs d'entendement car, jusqu'à ce jour, le même voile demeure quand ils font la lecture de l'Ancien Testament et il ne se lève pas parce que ce n'est qu'en Christ qu'il disparaît» *(2 Co 3:14).*

Etudier la Parole de Dieu sans s'être au préalable approché du Christ dans la repentance et dans la foi, c'est lire un livre avec un voile devant les yeux. Etudier l'Ecriture sans chercher ensuite à mieux connaître le Seigneur, c'est faire violence au texte biblique lui-même qui nous conduit au salut en Jésus-Christ. Il est donc légitime de nous poser constamment certaines questions quand nous méditons l'Ecriture : Quel rapport ce texte a-t-il avec le salut en Jésus-Christ? Comment annonce-t-il la venue du Messie? Comment prépare-t-il la venue du Roi de gloire? Dans le Nouveau Testament : Comment m'explique-t-il l'œuvre du salut en Christ? Comment m'aide-t-il à mieux connaître la personne de Jésus-Christ? Quel texte du Nouveau Testament pourrait m'aider à comprendre le texte de l'Ancien Testament? Comment le Seigneur l'éclaire-t-il? Christ est le sujet central de la Parole de Dieu.

Après ces cinq affirmations sur la Bible, examinons à présent quatre erreurs dans lesquelles il est facile de tomber.

1°) La première erreur, courante aujourd'hui, c'est de croire que la fiabilité de la Bible ne se limite qu'à son enseignement religieux et non pas aussi aux sciences, et que, par conséquent, quand elle se trouve en contradiction avec la science actuelle, elle doit être relativisée, accommodée à la science. Prenons un exemple : au XIXᵉ siècle, les rationalistes allemands, se basant sur les connaissances de leur époque selon lesquelles l'écriture n'existait pas au temps de Moïse, avançaient qu'il était impossible que Moïse ait écrit les livres du Pentateuque. Qu'est-ce que l'Eglise pouvait opposer à de telles affirmations ? Simplement la foi, croire selon l'Ecriture que Moïse avait bien écrit ces livres ! Aujourd'hui l'argument des rationalistes allemands ne tient plus car les découvertes archéologiques nous montrent que, bien avant Moïse, il existait des bibliothèques entières. Des archives de villes ont été retrouvées prouvant que l'écriture existait bien, plusieurs siècles avant Moïse. Quand la Bible est en contradiction avec la science, gardons foi dans la Parole de Dieu même si nous ne comprenons pas, parce qu'elle a pleine autorité et si Dieu veut nous révéler un jour par la science que la Bible est la vérité, il le fera comme par le passé.

2°) La seconde erreur c'est de croire que, parce que la Bible est une révélation christocentrique, il faut voir des représentations, des types de Jésus-Christ, dans tous les textes de l'Ancien Testament et dans tous les personnages. C'était déjà un travers de l'Ecole d'Alexandrie, et plus particulièrement d'Origène, mais c'est un travers que nous retrouvons encore aujourd'hui : celui d'allégoriser l'Ancien Testament, c'est-à-dire de lire les récits historiques comme de simples histoires des réalités spirituelles et de superposer Jésus-Christ sur un personnage ou un autre, ou de plaquer les doctrines du Nouveau Testament sur des textes de l'Ancien Testament qui n'étaient pas aussi clairs.

Paul fait une allégorie, dans Galates 4:22-26, en citant Agar et Sara, mais il était inspiré de Dieu. Il a pu le faire parce que l'Esprit de Dieu lui a donné cette compréhension infaillible de l'Ancien Testament. En ce qui nous concerne, nous avons souligné plus haut que nous ne sommes pas inspirés comme les apôtres mais plutôt illuminés par l'Esprit de Dieu. Nous n'avons donc pas l'autorité pour allégoriser les textes de l'Ancien Testament comme l'apôtre l'a fait.

Ainsi notre responsabilité n'est pas d'allégoriser tous les récits de l'Ancien Testament, mais de montrer comment Dieu s'est révélé en protégeant Son peuple, en le nourrissant, en répondant à sa prière ; comment il a exaucé Abraham, cet homme fidèle, comment il en a puni d'autres, et comment il préparait la venue du Christ.

3°) La troisième erreur est de chercher à reproduire aujourd'hui des événements extraordinaires qui se trouvent dans la Parole de Dieu. La révélation est progressive, cela implique que certains événements, qui ont eu lieu une fois dans l'histoire, ne sont pas à répéter. Si nous comprenons cela, nous éviterons le piège dans lequel tombent certaines personnes avides de miracles.

Ainsi, si nous comprenons que le parler en langues à la Pentecôte avait un but précis, celui de «forcer» l'annonce du message de l'Evangile aux païens et aux autres nations, nous ne chercherons pas à répéter cet événement à notre époque. Il en va de même de la traversée de la mer rouge : elle a eu lieu une fois pour toutes à la sortie d'Egypte et nous n'avons pas à essayer de reproduire le même événement. Il est écrit pour nous montrer la libération du peuple de Dieu de l'esclavage.

4°) Finalement, la quatrième erreur est celle de bâtir une doctrine sans tenir compte de l'ensemble des données bibliques sur le sujet. Il est facile de prendre un verset, de le lire, de l'étudier, et de construire toute une doctrine en évitant d'autres versets qui pourraient nous gêner ou contredire la doctrine que nous sommes en train d'échafauder. Notre responsabilité, en tant que chrétien, est plutôt d'agir de façon honnête devant la Parole de Dieu : prendre toutes les données bibliques et chercher à les interpréter le plus fidèlement possible. Nous ne pourrons énoncer une doctrine que lorsque nous aurons réussi à donner une interprétation plausible et sûre même aux textes qui paraissent s'y opposer au premier abord.

La Bible est un livre merveilleux, nous nous en rendons compte de plus en plus, mais elle n'est pas toujours facile à comprendre parce que notre cœur humain est tortueux et nous avons tôt fait de glisser d'un côté ou de l'autre. Alors approchons-nous constamment de ce livre dans un esprit d'humilité et de prière afin que Dieu nous éclaire.

Demandons-lui l'illumination de son Esprit. Lisons-la pour la connaître de mieux en mieux, pour nous en imprégner afin de glorifier de mieux en mieux Jésus-Christ notre Sauveur révélé dans l'Ecriture.

Chapitre 3 : Dieu, son existence, son être, ses attributs

Esaïe 40:12-17, 25-31 ; Actes 17:24-29 ;
Romains 11:33-36

Un enfant vous a peut-être posé ce genre de question :
«Comment peut-on savoir que Dieu existe ?» ou «Qui est
Dieu ?» Vos collègues de travail ont peut-être argumenté :
«Prouve-moi que Dieu existe», «Comment est-il possible de
croire que Dieu existe quand nous voyons le mal, la misère, les
malheurs autour de nous ?» Oui, en fait, qui est Dieu ? Est-ce le
Dieu de la théologie rationaliste d'aujourd'hui : un Dieu abaissé
à notre compréhension humaine, à notre dimension ? Ou alors,
est-ce ce copain duquel on s'approche avec légèreté dans bien
des milieux évangéliques ? Un copain qui est là pour nous
donner un coup de main, pour nous dépanner quand ça ne va
pas, qui se contredit et dont la parole n'est pas fiable. Devons-
nous dire avec l'agnostique qu'il est impossible de savoir si Dieu
existe, à quoi il ressemble et comment il est ?

Il est important pour l'Eglise de Dieu d'aujourd'hui de redécouvrir qui est Dieu, et pour ce faire nous allons nous tourner
vers la Parole de Dieu, puisque nous avons vu qu'elle est le livre
parfaitement adapté à nos besoins d'hommes et de femmes
pécheurs ; un livre tout à fait adapté pour nous faire connaître
Dieu, pour nous conduire au salut, et nous diriger dans tous les
aspects de notre vie ici-bas à la gloire de Dieu.

Alors que nous dit la Bible au sujet de Dieu ? C'est ce que
nous verrons en trois points.

Son existence

Comment la Bible répond-elle à la question «Dieu existe-t-il?» Nous pourrions nous attendre, puisque c'est le livre inspiré par Dieu, à y trouver toutes les preuves dont nous avons besoin pour convaincre nos contemporains de l'existence de Dieu. Mais il n'en est rien. La Bible ne nous fournit pas un ensemble de preuves rationnellement acceptables pour convaincre les hommes. Elle se contente d'affirmer l'existence de Dieu comme un fait indiscutable. Elle le fait par exemple dans Romains 1:19-21 en nous disant que tout homme peut connaître l'existence du Créateur par la création elle-même; elle nous dit dans le Psaume 19:2: «Les cieux racontent la gloire de Dieu, et l'étendue manifeste l'œuvre de ses mains»; elle nous dit dans Romains 2:14, 15 que la loi de Dieu est écrite dans la conscience de l'homme et qu'elle atteste ainsi à chaque être humain l'existence même de Dieu; elle déclare en Ecclésiaste 3:11: «Il a mis dans leur cœur la pensée de l'éternité, bien que l'homme ne puisse saisir l'œuvre que Dieu fait du commencement jusqu'à la fin.»

Voilà donc une première vérité: la Bible ne cherche pas à fournir des preuves rationnelles sur l'existence de Dieu, bien qu'elle en contienne, nous le verrons; elle affirme cette existence comme un fait indiscutable que tout homme doit reconnaître, un a priori, si vous voulez. Et si aujourd'hui, il y a tant d'hommes qui ne croient pas en l'existence de Dieu, ce n'est pas parce que Dieu est silencieux ou éloigné de sa création, mais plutôt parce que l'être humain est aveuglé par son péché, son orgueil, au point de refuser d'accepter ce qui est évident: Dieu existe.

La Bible se permet de faire une déclaration un peu rude sur l'homme athée puisqu'elle dit dans le Psaume 53:2: «L'insensé dit en son cœur: il n'y a pas de Dieu.» Celui qui déclare que Dieu n'existe pas est un insensé, un aveugle et un orgueilleux parce que la création et sa conscience même le poussent à reconnaître cette existence.

Ainsi, la création et l'être humain ne sont pas un obstacle qui nous voilerait l'existence de Dieu, mais plutôt un miroir qui nous révèle son existence ; ils nous parlent de sa grandeur, de sa majesté ; ils nous indiquent certaines de ses exigences morales. Il serait faux cependant de croire que puisque Dieu se révèle dans la création et dans notre conscience, il est possible de le connaître et de démontrer son existence par la seule raison humaine. C'est oublier que la raison humaine est entachée par le péché et qu'elle ne peut pas le reconnaître sans intervention divine.

On fait donc fausse route si l'on cherche à prouver l'existence de Dieu à l'incroyant par le seul raisonnement humain. La Bible ne procède pas ainsi. Elle déclare dans Hébreux 11:6 : «Or sans la foi il est impossible de lui être agréable, car il faut que celui qui s'approche de Dieu croie que Dieu existe et qu'il est le rémunérateur de ceux qui le cherchent.» La foi est un don de Dieu, une œuvre de l'Esprit de Dieu qui s'accomplit dans notre cœur pour ouvrir notre entendement, comme le dit Paul dans 1 Corinthiens 2:11, 12 : «Lequel des hommes, en effet, connaît les choses de l'homme, si ce n'est l'esprit de l'homme qui est en lui ? De même, personne ne connaît les choses de Dieu, si ce n'est l'Esprit de Dieu. Or nous, nous n'avons pas reçu l'esprit du monde, mais l'Esprit qui vient de Dieu, afin que nous connaissions les choses que Dieu nous a données par sa grâce.»

Ainsi nous nous rendons compte qu'il est impossible de prouver à la raison humaine déchue que Dieu existe si l'Esprit de Dieu n'intervient pas dans le cœur humain. Mais d'un autre côté, croire en l'existence de Dieu n'est pas une sorte de saut dans le vide, vers l'inconnu, parce que ce Dieu qui habite une lumière inaccessible s'est révélé aux hommes dans leur cadre de vie, dans la création. Il s'est révélé dans l'homme : dans sa conscience. Il s'est révélé à eux et a parlé leur langage. Et lorsque l'Esprit de Dieu agit dans le cœur de l'homme, toutes ces choses font sens.

Dieu est venu parler par des mots que nous pouvons

comprendre, il a employé des anthropomorphismes, des expressions de notre langage humain pour que nous puissions comprendre des réalités sur sa personne. Il est même venu dans notre humanité dans la personne de son Fils bien-aimé. Voilà donc ce que la Bible nous dit: Dieu existe et il s'est révélé à nous de manière à ce que nous puissions vraiment le connaître dans les limites de la révélation qu'il nous a donnée. Si vous niez son existence aujourd'hui, vous démontrez par là votre incrédulité et votre nature pécheresse.

Son être

La Parole de Dieu et les paroles de notre Seigneur à la femme samaritaine dans Jean 4:24 nous disent que «Dieu est esprit». C'est là probablement l'affirmation principale sur l'être de Dieu. «Dieu est esprit» signifie qu'il n'a pas de corps comme nous et qu'il est invisible, comme l'apôtre Paul nous le dit dans 1 Timothée 6:16: «... le Seigneur des Seigneurs, qui seul possède l'immortalité, qui habite une lumière inaccessible, que nul homme n'a vu ni ne peut voir, à qui appartiennent l'honneur et la puissance éternelle...» Dieu est un être inaccessible à nos sens corporels parce qu'il est immatériel et impalpable. C'est pourquoi nous devons nous méfier des personnes qui viennent à nous en nous disant qu'elles ont ressenti la présence de Dieu par une chaleur, un toucher ou des sensations, des impressions d'hilarité ou d'autres choses semblables, parce que Dieu est un esprit invisible. Il est vrai qu'un enfant de Dieu, animé par l'Esprit de Dieu, peut avoir, à certains moments, une conscience particulière de la présence de Dieu, mais celle-ci ne s'appuie pas sur ses sens corporels, elle lui vient de l'Esprit que Dieu lui a donné.

Cependant, si nous disons que Dieu est un esprit invisible, cela ne signifie pas, comme beaucoup le disent aujourd'hui, qu'il soit une force impersonnelle, la Cause première, l'étincelle qui a donné naissance à notre création. Au contraire, la Parole de Dieu déclare que Dieu, bien que spirituel, est un être personnel. (Notons au passage, que tout ce qui est esprit n'est pas Dieu. Il existe dans le monde des esprits qui sont des êtres personnels, qui sont opposés à Dieu et ennemis de nos âmes dans les lieux célestes, comme l'affirme l'apôtre Paul.) Dieu se définit d'une façon personnelle en particulier par les noms qu'il porte. Il s'appelle l'Eternel, le Dieu tout-puissant, le Seigneur des armées. Ces noms définissent de façon claire la personne et l'être même de Dieu. Dieu se définit par des fonctions personnelles : il parle, il écoute, il soutient, il ordonne, il pardonne, il a même des amitiés (nous voyons cela à deux reprises avec Abraham et Moïse), et enfin il s'est incarné dans une personne humaine, le Seigneur Jésus-Christ. L'épître aux Colossiens nous dit qu'en «Christ habite corporellement toute la plénitude de la divinité». Pas une petite partie mais toute la plénitude de la divinité, à tel point que Jésus-Christ lui même peut dire : «Celui qui m'a vu a vu le Père.»

Dieu, dans son être, est incomparable. C'est ce qu'affirme le prophète dans Esaïe 40:18 et 25 : «A qui voulez-vous comparer Dieu? Et quelle image ferez-vous son égale? (…) A qui me comparerez-vous, pour que je lui ressemble? dit le Saint.» Rien dans l'univers ne peut être comparé à Dieu parce qu'il est le seul incréé ; toutes choses dans l'univers sont créées et tirent leur existence et leur subsistance de Dieu, lui seul est incréé et tire sa subsistance de lui-même. Lui seul tire sa satisfaction de lui-même, sa gloire de lui-même.

Ainsi nous devons dire que Dieu dépasse tout ce que nous connaissons, imaginons et tout ce que nous pouvons comprendre. C'est pourquoi les grandes Confessions de Foi peuvent parler de Dieu comme «incompréhensible». Ce mot nous surprend car nous avons bien l'impression de comprendre qui est Dieu au travers de la Bible. Il faut donc distinguer entre «incompréhensible» et «inconnaissable». C'est l'erreur des déistes (comme Voltaire par exemple) que de déclarer Dieu inconnaissable, car non révélé. Nous l'avons vu, Dieu s'est révélé, il peut être connu, mais il ne peut pas être compris dans toute sa grandeur.

C'est ce que nous dit le texte de Romains 11:33 : «Que ses jugements sont insondables et ses voies incompréhensibles.» Dieu est trop grand pour que nous puissions le comprendre dans toute sa grandeur. Il est, lui seul, l'incréé et nous sommes de faibles créatures ; nous sommes limités mais il n'a pas de limite.

Tous les attributs de Dieu s'expriment dans la perfection et dans l'étendue la plus totale. Dieu fait tout ce qu'il veut, nous dit le Psaume 115:3 : «Notre Dieu est au ciel, Il fait tout ce qu'il veut» (cependant il ne faut pas penser que cela veut dire que Dieu puisse tout faire ! Il y a, en effet, certaines choses qu'il ne fera jamais : aller contre sa nature, mentir, se renier). Dieu connaît tout, rien n'échappe à son contrôle, selon le Psaume 147:5 : «Notre Seigneur est grand, puissant par sa force, son intelligence n'a point de limite.» Dieu est partout à la fois, selon Jérémie 23:24 : «Quelqu'un se tiendra-t-il dans un lieu caché, sans que je le voie ? dit l'Eternel. Ne remplis-je pas, moi, les cieux et la terre ? dit l'Eternel.» Dieu est éternel, il n'a ni commencement ni fin de jours, selon le Psaume 90:2 : «Avant que les montagnes fussent nées et que tu eusses créé la terre et le monde, d'éternité en éternité tu es Dieu.»

Nous pourrions continuer cette liste parce que Dieu est incomparable ! Mais que nous enseigne l'être de Dieu, concrètement aujourd'hui ? S'il connaît tout, voit tout, s'il est partout et de toute éternité, esprit personnel et invisible, cela veut dire qu'il n'est pas loin de chacun de nous, comme l'affirmait l'apôtre Paul à Athènes. Il est ici présent, plus près de nous que nous ne pouvons l'imaginer ; cela veut dire qu'il connaît nos pensées, notre péché ; cela veut dire que nous devrions être à genoux devant lui, conscients de notre faiblesse. Quelle angoisse alors pour celui qui n'est pas au bénéfice du pardon de Jésus-Christ ! Il n'y a aucun endroit dans tout l'univers où vous puissiez échapper à ce Dieu ! En fait, il y en a un : c'est au pied de la croix de Christ, c'est dans la repentance, dans la confession des péchés, dans la foi en Christ. C'est le seul endroit où il soit possible d'échapper à la colère, au jugement de ce Dieu qui est partout, infini, d'éternité en éternité. Quelle assurance alors pour celui qui bénéficie du pardon de Jésus-Christ, parce qu'il est réconcilié avec ce Dieu, parce qu'il n'y a aucun lieu trop éloigné dans l'univers où ce Dieu ne puisse lui dispenser ses tendres soins de Père céleste, son affection, son amour, sa bonté. Il est constamment tout près de lui, même s'il ne ressent pas sa présence.

Nous avons considéré qui est Dieu dans son être, le seul vrai Dieu avec lequel le croyant est réconcilié: un esprit invisible, personnel et incomparable. Mais quels sont ses attributs, quel est son caractère?

Ses attributs

La Bible ne se contente pas de nous parler de l'être de Dieu, elle nous révèle aussi son caractère. C'est ce que nous appelons en théologie les attributs de Dieu. La Bible nous parle de sa sainteté, de sa justice, de son amour, de sa bonté, du fait qu'il ne change pas. Il ne s'agit pas de différents aspects de son caractère qui pourraient varier ou s'opposer, comme si Dieu était tantôt amour, tantôt justice... Non, les attributs de Dieu caractérisent son être entier. Si nous disons que Dieu est amour, cela signifie qu'il est amour dans tout son être. Si nous disons que Dieu est saint, c'est parce qu'il est saint dans tout son être. Si nous disons qu'il est juste, c'est parce qu'il est juste dans tout son être.

Pour nous aider à comprendre cela, j'aimerais prendre une illustration très simple. Parfois nous avons tendance à imaginer Dieu comme un grand gâteau coupé en tranches, chaque attribut étant une tranche du gâteau. Dieu serait alors un petit peu saint, un petit peu amour. Par moment il pourrait être simplement amour, parce que c'est la tranche amour qui entre en action, puis simplement justice, parce que c'est la tranche de la justice qui agit. Mais ce n'est pas ainsi qu'il nous faut comprendre les attributs de Dieu. Ils sont plutôt des caractéristiques qui qualifient Dieu dans tout son être. Pour reprendre l'illustration du gâteau, vous pourriez dire, par exemple, que c'est un gâteau à la cannelle, un gâteau sucré, ou trop cuit. Dans ce cas, ces caractéristiques s'appliquent à l'ensemble du gâteau. Si vous goûtez la moindre miette du gâteau, vous les retrouverez toutes. Ainsi, quand nous parlons de l'amour de Dieu, nous disons que Dieu est amour dans tout son être; quand nous parlons de la sainteté de Dieu, nous disons que Dieu est saint dans tout son être; etc. A chaque fois qu'il agit, ce sont toutes les perfections de tous ses attributs qui sont à l'œuvre, si bien qu'il est impossible d'opposer les attributs de Dieu entre eux.

Ainsi, quand la Bible nous dit par le prophète Esaïe «Saint, Saint, Saint, est l'Eternel des armées», elle affirme que ce Dieu est totalement séparé de la création, est séparé du péché et du mal, est pur. Quand elle déclare par la bouche du prophète Daniel qu'il est sage – «Béni soit le nom de Dieu d'éternité en éternité, à lui appartiennent la sagesse et la force» –, elle veut dire qu'il choisit toujours le meilleur des moyens pour arriver à son but qui est sa propre gloire. Quand elle affirme qu'il est bon, elle déclare que dans tout ce qu'il est, il est plein de générosité, de patience envers toute sa création. Il donne la pluie et le soleil sur les bons comme sur les méchants. Quand elle dit qu'il est amour avec l'apôtre Jean – «celui qui n'aime pas n'a pas connu Dieu car Dieu est amour» –, elle déclare que dans tout son être il aime le peuple qu'il a racheté au prix du sacrifice inestimable de son Fils bien-aimé.

Ainsi les attributs de Dieu ne peuvent pas être considérés indépendamment les uns des autres. Ils nous décrivent une facette de tout l'être de Dieu. Privilégier un attribut de Dieu au détriment des autres, comme on a souvent tendance à le faire de nos jours, en disant par exemple: «Dieu est amour et il aime tout le monde», c'est faire violence à la personne et à l'être de Dieu. Parce qu'il est aussi saint qu'il est amour, aussi juste qu'il est amour, et ses attributs s'expriment toujours les uns par rapport aux autres et avec les autres, sans jamais se contredire.

Ceci nous pousse à la réflexion. Ainsi, Dieu dépasse notre intelligence mais il s'est révélé parmi nous d'une façon précise, il nous éclaire par son Esprit et nous pouvons le connaître.

Conscients de cela, quelle doit être l'attitude qui nous caracté-rise ? Nous ne pouvons que l'adorer parce qu'il mérite toute notre adoration. Nous ne pouvons que tomber à genoux parce qu'il mérite toute notre révérence. Quand nous pensons à un tel Dieu, nous comprenons que certaines doctrines le concernant puissent dépasser notre entendement. Nous ne pouvons que confesser notre incapacité à le comprendre totalement ; nous humilier de nous être approchés de lui si souvent de façon irrévérencieuse, sans prendre conscience de sa sainteté et de sa grandeur ; nous repentir aussi d'avoir vécu si longtemps dans la rébellion loin de lui en refusant sa révélation ; puis rendre grâce pour un salut si grand manifesté en Jésus-Christ, rendre grâce parce qu'un Dieu si grand s'est abaissé, qu'il nous a aimés, et qu'il prend soin de nous jour après jour. Alors approchons-nous de Dieu tel qu'il nous le demande dans sa Parole.

Chapitre 4 : Dieu, la Sainte Trinité

Vous avez probablement constaté qu'aujourd'hui bon nombre de nos contemporains semblent croire que le mot «Dieu» décrit toujours la même réalité ; il leur suffit de dire «je crois en Dieu» pour se prétendre automatiquement chrétiens, ou en tout cas, croyants. Ainsi toutes les croyances en un être supérieur leur paraissent identiques ; d'ailleurs, ne rassemblent-ils pas souvent ce qu'ils appellent les trois grandes religions monothéistes, l'Islam, le Judaïsme et le Christianisme, comme s'il s'agissait de l'adoration du même Dieu avec quelques infimes nuances? Alors il est légitime de nous demander si un tel amalgame est possible. Le dieu de l'Islam qui ne voit en Jésus-Christ qu'un prophète, le dieu du judaïsme qui considère Jésus-Christ comme un imposteur, le petit dieu que vous vous êtes peut-être forgé à la mesure de votre entendement, ces dieux-là sont-ils vraiment le Dieu de la Bible?

La Bible affirme qu'il n'y a qu'un seul Dieu

Voyons deux versets qui proclament cette vérité. Esaïe 44:6 : «Ainsi parle l'Eternel, roi d'Israël et son rédempteur, l'Eternel des armées : Je suis le premier et je suis le dernier, et hors moi il n'y a point de Dieu.» Ensuite 1 Corinthiens 8:4-6 : «Pour ce qui est donc de manger des viandes sacrifiées aux idoles, nous savons qu'il n'y a point d'idole dans le monde et qu'il n'y a qu'un seul Dieu. Car, s'il est des êtres qui sont appelés dieux,

soit dans le ciel, soit sur la terre, comme il existe réellement plusieurs dieux et plusieurs seigneurs, néanmoins, pour nous, il n'y
a qu'un seul Dieu, le Père, de qui viennent toutes choses et pour
qui nous sommes, et un seul Seigneur, Jésus-Christ, par qui sont
toutes choses et par qui nous sommes.» Un seul Dieu, voilà une
vérité catégorique et exclusive qui ne convient guère à l'esprit de
tolérance qui caractérise notre époque.

Un seul Dieu. Lequel? Celui duquel viennent toutes choses,
nous dit 1 Corinthiens 8:6. Le Créateur, celui qui rachète son
peuple dans la personne de son Fils bien-aimé, ce qu'annonçait
déjà Esaïe au verset 6 du chapitre 44. Un seul Dieu, dans tout
l'univers, celui qui s'est révélé dans sa parole écrite, qui s'est
révélé par l'incarnation de la Parole faite chair, Jésus-Christ son
Fils bien-aimé. Si nous suivons bien le raisonnement de Paul
dans ce passage de Corinthiens, nous devons dire que toute
autre conception de Dieu que celle du Dieu révélé dans la Parole
est de l'idolâtrie. Et puisque les idoles n'existent pas, toute autre
conception de Dieu n'est que du vent, n'est que néant.

La conséquence de cette vérité biblique nous frappe de
plein fouet: si le Dieu que vous adorez n'est pas conforme à ce
qui est révélé dans les Ecritures, vous adorez une idole qui
n'existe pas, vous adorez du vent! D'où l'importance d'être
attentif à ce que la Bible nous révèle de Dieu, afin que nous ne
nous égarions pas dans l'idolâtrie et sous le jugement de Dieu,
mais au contraire, afin que nous adorions le seul vrai Dieu, celui
qui s'est révélé dans sa Parole. Il n'y a qu'un seul Dieu et en
dehors de lui il n'y en a point d'autre.

La Bible affirme que ce Dieu est Un

Lisons maintenant Deutéronome 6:4: «Ecoute, Israël!
L'Eternel, notre Dieu, est le seul Eternel.» Puis Marc 12:29:
«Jésus répondit: voici le premier (commandement): Ecoute,
Israël, le Seigneur, notre Dieu, est l'unique Seigneur.»
Maintenant, quelle est la différence entre l'affirmation selon

laquelle il n'y a qu'un seul Dieu et celle-ci : un Dieu Un ?

Dans la première nous avons vu que lorsque nous disons «un seul Dieu», cela veut dire qu'il n'existe pas de dieu en dehors du seul vrai Dieu, révélé dans l'Ecriture. La seconde, «un Dieu Un», est une déclaration que ce Dieu unique, qui seul existe dans l'univers, est indivisible dans son essence. Ce Dieu unique ne peut pas être fractionné ou divisé. Dieu est Un, il est donc impossible d'imaginer que Dieu puisse être partagé en divers petits morceaux qui, réunis, formeraient la totalité de Dieu. Dieu est Un, il est donc impossible de l'imaginer comme un corps humain composé de plusieurs membres qui, ensemble, forment un être humain. Quand la Bible dit que Dieu est Un, cela veut dire qu'il n'est pas un amalgame d'un peu de sainteté, un peu de bonté, de justice, d'amour, de sagesse, de puissance qui, réunis, forment la totalité de Dieu. De même Dieu n'est pas formé pour un tiers par le Père, un tiers par le Fils et un tiers par le Saint-Esprit. Dieu ne peut pas être divisé de la sorte. Chacun de ses attributs s'exprime et s'étend à tout son être ; chacune des personnes de Dieu, Père, Fils et Saint-Esprit, possède toute l'essence divine. Pourquoi cette vérité est-elle importante ? Parce qu'on ne peut pas enlever un attribut de Dieu sans faire violence à Dieu dans sa totalité.

Je prendrai une illustration. Imaginons un homme amputé d'un bras : il reste néanmoins un homme. Quand on le voit de loin, on remarque bien qu'un côté de sa silhouette est affaibli, mais on dit : voilà un homme. Sa nature n'a pas été altérée par le fait qu'il a perdu un bras. Mais ce n'est pas le cas pour Dieu. Si vous enlevez un seul attribut de Dieu, si vous l'amputez de sa justice, par exemple, on ne pourra plus dire que c'est le Dieu de la Bible avec un petit quelque chose en moins ! Non, son être entier est atteint par cette amputation.

Il est important de comprendre cela, parce qu'on a vite fait de fabriquer une caricature de Dieu : on peut atténuer ou taire un attribut, on peut en grossir un autre. Il est possible, par exemple, de souligner l'amour de Dieu au détriment de sa justice (beaucoup le font aujourd'hui) ; il est aussi possible, au contraire, de montrer un Dieu qui n'est que justice et dont l'amour est absent. Mais si nous agissons ainsi, nous n'avons plus devant les yeux le Dieu de la Bible.

On peut de même commettre l'erreur de donner toute la place à une des personnes de la Trinité aux dépens des autres. On a tendance aujourd'hui à mettre le Père de côté, en l'identifiant au Dieu guerrier de l'Ancien Testament, et à exagérer l'importance du Saint-Esprit. Malheureusement on peut aussi négliger l'Esprit de Dieu. Alors soyons vigilants afin d'être fidèles à la révélation biblique.

Le Dieu unique est donc un Dieu Un, qui ne peut pas être compris correctement si nous cherchons à le diviser, à le fractionner ou à souligner un de ses aspects plus que d'autres.

La Bible affirme l'existence d'un Dieu Un et unique en trois personnes distinctes

Toute l'Ecriture nous parle d'un Dieu trinitaire. Il est impossible de le nier, cependant il est également impossible de comprendre pleinement cette doctrine.

L'Ancien Testament présente la Trinité d'une manière plus voilée que le Nouveau Testament, mais néanmoins de nombreux passages nous montrent que le Dieu Un existe en trois personnes distinctes. Je n'en citerai que trois ici. D'abord en Genèse 1:1: «Au commencement, Dieu créa les cieux et la terre.» Qu'y a-t-il dans ce verset qui nous parle d'une multiplicité en Dieu? C'est le nom même de Dieu: Elohim, qui est un nom pluriel. Dès le début de la création, Dieu emploie un nom pluriel pour se révéler. Ce Dieu unique, Un, parle au pluriel. Nous voyons aux versets suivants ce Dieu unique créer au moyen de sa Parole et de son Esprit. Puis dans Esaïe 61:1, nous comprenons que ce Dieu unique établit, dès l'Ancien Testament, une distinction au sein de lui-même: «L'Esprit du Seigneur, l'Eternel, est sur moi, car l'Eternel m'a oint pour porter de bonnes nouvelles aux malheureux...» Ensuite, si nous lisons Juges 13:16-22, nous voyons que ce Dieu, qu'il est impossible de voir sans mourir, comme l'enseigne tout l'Ancien Testament, a été vu par un homme et sa femme qui l'ont adoré et qui ne sont pas morts, parce qu'ils voyaient l'ange de l'Eternel : «L'ange de l'Eternel répondit à Manoach : quand tu me retiendrais, je ne mangerais pas de ton mets ; mais si tu veux faire un holocauste, tu l'offriras à l'Eternel. Manoach ne savait point que c'était un ange de l'Eternel. Et Manoach dit à l'ange de l'Eternel : Quel est ton nom, afin que nous te rendions gloire, quand ta parole s'accomplira ? L'ange de l'Eternel lui répondit : Pourquoi demandes-tu mon nom ? Il est merveilleux. Manoach prit le chevreau et l'offrande et fit un sacrifice à l'Eternel sur le rocher. Il s'opéra un prodige, pendant que Manoach et sa femme regardaient. Comme la flamme montait de dessus l'autel vers le ciel, l'ange de l'Eternel monta dans la flamme de l'autel. A cette vue, Manoach et sa femme tombèrent la face contre terre. L'ange de l'Eternel n'apparut plus à Manoach et à sa femme. Alors Manoach comprit que c'était l'ange de l'Eternel et il dit à sa femme : nous allons mourir, car nous avons vu Dieu.» Il y a dans ce texte de l'Ancien Testament une préfiguration du Seigneur Jésus-Christ.

Le Nouveau Testament nous décrit d'une façon beaucoup plus claire l'existence de trois personnes en Dieu, sans toutefois nous l'expliquer. Mais attention au mot «personne». Ce terme n'est jamais affirmé par rapport au Père, au Fils ou au Saint-Esprit dans la Bible. Ce sont les théologiens qui, pour essayer de nous faire comprendre cette réalité, ont employé des mots tels que «personne», «hypostase» ou «substance». Et si nous employons le mot «personne» pour parler du Père, du Fils ou du Saint-Esprit, il ne faut pas le comprendre dans le sens que nous lui donnons d'habitude. Cela ne veut pas dire trois individus séparés, mais plutôt trois entités personnelles, en opposition à des puissance indéfinies.

Le Nouveau Testament mentionne la Trinité dès le commencement du ministère du Seigneur, lors de son baptême. Lisons Matthieu 3:16, 17 : «Dès que Jésus eut été baptisé, il sortit de l'eau. Et voici, les cieux s'ouvrirent et il vit l'Esprit de Dieu descendre comme une colombe et venir sur lui. Et voici, une voix fit entendre des cieux ces paroles : celui-ci est mon Fils bien-aimé, en qui j'ai mis toute mon affection.» Père, Fils et Saint-Esprit font également partie de l'enseignement de Jésus-Christ dans Matthieu 28:19 : «Allez, faites de toutes les nations des disciples, les baptisant au nom (singulier) du Père, du Fils et du Saint-Esprit.» Père, Fils, Saint-Esprit font partie de l'enseignement des apôtres. Lisons 1 Pierre 1:2, parmi tant d'autres passages : «... qui sont élus selon la prescience de Dieu le Père, par la sanctification de l'Esprit, afin qu'ils deviennent obéissants et qu'ils participent à l'aspersion du sang de Jésus-Christ.»

Père, Fils et Saint-Esprit. Nous adorons le Dieu Un et unique en trois personnes distinctes. Le Père est Dieu, car nous lisons dans le «Notre Père», «Notre Père qui es aux cieux». Le Fils est Dieu et il est égal au Père, c'est ce que nous voyons par ses miracles et ses propos. Les Pharisiens savaient bien que Jésus se faisait l'égal de Dieu lorsqu'il disait : «Mon Père agit jusqu'à présent ; moi aussi, j'agis.» En effet, nous lisons ensuite : «A cause de cela, les Juifs cherchaient encore plus à le faire mourir, non seulement parce qu'il violait le sabbat, mais parce qu'il appelait Dieu son propre Père, se faisant lui-même égal à Dieu» *(Jn 5:17, 18)*. Jésus-Christ est éternel, au même titre que le Père, car selon Romains 9:5 : «... et les patriarches, et de qui est issu, selon la chair, le Christ, qui est au-dessus de toutes choses, Dieu béni éternellement. Amen!» Le Saint-Esprit est Dieu, égal au Père et au Fils, car il est appelé «l'Esprit du Christ» dans 1 Pierre 1:11 ou «l'Esprit de Dieu par lequel nous recevons l'adoption» dans Romains 8:14, 15. Le Saint-Esprit est une personne (ce fait a été très souvent contesté tout au long de l'histoire de l'Eglise), car il possède les caractéristiques d'une personne. Christ lui-même appelle l'Esprit «un autre Consolateur» dans Jean 14:16. Ce texte sous-entend que Christ est le premier Consolateur, et qu'il enverra un Consolateur semblable à lui. Plus loin, nous lisons qu'on peut mentir au Saint-Esprit, ce fut le cas d'Ananias et de Saphira, dans Actes 5:3, 4;

on peut l'attrister: Ephésiens 4:30; il intercède: Romains 8:27; il habite, il sonde, etc.

Un seul Dieu Un, en trois personnes, co-égales, co-éternelles, mais dont les relations dénotent une priorité, un ordre. La même priorité se manifeste dans la création et dans le plan rédempteur de Dieu envers l'humanité. Le Fils est éternellement engendré du Père mais non créé; le Saint-Esprit procède du Père et du Fils. Il en va de même dans le plan rédempteur de Dieu. Le Père est premier (attention à l'expression), c'est-à-dire que c'est le Père qui, de toute éternité, a élu un peuple; c'est lui qui a donné ce peuple à son Fils. Le Fils accomplit le salut de son peuple dans l'histoire humaine. Le Saint-Esprit, envoyé par le Père et par le Fils, convainc de péché, de justice et de jugement, il applique au cœur du croyant l'œuvre accomplie par le Fils. Dieu nous dépasse, il est si grand. Nous pouvons dire avec David: «L'Eternel est grand et très digne de louange, sa grandeur est insondable.» Vouloir aller plus loin dans l'explication conduit à l'erreur. Toutes les analogies ou les illustrations qui ont été inventées pour essayer d'expliquer la Trinité sont imparfaites et conduisent à des erreurs. Alors contentons-nous d'une citation d'un père grec du IVe siècle, Grégoire de Nazianze, qui disait: «Je n'en puis concevoir un que trois reluisent à l'entour de moi, et je n'en puis discerner trois qu'aussitôt je ne sois réduit à un seul!» Voilà jusqu'où nous pouvons aller dans notre réflexion sur la Trinité.

Trois erreurs à éviter

Tout au long de l'histoire de l'Eglise, certains ont tenté d'expliquer la Trinité d'une façon simple, comme le font encore bon nombre de sectes aujourd'hui. Mais toute simplification des données bibliques nous entraîne dans l'hérésie.

Alors évitons le «trithéisme», l'erreur qui consiste à dire qu'il existe trois dieux, ou une multiplicité de dieux, comme le font les Mormons par exemple.

Evitons le «monarchisme», selon lequel il existe une supériorité d'une personne divine sur les autres au sein de cette Trinité. C'est ce qu'affirment, par exemple, les Témoins de Jéhovah et bon nombre de théologiens modernistes qui ont réduit Jésus-Christ, notre Seigneur, à un simple être humain.

Evitons ensuite le «modalisme», pour lequel les trois personnes mentionnées par la Parole de Dieu ne seraient que trois modes de révélation d'un Dieu unique, qui se serait présenté à tour de rôle comme Père, puis comme Fils, et enfin comme Saint-Esprit, l'un excluant les autres. Le récit du baptême du Seigneur permet de réfuter cette théorie. Le modalisme est enseigné par la secte Branhamiste.

Notons encore que des religions comme l'Islam et le Judaïsme, qui ont tant voulu maintenir l'unité et l'unicité de Dieu, doivent nier une partie de la révélation biblique.

Prenons garde de ne pas simplifier ni rejeter la doctrine de la Trinité, au risque de nous éloigner de l'enseignement biblique. Gardons-nous de réduire ce Dieu si grand à notre raisonnement humain limité. Ce serait de l'orgueil et de l'incrédulité.

Quatre fruits à développer :
Croire, aimer, proclamer et adorer

Croire cette doctrine de la Trinité. Même si elle dépasse notre compréhension. Elle est enseignée dans la Bible, de la Genèse à l'Apocalypse. Acceptons-la avec joie en sachant qu'elle nous dépasse, et soyons même heureux qu'elle dépasse l'entendement humain, parce qu'elle est un réconfort et un encouragement nous rappelant la grandeur de Dieu.

Aimer cette doctrine, et le Dieu révélé par cette doctrine, de tout notre cœur car elle est à la base de toute la foi chrétienne. La tordre ou la tronquer, c'est diminuer d'autant le message du salut, parce que Père, Fils et Saint-Esprit ont chacun une fonction spécifique dans le salut. C'est dans le Père que se trouve l'assurance de notre élection. C'est dans le Fils que se trouve l'assurance de notre justification. C'est dans l'Esprit Saint que se trouve l'assurance de notre adoption. Si le Fils n'est pas Dieu, alors je n'ai plus aucune assurance que sa justice soit vraiment une justice divine qui soit acceptée par le Père! Si le Saint-Esprit n'est pas Dieu, je n'ai plus aucune assurance d'être adopté par le Père comme son Fils!

Proclamer le Dieu Père, Fils et Saint-Esprit, car c'est le seul qui existe. Il est le souverain de l'univers, et en dehors de lui il n'y a pas de dieu. Proclamer qu'il n'y a aucun autre nom sous le ciel que celui de Jésus-Christ par lequel nous devions être sauvés *(Ac 4:12)*. Proclamons donc la doctrine de la Trinité car il ne suffit pas de trouver un interlocuteur qui nous dise croire en Dieu pour être assurés sur son sort éternel. Non, examinons si c'est bien dans le Dieu de la Bible qu'il croit, Père, Fils et Saint-Esprit, seul vrai Dieu qui sauve efficacement le pécheur.

Adorer! Une doctrine aussi profonde, aussi incompréhensible, ne devrait pas insinuer le doute dans notre cœur. Au contraire, elle devrait nous pousser à l'adoration! Il est le seul Dieu qui existe. Il est le Dieu unique, qui ne peut être divisé dans son essence, et qui, néanmoins, est Père, Fils et Saint-Esprit; celui qui prend soin de nous comme un père, qui nous aime et qui s'est approché de nous.

Louange, honneur, gloire à un tel Dieu, que nul homme n'aurait pu inventer, que nul d'entre nous n'aurait pu même imaginer, et qui prouve par là qu'il est réellement le seul vrai Dieu!

Chapitre 5 : Le décret de Dieu

Esaïe 14:24-27 ; 46:10, 11 ; Proverbes 19:21

Chacun de vous s'est penché, à un moment ou un autre, sur un livre d'histoire pour essayer de comprendre ce qui est arrivé dans les temps passés. Ainsi vous avez glané certaines informations qui ont enrichi votre compréhension de telle ou telle période. Mais si le sujet que nous allons aborder ici vous est inconnu, alors vous êtes passé assez loin du sens réel de l'Histoire sur laquelle vous vous êtes penché.

En effet, le sujet que nous allons traiter est la seule clé qui nous permette de comprendre l'Histoire de l'univers de façon correcte : c'est la doctrine du «décret de Dieu». Cette doctrine a toujours froissé l'entendement humain. Il n'est pas rare qu'elle produise la colère chez les incroyants, et le rejet ou la manipulation de l'Ecriture chez les croyants pour rendre cette doctrine du décret de Dieu plus raisonnable, plus acceptable à l'intelligence humaine.

Nous allons donc aborder cette question avec humilité et foi, ayant conscience des limites de notre raison, et en implorant Dieu de nous rendre soumis à l'Ecriture par l'intervention de son Esprit Saint. Pour comprendre cette doctrine, nous allons nous poser six questions.

Qu'est-ce qu'un décret ?

Selon le dictionnaire, c'est «une décision du pouvoir gouvernemental dont les effets sont semblables à une loi».

Nous trouvons un tel décret, par exemple, dans Daniel 6:8, 9. Ce décret n'a rien de chrétien, il est établi par le roi en place du temps de Daniel, et va conduire Daniel tout droit dans la fosse aux lions: «Tous les chefs du royaume, les intendants, les satrapes, les conseillers et les gouverneurs sont d'avis que soit publié un édit (ou un décret) royal et que soit mis en vigueur cette interdiction: quiconque, dans l'espace de trente jours, adressera des prières à quelque dieu ou à quelque homme, excepté à toi ô roi, sera jeté dans la fosse aux lions. Maintenant, ô roi, confirme l'interdiction et signe le décret afin qu'il soit irrévocable, selon la loi des Mèdes et des Perses qui ne peut être abrogée.» Un décret est donc une loi proclamée par l'autorité en place. Alors qui peut réellement prononcer un décret? C'est uniquement celui qui a le pouvoir de le faire respecter. C'est celui qui est en position d'autorité. Dans un pays, c'est le souverain, le gouverneur, et non un simple citoyen! Le chaos arrive dans une nation quand celui qui décrète des lois n'est pas souverain ou qu'il n'est pas en mesure de faire respecter ses décrets.

Quittons maintenant le décret en général pour nous pencher sur un décret particulier. Esaïe 46:9-11: «Souvenez-vous des premiers événements, car je suis Dieu et il n'y en a point d'autre, je suis Dieu et rien n'est semblable à moi. J'annonce dès le commencement ce qui vient par la suite et longtemps d'avance ce qui n'est pas encore accompli. Je dis: mon projet (ou mon décret) tiendra bon et j'exécuterai tout ce que je désire. J'appelle de l'orient un oiseau de proie, d'une terre lointaine l'homme qui accomplira mes projets. Ce que je dis, je le fais arriver; ce que j'ai conçu, je l'exécute.» Ce passage nous indique que Dieu a prononcé un décret qui régit tout l'univers, et cette simple vérité donne alors au chrétien autant de repos que trouve un réfugié qui quitte un pays où la situation est chaotique pour arriver dans un pays où l'ordre règne, où le peuple est soumis aux lois.

Voilà la clé de l'Histoire. Rien ne se passe par hasard ici-bas. Tout arrive selon un plan préétabli, décrété par le Créateur de toute chose, le seul incréé. Mais en quoi consiste ce décret?

Quelles sont les caractéristiques du décret de Dieu?

Quand nous connaissons un peu le caractère de Dieu, tel que nous l'avons vu dans les chapitres précédents, nous ne devrions pas être surpris des caractéristiques de ses décrets. Nous avons vu que Dieu est éternel, il est saint, immuable, il est seul sage, personnel, il est juste et aimant, il se suffit à lui-même, et nous allons découvrir que son décret lui ressemble.

Son décret est éternel. Deux Timothée 1:9 nous dit: «C'est lui qui nous a sauvés et nous a adressé un saint appel, non à cause de nos œuvres, mais à cause de son propre dessein et de la grâce qui nous a été donnée en Christ Jésus, avant les temps éternels.» Puis dans Tite 1:2: «Lesquelles reposent sur l'espérance de la vie éternelle promise avant l'origine des temps par le Dieu qui ne ment pas.» Le décret de Dieu a été établi avant les temps éternels, par le Dieu qui ne ment pas, c'est-à-dire que ce décret est inséparable de la personne parfaite de Dieu; c'est un décret qui a toujours existé, comme Dieu qui est éternel. Cela nous dépasse. Nous qui sommes limités dans le temps par nos vies si courtes, nous ne pouvons pas comprendre comment un décret peut exister en Dieu de toute éternité. Mais il y a toujours eu, dans les cieux, un Dieu qui gouvernait toute chose selon le dessein de sa volonté. N'imaginons donc pas le décret de Dieu comme une décision qu'il aurait prise ainsi à un moment donné de l'histoire en disant: «Maintenant, délibérons sur la façon dont nous allons agir et organiser l'univers!» Non, le décret de Dieu est aussi éternel que Dieu lui-même. Ne pensez jamais au Dieu trinitaire sans penser à son décret qui se trouvait en lui de toute éternité; ce décret par lequel il a tout établi dans l'univers pour sa gloire.

Son décret est inconditionnel. Cette notion est liée à la notion d'éternité. Si Dieu seul existait quand il a décrété toute chose, cela veut dire que son décret ne dépend d'aucune cause extérieure à lui-même. Dieu n'avait pas besoin de nos conseils pour décréter quoi que ce soit, c'est ce que nous rappelle Romains 11:34-36: «Qui a connu la pensée du Seigneur ou qui a été son conseiller? Qui lui a donné en premier pour qu'il ait à recevoir en retour? Tout est de lui par lui et pour lui! A lui la gloire dans tous les siècles, Amen!» Le terme «inconditionnel» signifie que ce ne sont ni vos vertus, ni vos désobéissances qui ont influencé le décret de Dieu d'une façon ou d'une autre. Vous n'êtes pour rien dans le décret de Dieu, et si vous êtes chrétiens aujourd'hui, ce n'est pas en vertu d'un quelconque mérite que Dieu aurait trouvé en vous, ce n'est pas à cause d'une pression que vous auriez exercée sur lui, c'est par pure grâce, parce qu'il l'avait décrété ainsi.

Son décret est immuable: c'est-à-dire qu'il ne change pas, que rien d'extérieur à lui ne peut le modifier ou le frustrer. C'est ce que nous voyons dans Proverbes 19:21: «Il y a dans le cœur de l'homme beaucoup de pensées, mais c'est le dessein de l'Eternel qui s'accomplira.» Aucune circonstance n'est imprévisible pour lui; rien ne peut surprendre Dieu ni changer son décret éternel. Nous voyons aussi dans les récits de l'Ecriture que rien ne prend Dieu au dépourvu, pas même la méchanceté des hommes. Pensez, par exemple, à la méchanceté des frères de Joseph: ils vendirent leur frère à des marchands madianites pour l'éloigner à tout jamais de Jacob et de la bénédiction de Dieu liée à la lignée d'Abraham, d'Isaac et de Jacob. Mais que fait Dieu? Il prend soin du peuple et le sauve de la famine, justement au travers de la méchanceté des frères de Joseph. Pensez aussi aux méchants qui ont condamné à mort le Seigneur de gloire, aux Juifs qui ont livré Jésus-Christ à Pilate afin qu'il soit mis à mort. Cela est-il arrivé par hasard? Non, c'est ainsi que Dieu triomphe de la mort et de la malédiction. Il emploie la méchanceté de ces hommes afin d'accomplir son plan de salut et de manifester sa gloire.

Son décret est fondé sur la sagesse divine. C'est ce que nous voyons dans Ephésiens 1:11, 12: «En lui nous avons aussi été mis à part, prédestinés selon le plan de celui qui opère tout selon la décision de sa volonté, afin que nous servions à célébrer sa gloire.» Ce décret est établi selon un plan qui émane de la volonté du Dieu sage, saint et pur. Aussi, ayons confiance car son décret ne peut qu'être parfait puisqu'il émane du Dieu parfait, saint, sage et tout-puissant.

Peut-être y a-t-il quelqu'un parmi vous qui se moque d'un tel décret, qui le rejette ou qui le caricature en disant qu'il s'agit d'un décret arbitraire, empreint de favoritisme puisque tous les hommes ne sont pas traités de la même manière, que certains sont élus et d'autres réprouvés. Mais sachez qu'une telle attitude est une insulte à Dieu et à son caractère. Nous devons reconnaître qu'il y a des mystères qui dépassent notre compréhension et accepter par la foi qu'ils sont conformes au caractère de Dieu.

Qu'inclut le décret de Dieu ?

S'agit-il d'un décret vague, où ne sont inscrites que les grandes lignes de l'Histoire de l'humanité, ou bien est-ce un plan détaillé où se trouvent consignés les moindres détails de votre propre vie ? Ephésiens 1:11 nous dit : «En lui nous avons été mis à part, prédestinés selon le plan de celui qui opère tout selon la décision de sa volonté.» Regardons aussi Romains 8:28 : «Nous savons du reste que toutes choses coopèrent au bien de ceux qui aiment Dieu, de ceux qui sont appelés selon son dessein.» Par ces deux versets Paul affirme que tout est inclus dans le plan de la volonté de Dieu.

Mais, me direz-vous peut-être, cela veut-il dire que Dieu avait déterminé de toute éternité que je gagnerais aux dés lorsque je jouerais avec mon frère ? Voulez-vous dire par là que Dieu avait déterminé qui allait tirer la paille la plus courte et ainsi devoir laver la vaisselle à la maison ? Eh bien oui, bien sûr ! C'est ce qu'affirme, par exemple, Proverbes 16:33 : «On jette le sort dans le pan de la robe (c'est-à-dire on joue aux dés ou on tire à la courte paille) mais toute décision vient de l'Eternel.» Mais est-ce que cela veut dire que Dieu a déterminé à l'avance mes bonnes actions, ainsi que cette attitude mauvaise que j'ai eue envers mon voisin l'autre jour ? Oui, bien sûr, il l'a fait, sans pour autant pouvoir être accusé de votre péché, dont vous êtes coupable; c'est ce que nous voyons dans Ephésiens 2:10: «Car nous sommes son ouvrage, nous avons été créés en Christ Jésus pour des œuvres bonnes que Dieu a préparées d'avance afin que nous les pratiquions.» Dieu a préparé d'avance les œuvres bonnes que nous allons pratiquer et le contraire est aussi vrai parce que nous lisons dans Actes 4:27, 28: «Car en vérité, contre ton saint serviteur Jésus à qui tu as donné l'onction, Hérode et Ponce Pilate se sont ligués dans cette ville avec les nations et les peuples d'Israël pour faire tout ce que ta main et ton conseil avaient déterminé d'avance.» Des hommes, des nations, les peuples d'Israël font le mal, livrent Jésus-Christ à la mort, et en même temps ils accomplissent le dessein de Dieu.

Oui, nos bonnes actions ainsi que nos mauvaises actions sont incluses dans le décret de Dieu. Mais alors est-ce que cela veut dire que Dieu s'intéresse aux détails les plus insignifiants de ma vie? Oui! Chaque matin, quand vous êtes dans la salle de bains et que vous regardez la brosse à cheveux, vous devriez être incités à penser à l'étendue du décret de Dieu! Pourquoi? Parce que Matthieu 10:29, 30 nous dit: «Ne vend-on pas deux moineaux pour un sou? Cependant, il n'en tombe pas un à terre sans la volonté de votre Père. Et même les cheveux de votre tête sont tous comptés. Soyez donc sans crainte: vous valez plus que beaucoup de moineaux.» Un cheveu ne se trouve pas sur la brosse sans que la volonté de Dieu ne soit accomplie. Et puisqu'il dit «soyez donc sans crainte», ce verset nous montre qu'une telle vérité doit nous inciter à la confiance et non à la crainte!

Mais ce ne sont pas seulement les détails qui sont inclus dans le décret de Dieu; les événements les plus importants y figurent aussi. Le Psaume 139:16 nous dit que tous les jours de notre vie sont déjà fixés par Dieu avant qu'aucun d'eux n'existe. Et il s'agit ici non seulement de notre vie et de notre mort physique, mais aussi de la résurrection spirituelle. La conversion du croyant est inscrite dans le décret de Dieu: «Tout ce que le Père me donne viendra à moi et je ne mettrai pas dehors celui qui vient à moi» *(Jn 6:37)*, ou 1 Pierre 1:2: «Pierre, apôtre de

Jésus-Christ, aux élus qui sont étrangers dans la dispersion (...) élus selon la prescience de Dieu le Père par la sanctification de l'Esprit pour l'obéissance et l'aspersion du sang de Jésus-Christ.» Dieu a connu d'avance ceux qui allaient faire partie de son Eglise, ceux qu'il allait transformer et faire naître à la vie nouvelle.

Un tel décret peut-il être expliqué par la prescience de Dieu?

Vous avez probablement entendu cet argument qui dit que Dieu n'a rien décrété de façon souveraine, mais qu'il a simplement vu les choses par avance. Une telle explication est-elle possible sans porter atteinte au caractère et à l'honneur de Dieu? Prenons une illustration pour tenter de comprendre ce raisonnement: imaginez qu'un homme regarde un match de football qu'il a enregistré sur une vidéo. Il connaît déjà le résultat parce qu'il a vu le match en direct; il sait quels vont en être chacun des rebondissements, quels vont être les actions qui vont amener les buts ainsi que les avertissements de l'arbitre, etc. Il connaît tout, mais est-il souverain sur le match? Absolument pas. En fait il est totalement incapable d'en changer le cours.

Nous comprenons donc qu'imaginer Dieu d'une telle façon c'est être des plus irrévérencieux envers sa personne, parce que c'est lui ôter tout pouvoir et toute souveraineté, puisqu'il ne pourrait rien changer à ce qui se passe ici-bas. C'est en faire la «victime» de la volonté humaine. Cette description d'un dieu limité et incapable de diriger quoi que ce soit est totalement étrangère à la Parole de Dieu. Celle-ci nous parle au contraire d'un Dieu souverain, qui est absolument capable de promulguer des décrets détaillés et de les faire respecter.

La Parole de Dieu nous défend d'ailleurs de déformer le décret de Dieu en parlant d'une simple prescience. Actes 2:23 mentionne, côte à côte, la prescience de Dieu et son décret pour montrer qu'il s'agit de deux notions différentes, bien que complémentaires: «Cet homme livré selon le dessein arrêté et selon la prescience de Dieu, vous l'avez fait mourir, en le clouant à la croix.»

Il est vrai que Dieu est hors du temps. Il voit tout, il connaît l'issue de toute chose, mais en plus de cette prescience, il a établi un décret, une loi selon laquelle toute chose se passe ici-bas. Le Dieu souverain n'a pas simplement vu et enregistré ce qui allait arriver, mais il l'a déterminé. S'il était un tyran méchant et malhonnête, nous pourrions être angoissés par une telle vérité. Mais ce n'est pas le cas! Ce Dieu qui a tout décrété est un Dieu parfait et bon, chez qui il n'y a aucune ombre de variation, aucunes ténèbres, et c'est une vérité apaisante pour le chrétien de savoir que toutes choses sont conduites par un tel Dieu.

Avec un tel décret, Dieu n'est-il pas l'auteur du mal?

Un rationalisme pur a conduit beaucoup d'hommes à affirmer cela. Si Dieu a décrété les choses ainsi, il est l'auteur du mal. Mais la Bible nous défend de penser une telle chose et même elle affirme le contraire! Elle affirme plutôt que Dieu est séparé du péché, qu'il est séparé du mal. Nous le voyons par exemple dans Habaquq 1:13: «Tes yeux sont trop purs pour voir le mal et tu ne peux pas regarder l'iniquité», et Jacques 1:13-17: «Que personne, lorsqu'il est tenté, ne dise: c'est Dieu qui me tente. Car Dieu ne peut être tenté par le mal et ne tente lui-même personne. Mais chacun est tenté parce que sa propre convoitise l'attire et le séduit. Puis la convoitise, lorsqu'elle a conçu, enfante le péché; et le péché, parvenu à son terme, engendre la mort. Ne vous y trompez pas mes frères bien-aimés, tout don excellent et toute grâce parfaite viennent d'en haut, du Père des lumières, chez lequel il n'y a ni changement ni ombre de variation.»

Nous nous trouvons devant un autre mystère lié à l'être de Dieu. Dieu est totalement exempt de tout mal même s'il fait concourir le mal à sa gloire, même s'il utilise les mauvaises actions des hommes pour l'accomplissement de son décret parfait. Ainsi la Bible affirme que le mal n'échappe pas au contrôle de Dieu, sans pour autant qu'il en soit contaminé ou qu'il en soit l'auteur. Dieu hait le mal de tout son être et cette certitude est fondamentale pour notre foi, parce que si Dieu n'était pas séparé du mal au point de le haïr, nous n'aurions aucune assurance qu'un jour il mette fin au mal. Si nous disons que le mal échappe à son contrôle, alors Dieu n'est plus le Dieu souverain de la Bible.

Avec un tel décret, l'homme est-il un simple pion sur l'échiquier?

Mais alors, ne suffit-il pas à l'homme de se laisser aller et d'attendre que le décret de Dieu se déroule, puisque de toute façon il s'accomplit inexorablement? Eh bien non! La Bible affirme que la volonté décrétive de Dieu n'est pas incompatible avec votre responsabilité d'homme, de femme, d'enfant qui vivez ici-bas. Au contraire, elles vont de pair. C'est ce que nous trouvons tout particulièrement dans Luc 22:22 où il est dit de Judas: «Le fils de l'homme s'en va selon ce qui est déterminé, mais malheur à l'homme par qui il est livré.» Alors comment est-il possible, si Judas accomplit le décret de Dieu, de dire «malheur à lui»? C'est parce qu'il accomplit ce décret tout en étant responsable de sa désobéissance à la Parole et à la révélation de Dieu qu'il avait reçues.

Le décret de Dieu nous est caché, et nous n'avons pas à chercher à connaître cette volonté décrétive. Il se révèle au fur et à mesure que l'Histoire se déroule. Par contre, la norme à laquelle nous avons à nous soumettre, selon laquelle Dieu jugera tout homme, c'est sa volonté préceptive, c'est-à-dire sa Parole écrite *(Dt 29:28)*. Dieu jugera les hommes en fonction de leur soumission au message et aux exigences de sa Parole écrite. Je m'explique: quand vous vous tiendrez devant Dieu, au grand jour du jugement, il ne vous dira pas: X, Y, va dans les ténèbres du dehors parce que tu n'as pas obéi à mon décret caché tel jour à telle heure! Mais il vous dira plutôt: va dans les ténèbres du dehors parce que tu n'as pas plié le genou devant Jésus-Christ, le Fils de Dieu qui s'est révélé et qui est mort pour le salut des hommes. Et ce jour-là, vous aurez à rougir ou à vous réjouir, en fonction de votre désobéissance ou de votre obéissance aux commandements de Dieu; en fonction de votre rejet ou de votre réponse au message de la croix de Jésus-Christ.

Il existe beaucoup trop de chrétiens fatalistes qui ont la mauvaise attitude de croire que, puisque Dieu a formé un décret éternel, ils n'ont aucune responsabilité et n'ont pas à lutter contre le péché dans leur vie. Mais cela est totalement faux, car Dieu veut que nous nous soumettions avec soin à sa volonté révélée dans sa Parole!

Chapitre 6 : La création

Genèse 1

En examinant la question du décret de Dieu, nous avons compris que tout dans l'univers arrive selon son dessein. C'est donc dans sa volonté libre, éternelle et parfaite, que Dieu voulut créer l'univers. Pourquoi en a-t-il décidé ainsi ? Nous ne pouvons guère l'expliquer, mais nous devons le croire puisque sa Parole l'affirme. Il est donc temps de nous pencher sur la question de la création.

On nous parle souvent d'une matière éternelle qui, par hasard, aurait donné forme à une vie organisée. On nous dit que l'univers aurait des milliards d'années, que l'homme ne serait qu'un maillon dans cette chaîne immense de vie et qu'en fait il ne serait arrivé que dans les tout derniers instants de l'histoire de cet univers. On nous dit aussi que, dans cet univers, tout est régi par des lois immuables, des phénomènes de cause à effet, des réactions en chaîne tout à fait calculables et prévisibles.

Face à un tel discours, il est important que nous nous interrogions sur ce que la Bible nous dit sur la création, afin de développer une pensée chrétienne concernant l'univers et la création de l'homme pour pouvoir argumenter avec nos contemporains.

Quand nous parlons de ce sujet, un texte fondamental doit être considéré en premier lieu pour comprendre dans quelle attitude le récit de la création doit être approché : Hébreux 11:3. Ce verset nous dit : «C'est par la foi que nous comprenons que le monde a été formé par la Parole de Dieu, de sorte que ce qu'on voit ne provient pas de ce qui est visible. »

C'est donc par la foi que nous comprenons l'enseignement biblique sur la création. C'est-à-dire que nous ne pouvons pas saisir l'enseignement de la Parole de Dieu uniquement par notre raison humaine. Il faut que notre raison soit éclairée par l'Esprit de Dieu et que nous considérions ces récits de la création avec une confiance réelle en Dieu. Ainsi, même si nous ne comprenons pas tout, nous pourrons garder confiance dans le texte biblique inspiré par le Créateur, et affirmer que les choses se sont bien passées ainsi.

Nous considérerons ensemble six affirmations bibliques concernant la création. Elles devraient nous aider à conformer notre pensée à l'enseignement biblique plutôt qu'à celui du monde.

La création a une histoire

La science moderne nous dit que l'univers a entre quatorze et vingt milliards d'années, qu'il a évolué très lentement jusqu'à nous, et que si l'on comparait l'histoire de l'univers à une journée de vingt-quatre heures, l'arrivée de l'homme sur la terre aurait eu lieu aux environs de 23 h 59. Certains théologiens, soucieux de respecter ces hypothèses scientifiques (car il faut bien parler d'hypothèses), cherchent alors à marier les textes bibliques avec de tels enseignements.

Il y a deux approches possibles pour cela : ils diront soit que les jours dont il est parlé dans la Genèse sont de longues périodes de millions, voire de milliards d'années, soit que le récit de la Genèse est poétique et qu'on ne peut pas vraiment se fier aux enseignements historiques qui y sont donnés.

Mais quand nous étudions le texte biblique de plus près, nous comprenons que ces deux approches sont incorrectes. En fait, voyons plutôt quel est le souci de l'auteur dans le récit du livre de la Genèse.

Lisons Genèse 12 (qui serait le point charnière puisque, selon ces théologiens, Genèse 1 à 11 serait poétique, alors qu'à partir du chapitre 12 le texte deviendrait historique).

Genèse 12:1: «L'Eternel dit à Abraham.» Nous faisons connaissance avec un personnage dont l'historicité est incontestable! Les informations qui nous sont données sur les villes, sur l'histoire d'Abraham, prennent place dans un contexte historique précis qui concorde avec l'histoire de la Palestine.

Si nous remontons dans le récit prétendu poétique du chapitre 11, nous lisons à partir du verset 10 une généalogie qui va de Sem (fils de Noé) à Abraham. L'auteur de la Genèse a donc un souci historique et cherche, par cette généalogie, à nous montrer qu'Abraham est bien inclus dans une histoire plus grande. De même, la généalogie de Genèse 5:1-31, allant d'Adam à Sem, Cham et Japhet, nous montre de façon indéniable le lien historique qui existe entre Adam, le premier homme, et Abraham, personnage historique incontestable. Si donc Abraham est un personnage historique, Adam l'est aussi puisqu'il est le père d'Abraham et d'une lignée qui va d'Adam à Abraham.

La création n'est ni un mythe inventé de toute pièce ni une poésie. Elle a une histoire qui nous est narrée dans le premier livre de la Bible. Cette histoire nous parle d'une création en sept jours. Nous n'avons pas de date exacte pour le début de la création, mais nous avons un moment précis.

Genèse 1:1: «Au commencement.» A l'instant où Dieu créa le temps, lui qui est éternel et en dehors du temps, il commença la création de l'univers. Pourquoi faut-il croire à sept jours littéraux et non à des époques géologiques? Prenons deux arguments, parmi bien d'autres, pour le démontrer. Premièrement, «un jour de vingt-quatre heures» est le premier sens du mot «jour». Ensuite à cause de l'expression qui rythme tous ces jours de la création et les sépare l'un de l'autre. Nous la trouvons aux versets 5, 8, 13, 19, 23 et 31: «Il y eut un soir et il y eut un matin.» Cette expression n'aurait pas pu être utilisée s'il s'agissait d'une longue période géologique ayant duré six millions d'années car elle aurait des millions de «soirs et matins». Non, il s'agit bien d'un fait historique précis, «il y eut un soir et il y eut un matin», qui atteste que chaque jour de la création doit être compris entre deux nuits, comme un jour tel que nous les connaissons à présent.

Le septième jour, quant à lui, contient aussi une indication précieuse pour nous aujourd'hui. Genèse 2:1: «Ainsi furent achevés le ciel, la terre et toute leur armée.» L'expression «achevé» signifie «terminé» et indique qu'à partir du septième jour nous ne sommes plus dans ce processus de création.

Cette affirmation est fondamentale parce qu'elle nous permet de comprendre que la façon dont Dieu intervient maintenant dans la création n'est plus comparable à son action pendant les six premiers jours de la création. Il a agi d'une façon particulière pendant les six jours de la création et au septième jour tout était réellement terminé. Ce fait est important parce que la science actuelle calcule tout en fonction de ce qu'elle observe aujourd'hui, de «l'évolution» des événements qu'elle pense observer actuellement. Or Dieu agissait différemment pendant les six jours de la création. Si on mesure, par exemple, la dérive des continents, en supposant qu'un continent se déplace de trois à quatre centimètres par année, comme on le constate aujourd'hui, il est clair qu'il faut envisager des milliards d'années pour que l'Amérique soit à son emplacement actuel. Or, nous ne pouvons pas mesurer la création de Dieu à partir de ce que nous observons aujourd'hui, parce qu'au septième jour Dieu a achevé la création et il s'est reposé.

Une dernière constatation concernant l'histoire de la création, avant de clore ce premier point. Quand Adam fut créé, quel âge avait-il? Un jour, bien sûr, mais comment était-il? Etait-il un bébé qui pleurait en attendant qu'on le nourrisse? Pas du tout, la Bible nous le décrit comme un homme responsable, avec lequel Dieu parle, auquel il donne les responsabilités importantes de dominer, de gérer la terre, de nommer les animaux et de se multiplier, parce que Dieu a créé Adam avec une apparence d'âge. Il avait un jour mais il paraissait avoir trente ou quarante ans.

Cette vérité ne devrait pas nous surprendre parce qu'on trouve d'autres endroits dans la Bible où Dieu crée en un instant des choses qui ont une apparence d'âge. Par exemple lorsque Christ fit un vin excellent avec de l'eau à Cana. Ce fut là aussi une intervention directe de Dieu. Nous voyons donc que Dieu peut intervenir directement dans la création et donner une apparence d'âge à des choses qui, en fait, sont très jeunes.

La création a un auteur

La science nous dit que l'univers est le fruit du hasard et que c'est encore par hasard qu'un long processus a donné naissance aux hommes et aux femmes, les êtres personnels, moraux, capables de communiquer que vous êtes aujourd'hui. Mais cela aussi est en désaccord avec le texte de la Parole de Dieu qui nous dit, toujours dans Genèse 1:1, qu'au commencement «Dieu créa».

Cette affirmation est d'ailleurs confirmée par bon nombre de passages bibliques qui nous montrent qui est le Dieu qui a créé. Psaume 33:6: «Les cieux ont été faits par la parole de l'Eternel et toute leur armée par le souffle de sa bouche.» C'est le Dieu trinitaire qui a créé toute chose, le Dieu Père, Fils «parole» et Esprit «souffle». Hébreux 1:2: «Dieu nous a parlé par le Fils en ces temps qui sont les derniers. Il l'a établi héritier de toutes choses et c'est par lui qu'il a fait les mondes.»

La création n'est donc pas l'œuvre d'un hasard ou d'une force vague et impersonnelle. Elle est l'œuvre du Dieu trinitaire, Père, Fils et Saint-Esprit. Ce Dieu parfait, éternel, personnel. Ce Dieu qui nous parle par sa Parole, qui nous a aimés en Jésus-Christ, qui a envoyé son Fils dans notre humanité, ce Dieu qui répand abondamment son Esprit sur son Eglise aujourd'hui encore.

Ce n'est pas la pensée biblique et chrétienne que de se représenter l'univers comme une machine bien huilée qui fonctionne toujours de la même manière sans aucune exception. Il est vrai qu'en général les choses suivent un certain ordre, et nous ne pouvons pas nier que chaque matin le soleil «se lève». Mais nous ne devons pourtant pas en conclure que rien ne changera jamais. L'apôtre Pierre nous dit d'ailleurs qu'il s'agit là de la façon de voir des moqueurs et des ignorants. Deux Pierre 3:3-5 : «Sachez avant tout que, dans les derniers jours, il viendra des moqueurs avec leurs railleries, et marchant selon leurs propres convoitises. Ils disent : Où est la promesse de son avènement ? car, depuis que les pères sont morts, tout demeure comme dès le commencement de la création. Ils veulent ignorer, en effet, que des cieux existèrent autrefois par la parole de Dieu, ainsi qu'une terre tirée de l'eau et formée au moyen de l'eau, et que par ces choses le monde d'alors périt, submergé par l'eau.» C'est ici une allusion au jugement de Dieu qui intervint au temps de Noé par le déluge. Ainsi nous ne devons jamais oublier que Dieu peut, quand il le veut, intervenir de façon directe dans sa création ; soit pour juger les méchants, soit pour prendre soin des siens.

La création a une étendue

La science veut nous faire croire qu'il n'existe que ce qu'elle peut mesurer ou démontrer. Mais cela n'est pas en accord avec Colossiens 1:16 qui nous parle de notre Seigneur Jésus-Christ : «Car en lui tout a été créé dans les cieux et sur la terre ; ce qui est visible et ce qui est invisible, trônes, souverainetés, principautés et pouvoirs ; tout a été créé par lui et pour lui, il est avant toute chose et tout subsiste en lui.» Ce n'est donc pas uniquement ce que la science peut mesurer et démontrer qui existe. La Parole nous dit ici qu'il y a des choses invisibles, des trônes, des souverainetés, des principautés et des pouvoirs, qui sont les titres donnés aux esprits invisibles, qui ont été créés par le Fils de Dieu et que la science ne peut ni démontrer, ni cerner, ni mesurer, mais qui existent néanmoins.

L'univers n'est pas infini, comme nous le disent certains manuels. Certes, il est très vaste, mais il est fini parce qu'il est une création de Dieu. Il est limité dans le temps et dans l'espace, et contient aussi des créatures qui ne sont pas matérielles.

La création a un point culminant

La science affirme, nous l'avons dit, que l'homme est un animal parmi d'autres. De là découle la tolérance des vices et des comportements les plus bestiaux au sein de notre société. On voit des organisations qui luttent contre la vivisection et qui ont bientôt davantage d'adeptes que ceux qui luttent contre l'euthanasie, l'avortement ou pour le respect de la vie. En affirmant que l'homme n'est qu'un animal parmi d'autres, on l'a «déshumanisé». Mais le récit de la création nous donne une tout autre image de l'homme, de la femme et de l'enfant que vous êtes. Elle dit que vous êtes, au contraire, le point culminant de la création, et que sans l'homme la création est comme une armée sans commandant ou un navire sans capitaine.

Bien que nous ayons, il est vrai, des points communs avec les autres créatures qui vivent ici-bas, l'homme se distingue sous de nombreux aspects: il est le seul à être «en image» et ressemblance de Dieu: «Dieu dit: faisons l'homme à notre image, selon notre ressemblance» *(Gn 1:26)*. Il est le seul à avoir reçu le souffle vital de Dieu afin de devenir une âme vivante: «L'Eternel Dieu forma l'homme de la poussière du sol, il insuffla dans ses narines un souffle vital et l'homme devint un être vivant» *(Gn 2:7)*. Il est le seul à s'être vu confier la mission de nommer les animaux, de dominer sur eux et de cultiver la terre: «Dieu les bénit et Dieu leur dit: Soyez féconds, multipliez-vous, remplissez la terre et soumettez-la, dominez sur les poissons de la mer, sur les oiseaux du ciel et sur tout animal qui rampe sur la terre» *(Gn 1:28)*; et: «L'Eternel forma du sol tous les animaux des champs et tous les oiseaux du ciel. Il les fit venir vers l'homme pour voir comment il les appellerait afin que tout être vivant porte le nom que l'homme lui aurait donné» *(Gn 2:19)*.

Il y aurait beaucoup à dire sur ces trois affirmations: l'homme est en image et ressemblance de Dieu; il a reçu un souffle vital afin qu'il devienne une âme vivante; il est un être qui domine sur la création. Nous désirons ici souligner que l'image de Dieu est ancrée au plus profond de l'homme.

L'homme a une âme qui lui permet de communiquer avec Dieu, d'aspirer à l'immortalité, qui lui donne la capacité de répondre à Dieu, qui fait de lui un être moralement responsable de ses actes. Le fait qu'il donne un nom à chaque créature de Dieu démontre qu'il a une intelligence qui lui permet de comprendre le sens profond de la création, ce que les autres créatures ne peuvent faire. Puis il a une fonction de roi sur la création qui le rend responsable devant Dieu ; il est le reflet de Dieu sur toute la création.

Cette image de Dieu en l'homme est si fortement ancrée en lui que même quand le péché arrivera et souillera l'homme au plus profond de son être, il sera encore appelé à «l'image de Dieu». Nous lisons dans Genèse 9:6, peu après le déluge, que la vie humaine doit être respectée à cause de l'image de Dieu qui reste en l'homme : «Celui qui verse le sang de l'homme, par l'homme son sang sera versé, car Dieu a fait l'homme à son image.»

En tant qu'être humain, vous êtes le point culminant de la création et non un animal parmi d'autres. Et parce que vous êtes le point culminant, vous avez une responsabilité morale envers Dieu : celle de lui obéir et de le représenter parfaitement dans cette création. Et malgré la chute et la présence du péché dans le monde, votre mission d'homme n'a pas changé.

C'est dans cette mission de créature «en image de Dieu» que vous êtes restauré par la vie nouvelle qui vous est donnée en Jésus-Christ. Comme le dit Colossiens 1:15 : «Il est l'image du Dieu invisible, le premier-né de toute la création.» Et quand l'apôtre Paul, dans la même épître, nous parle de ce qu'est la vie nouvelle en Jésus-Christ, il nous dit : «Ayant revêtu la nature nouvelle qui se renouvelle en vue d'une pleine connaissance, selon l'image de celui qui l'a créée» *(Col 3:10)*. Cette vie nouvelle qui est en vous vous renouvelle pour que vous puissiez accomplir la mission qui a été confiée à l'homme dès le début de la création : être des représentants de Dieu ici-bas. Vivre à sa gloire. Etre des hommes qui gèrent et dominent la création selon le plan de Dieu, en la respectant car elle lui appartient.

La création a donc un point culminant: l'homme créé à l'image de Dieu. Mais souvenez-vous qu'un seul a satisfait la justice de Dieu: Jésus-Christ, qui a manifesté parfaitement l'image de Dieu ici-bas. En lui seul vous pouvez devenir un être en qui l'image de Dieu se renouvelle.

La création a une qualité

La science affirme que la mort a toujours existé. L'évolution par sélection naturelle implique que la souffrance, la mort et la différence de qualité des êtres font partie de l'univers dès son commencement; qu'il y a eu du bon et du mauvais dès l'origine. Mais cette affirmation est à nouveau en désaccord avec la Parole de Dieu. Nous lisons dans Genèse 1:31, alors que Dieu fait la récapitulation de tout ce qu'il vient de créer dans les six jours: «Dieu vit alors ce qu'il avait fait et voici c'était très bon!»
Au moment où Dieu termina la création, il la qualifia de très bonne. L'homme tout entier, son corps, son âme, ainsi que son rôle de gérant de la création, tout était très bon. Parfois les chrétiens ont tendance à dénigrer leur corps pour ne valoriser que leur âme, à dénigrer la création matérielle pour ne valoriser que ce qui est, diront-ils, spirituel. Mais Dieu a déclaré que la création matérielle, tout comme l'homme avec un corps et une âme, étaient bons! Bien sûr, nous devons tenir notre corps en bride à cause de l'arrivée du péché, mais souvenons-nous que la création était bonne et que le chrétien, aujourd'hui encore, doit savoir démontrer autour de lui, dans le monde, qu'il tient la création pour bonne, si elle est envisagée, gérée et vécue en harmonie avec le Créateur.

La création a un but

Si tout est le fruit du hasard, comme l'affirme la science, ou d'une puissance impersonnelle, il n'y a aucun but à tout ce qui se passe ici-bas, et l'avenir est extrêmement sombre. Ainsi nous pouvons comprendre le pessimisme ambiant, puisque la science ne donne aucune espérance à l'homme! Et nous pouvons même comprendre que la science actuelle conduise chacun à vivre égoïstement, en recherchant un maximum de plaisirs immédiats pour satisfaire ses seuls besoins puisque l'homme n'a aucun but, aucune attente!

Mais il en va tout autrement quand nous comprenons ce que nous dit la Parole de Dieu. Dieu n'avait aucun besoin de créer. Il l'a fait afin de manifester sa gloire, la perfection de son être, sa divinité et sa puissance, aux créatures qu'il allait créer. Nous lisons en Romains 1:19, 20: «Car ce qu'on peut connaître de Dieu est manifeste pour eux car Dieu le leur a manifesté. En effet, les perfections invisibles de Dieu, sa puissance éternelle et sa divinité, se voient fort bien depuis la création du monde, quand on les considère dans ses ouvrages.» Même l'entrée du péché dans le monde ne peut empêcher Dieu d'atteindre ce but.

La vie ici-bas n'est pas la fin de tout: l'humanité et l'univers tendent vers un but qui est la manifestation glorieuse de Dieu à sa création. C'est ce que nous dit Romains 8:21, 22: «La création tout entière soupire en attendant la liberté glorieuse des enfants de Dieu.» 1 Corinthiens 15:45, 49 affirme qu'il y a un avenir pour le chrétien: «Ayant été semé corps terrestre, il ressuscitera corps céleste.»

Croire en une création telle que nous venons de la définir (même si cela nous oppose aux hypothèses scientifiques) est la seule manière de trouver notre place au sein de l'univers sous le regard de Dieu.

C'est une place unique parce que nous avons été créés en image de Dieu pour manifester sa gloire, pour refléter son caractère en obéissant à ses commandements.

C'est une place unique parce que nous vivons dans l'espérance de la résurrection, de la manifestation de la gloire encore plus grande de Dieu, le Créateur, l'Eternel, le Dieu tout-puissant.

Alors vivons dans cette espérance en occupant notre place sous le regard de Dieu.

Chapitre 7 : La providence de Dieu

Genèse 45:4-8 ; 50:20 ; Actes 14:15-17 ; 17:24-26

Il existe un lien étroit entre la doctrine que nous allons aborder ici et les doctrines du décret de Dieu et de la création, que nous avons vues dans les deux chapitres précédents. Celle du décret éternel de Dieu nous a enseigné que Dieu a ordonné, de toute éternité, tout ce qui arrive dans l'univers, et qu'il l'a fait jusque dans des détails aussi insignifiants que la mort d'un moineau ou la perte de nos cheveux. Puis nous avons vu que Dieu a tout créé en conformité avec ce décret, puisqu'il peut dire, à la fin des six jours, «et c'était très bon». Il n'y avait donc aucun décalage entre sa volonté inscrite dans son décret et ce qu'il avait réellement créé.

Cette création étant achevée, il nous incombe maintenant de comprendre le rapport que Dieu a actuellement avec l'univers, ce que le catéchisme appelle la doctrine de «la providence de Dieu».

Qu'est-ce que la providence ?

Notons tout d'abord que le mot «providence» ne se trouve pas dans la Parole de Dieu. Ce sont nos pères dans la foi qui l'ont employé pour définir une doctrine qui, elle, est bien présente dans l'Ecriture. Aujourd'hui ce mot a pris un sens très vague. Qui n'a pas entendu un incroyant employer cette expression pour faire allusion au hasard ? Mais est-ce bien de cette providence-là dont parlent l'Ecriture, le Catéchisme ou les grandes

Confessions de Foi? Quel est alors le concept biblique exprimé par ce mot «providence»?

La providence de Dieu c'est l'intervention de Dieu par laquelle il réalise son décret dans l'histoire et dans l'univers. C'est le soin qu'il prend pour accomplir, aujourd'hui encore, toutes choses selon ce qu'il a préparé dans l'éternité.

Nous pouvons donc dire qu'un «décret» est une décision prise par Dieu dans l'éternité, tandis que la «providence» est la mise en pratique de cette décision dans l'histoire, dans l'univers.

Bien que Dieu n'agisse plus comme il a agi au moment de la création, puisque tout a été achevé au sixième jour, cette doctrine affirme, néanmoins, qu'il continue à intervenir dans cette création. En effet, il la soutient et en prend soin de façon personnelle, de telle sorte que sans cette intervention de Dieu, l'univers ne serait que néant.

Cette idée est exprimée dans de nombreux passages bibliques, mais il y en a deux en particulier qui parlent du rôle de notre Seigneur Jésus-Christ. Lisons Colossiens 1:16, 17: «Car en lui tout a été créé dans les cieux et sur la terre, ce qui est visible et ce qui est invisible, trônes, souverainetés, principautés et pouvoirs, tout a été créé pour lui et par lui [création]. Il est avant toute chose et tout subsiste en lui [providence].» Lisons encore Hébreux 1:3: «Ce Fils, qui est le rayonnement de sa gloire et l'expression de son être, soutient toutes choses par sa parole puissante.»

Une telle doctrine nous oblige donc à nous opposer catégoriquement à différentes idées actuelles. L'une a été formulée par Voltaire. Selon lui, Dieu serait un grand horloger qui aurait conçu une montre, l'aurait remontée, puis s'en serait allé. Mais Dieu n'est pas ainsi. Il ne s'est pas retiré après la création. Il en prend soin encore aujourd'hui. Une autre idée, qui est peut-être encore plus répandue autour de nous, est celle de l'astrologie avec la lecture des signes du zodiaque qui affirme que notre avenir, notre vie ici-bas, notre tempérament, sont déterminés par l'influence de créatures astrales, finies, et qu'en fait Dieu n'intervient plus dans la création.

Nous devons affirmer, au contraire, que Dieu intervient et conduit toutes choses aujourd'hui encore.

Envers qui s'exerce la providence?

Actes 14:16, 17, et 17:25, 26 rendent témoignage au fait que Dieu exerce sa providence envers tous les êtres humains. Il répand ses bienfaits sur chacun d'eux, leur donne la pluie, le soleil, la nourriture, les saisons, le bonheur, la vie, le souffle, en un mot: toutes choses. Dans le même sens, nous pourrions aussi considérer Matthieu 5:45: «Alors vous serez fils de votre Père qui est dans les cieux, car il fait lever son soleil sur les méchants et sur les bons, et il fait pleuvoir sur les justes et sur les injustes.» La providence de Dieu s'exerce donc envers vous, que vous soyez chrétien ou non. Si vous êtes en vie et en bonne santé, si vous pouvez manger à votre faim, c'est parce que Dieu est bon à votre égard. Si vous n'êtes pas chrétien, songez un instant à l'amour de Dieu manifesté dans sa providence envers vous. Que feriez-vous si vous aviez en face de vous un mendiant qui se moque de vous, qui vous injurie, qui vous crache au visage, ou qui vous ignore? Vous ne lui donneriez certainement pas d'argent, ni de nourriture! Et pourtant c'est là votre attitude. Vous qui ne croyez pas en Dieu, vous l'ignorez ou le méprisez, et pourtant il vous comble de ses grâces aujourd'hui, en attendant le grand jour du jugement.

Après avoir vu que la providence s'exerce envers chaque créature, il est néanmoins important de préciser qu'elle s'exerce d'une façon particulière envers le peuple de Dieu, envers son Eglise. C'est ce que nous lisons en Romains 8:28: «Toutes choses concourent au bien de ceux qui aiment Dieu, de ceux qui sont appelés selon son dessein.» Dieu conduit tout en vue du bien de ceux qu'il a appelés au salut. Si vous avez placé votre foi en Jésus-Christ seul pour être sauvé, souvenez-vous qu'aujourd'hui même Dieu intervient dans la création. Il la soutient en vue de votre bien. Il prend soin de vous.

Mais notre bien n'est pas toujours ce que nous imaginons, puisque Hébreux 12:7 et 11 nous montrent que parfois il nous vient sous forme de correction : «Supportez la correction, c'est comme des fils que Dieu vous traite, car quel est le fils que son père ne corrige pas ?» Puis : «Toute correction, il est vrai, paraît au premier abord un sujet de tristesse et non de joie ; mais plus tard, elle procure un paisible fruit de justice à ceux qu'elle a formés.» Et 12:10b : «Mais Dieu nous corrige pour notre véritable intérêt, afin de nous faire participer à sa sainteté.» L'épreuve que vous traversez aujourd'hui n'échappe pas au contrôle de Dieu, ni la correction que vous subissez de sa part ; elles font partie du tendre soin qu'il prend pour vous, afin de vous faire grandir dans la sainteté pour que vous le glorifiiez davantage.

La sollicitude de Dieu envers ses enfants ne s'arrête pas aux biens matériels. Elle va au-delà puisque Dieu a pourvu au salut par son Fils bien-aimé qui a porté la condamnation à la place des pécheurs, comme le déclare Romains 8:31, 32 : «Que dirons-nous donc à ce sujet? Si Dieu est pour nous, qui sera contre nous? Lui qui n'a pas épargné son propre Fils, mais qui l'a livré pour nous tous, comment ne nous donnera-t-il pas aussi tout avec lui par grâce ?»

Quotidiennement, nous avons besoin de prendre conscience de la providence de Dieu : nous sommes si oublieux! Même si nous ne voyons pas Dieu agir, nous devons sans cesse nous rappeler qu'il est là et qu'il fait tout concourir à notre bien, qu'il dirige tout selon son dessein, son décret éternel.

Une démonstration toute particulière de la providence divine se trouve dans l'histoire de Joseph. Après avoir analysé les épreuves et les mauvais moments par lesquels il est passé, Joseph a pu déclarer que Dieu était à l'œuvre dans chaque circonstance. Il l'explique ainsi à ses frères : «Vous aviez formé le projet de me faire du mal, Dieu l'a transformé en bien, pour accomplir ce qui arrive aujourd'hui, pour sauver la vie d'un peuple nombreux» *(Gn 50 : 20).*

Comment s'exerce la providence ?

Voici un point qu'il est important de bien comprendre. Croire à la providence de Dieu, ce n'est pas croire qu'il intervient par des miracles constants, mais c'est croire que certains événements arrivent par une relation de cause à effet tout en accomplissant sa volonté.

Dans sa providence, Dieu agit de trois façons différentes :

1°) Dieu se sert du fonctionnement normal des choses, c'est-à-dire des règles qu'il a établies lui-même : si Dieu veut dessécher un figuier, il emploiera le soleil et la sécheresse ; ou s'il veut sauver un être humain, il le fera au moyen de la prédication de sa Parole parce qu'il a plu à Dieu, nous dit la première épître aux Corinthiens, de sauver par la folie de la prédication. Il est donc possible de dire qu'en général Dieu se servira de vous pour sauver ceux qui vous entourent. C'est pourquoi d'ailleurs l'Ecriture contient de multiples exhortations à proclamer la bonne nouvelle du salut, à rendre témoignage de la résurrection du Christ. Dieu agit en général par des moyens qu'il a établis.

2°) Cependant, Dieu n'est pas lié par ces moyens, il peut agir directement. Il l'a fait, par exemple, pour Philippe en le transportant à Azot après qu'il eut baptisé l'eunuque éthiopien ; ou pour Paul au moment de sa conversion. En effet, Dieu l'a terrassé en un instant pour l'amener à reconnaître son péché et à se tourner vers lui. De même, notre Seigneur a fait sécher un figuier sans moyen naturel : il l'a maudit et celui-ci sécha en un instant.

Oui, Dieu peut faire des miracles pour accomplir son dessein et il le fait. Mais ces miracles ne devraient pas nous enthousiasmer davantage que sa providence régulière et habituelle, accomplie par les moyens qu'il emploie d'ordinaire. Aujourd'hui il y a une quête effrénée du miraculeux. Mais laissons-nous plutôt émerveiller par la façon dont la providence de Dieu agit habituellement. Ne soyons pas présomptueux au point d'exiger de Dieu des actions directes, des miracles pour réparer ce qui est parfois le fruit de notre irresponsabilité.

Si nous n'avons pas semé au printemps, il serait désinvolte de demander à Dieu de nous donner une récolte en automne.

3°) Dieu agit parfois à l'encontre des moyens qu'il a lui-même établis. Un feu est fait pour brûler, et pourtant nous avons dans la Bible des récits où le feu ne brûle pas parce que Dieu l'a voulu ainsi. Pensez au buisson ardent qui ne se consumait pas, ou à la fournaise babylonienne où les amis de Daniel se promenaient au milieu des flammes parce que Dieu voulait agir pour sa gloire et montrer sa puissance à un empereur païen, Nebucadnetsar.

De même, dans sa providence parfaite, Dieu peut se servir de moyens pour accomplir l'opposé de l'effet attendu. C'est ainsi que nous voyons l'effet que les paroles de notre Seigneur Jésus-Christ ont eu sur le cœur des Pharisiens : n'était-ce pas une grâce que d'être là, près du Fils de Dieu, de l'entendre, de le voir à l'œuvre ? Et pourtant ses paroles ont endurci les Pharisiens.
La providence de Dieu s'exerce de façons diverses, mais nous ne devons pas pour autant croire qu'elle nous pousse au fatalisme ou au laisser-aller en attendant que les événements se déroulent tels que Dieu les a voulus ! Au contraire, cette doctrine devrait nous inciter à agir en accord avec la volonté révélée de Dieu, sachant qu'il est à l'œuvre dans notre vie et dans sa création et qu'il agit selon son décret. Soyons remplis d'enthousiasme pour vivre à sa gloire et souvenons-nous que nous ne pourrons jamais, jamais blâmer Dieu pour nos péchés, parce que nous en portons l'entière responsabilité.

Dans quel but s'exerce-t-elle ?

C'est-à-dire, pour quelle raison Dieu exécute-t-il tout selon le dessein de sa volonté ? La réponse est très claire : pour manifester sa gloire et pour le bien de son peuple.

Dieu est Roi ; il règne sur l'univers. Il le manifeste par la façon dont il conduit toute chose. C'est ce qu'affirme Ephésiens 1:11, 12 : «En lui nous avons aussi été mis à part, prédestinés selon le plan de celui qui opère tout selon la décision de sa volonté, afin que nous servions à célébrer sa gloire, nous qui, d'avance, avons espéré en Christ.» Afin que nous servions à célébrer sa gloire! Voilà la but poursuivi par Dieu.

La providence de Dieu rend témoignage de ce qu'il est: un Dieu plein de grâce qui ne met pas dehors celui qui vient à lui; un roi parfaitement bon et sage, qui contrôle totalement ce qui arrive ici-bas et qui conduit l'univers à un but, celui du jugement du péché et du renouvellement de toute chose. Et c'est là que sa gloire sera manifestée parfaitement, c'est là que tout être tombera à genoux devant Jésus-Christ et reconnaîtra sa gloire et sa seigneurie.

Si Dieu est Roi, il mérite toute notre adoration. S'il veille tendrement sur ses enfants, s'il pourvoit à leurs besoins, restons confiants même dans les épreuves. Il sait ce qu'il fait et nous conduit vers son but.

Et vous qui n'êtes pas chrétien, la vérité que nous venons de considérer est propre à vous émouvoir, à vous faire réfléchir; elle devrait vous pousser à l'humiliation et vous conduire à Christ pour être réconcilié avec Dieu. L'Eternel vous comble de grâces et vous couvre de ses bienfaits alors que vous vous moquez de lui, alors que vous mériteriez son jugement instantané. Il vous donne de tels bienfaits, non pour que vous le méprisiez, mais pour que vous veniez à lui, que vous voyiez sa bonté, son amour. Votre responsabilité est de répondre par la foi et l'adoration. Alors vous découvrirez que Dieu n'est pas seulement un Créateur qui pourvoit, mais un Père qui prend un tendre soin de ses enfants par sa providence. A lui seul la gloire!

Chapitre 8 : La chute

Genèse 3 ; Romains 3:9-20 ; 5:12-21

Le sujet de ce chapitre est fondamental pour comprendre le décalage qui existe entre la conclusion du récit de la création où tout était «très bon» et ce que nous constatons autour de nous chaque jour : la souffrance, la haine, les conflits, la mort, la violence et l'insatisfaction continuelle.

Nous n'avons pas besoin de fermer les yeux sur cette triste réalité, comme le font ceux qui ont rejeté Dieu et l'enseignement de sa Parole, qui se persuadent par tous les moyens de lendemains qui chantent, qui parlent et préparent l'unité entre tous les peuples alors que la guerre existe bien souvent dans leur propre couple et dans leur famille.

La Bible, tout en maintenant que la création était réellement bonne et parfaite, nous donne l'explication. C'est ce que nous appelons en théologie : la chute, l'entrée du péché dans le monde. Nous verrons en effet qu'à un moment précis, le péché est entré dans le monde et a fondamentalement désorienté et souillé la création de Dieu, entraînant avec lui des conséquences pour l'humanité entière.

La définition biblique du péché

Si nous posons la question à nos contemporains : «Qu'est-ce que le péché ?» Certains répondront en disant que le péché n'existe pas ; d'autres que ce sont les tabous, les barrières que vous vous êtes forgés et dont vous devez vous débarrasser ;

d'autres encore, que ce sont les comportements qui leur apportent la plus grande satisfaction, qui leur permettent de jouir de la vie.

Mais ce qui nous intéresse, c'est de savoir comment la Parole de Dieu définit le péché. Voyons d'abord 1 Jean 3:4 : «Quiconque commet le péché, commet aussi une violation de la loi, et le péché, c'est la violation de la loi.» Le péché, selon la Parole de Dieu, c'est la transgression de la loi de Dieu. Puis Romains 8:7, 8 nous dit : «Les tendances de la chair sont ennemies de Dieu, parce que la chair ne se soumet pas à la loi de Dieu, elle en est même incapable. Or tous ceux qui sont sous l'emprise de la chair ne peuvent plaire à Dieu.» Le péché, c'est aussi tout simplement le manque de conformité à cette loi de Dieu.

Ainsi la Bible nous donne une définition claire du péché : c'est aussi bien ne pas être conforme à la loi de Dieu, que transgresser cette même loi de façon délibérée et volontaire. Un père s'attend à ce que ses enfants l'aiment et le respectent, mais, en même temps, un père donne aussi des ordres et des commandements explicites à ses enfants. Dans ce cadre, le péché serait donc se détourner de l'un comme de l'autre : ne pas aimer son père et en plus désobéir volontairement à ses commandements.

Alors, si aujourd'hui vous vivez sans vous préoccuper de ce que Dieu enseigne dans sa Parole sur la façon de se comporter ou de vivre dans ce monde, vous attestez par là que vous êtes un pécheur et vous péchez. Il en va de même si vous connaissez l'enseignement de la Bible et que vous refusez de vous y soumettre, si vous savez ce que Dieu vous demande dans un domaine précis et que vous lui désobéissez délibérément.

Voilà donc ce qu'est le péché selon la Bible. Ce n'est pas un mythe ou une fabulation personnelle. Le péché, c'est vivre ici-bas de façon autonome par rapport à Dieu, à ses exigences, à ses commandements; c'est ne pas être en conformité avec la Parole de Dieu.

L'entrée du péché dans le monde

Quel était donc l'état d'Adam et Eve avant que le péché n'entre dans le monde ? D'après Genèse 2:15, ils avaient été placés dans le jardin d'Eden avec la mission spécifique de le cultiver et le garder. Genèse 2:25 nous dit qu'ils y vivaient dans une harmonie parfaite avec leur Créateur, et l'un avec l'autre : «L'homme et la femme étaient tous deux nus et n'en avaient point honte.» Ils étaient libres et capables de faire le bien et d'obéir à Dieu, ou de choisir le mal et de lui désobéir, mais ils n'y étaient pas contraints par une force extérieure. Ils avaient reçu un seul commandement auquel était joint un avertissement : «Mais tu ne mangeras pas de l'arbre de la connaissance du bien et du mal, car le jour où tu en mangeras, tu mourras» *(Gn 2:17)*.

Ce commandement était la façon dont Dieu demandait à Adam et Eve de reconnaître leur identité propre de créature soumise au créateur ; de reconnaître qu'il ordonne toute chose et que la soumission et l'obéissance lui sont dues.

Étant en communion avec Dieu, rien dans cette création parfaite ne contraignait donc Adam et Eve à se rebeller contre lui ! Mais le chapitre 3 nous décrit l'arrivée du serpent. Notez qu'il ne s'agit pas de n'importe quel serpent ; le texte ne dit pas «un» serpent, mais «le» serpent. La Bible nous montre bien que la venue du serpent était une manœuvre du diable dans le but de tenter Adam et Eve. Apocalypse 20:2 nous permet d'identifier clairement le serpent avec le diable : «Il saisit le dragon, le serpent ancien qui est le diable et Satan.»

Que fait donc ce serpent ? Il sème le doute dans l'esprit d'Eve sur l'authenticité et l'autorité de la Parole de Dieu. Genèse 3:1 : «Dieu a-t-il réellement dit, vous ne mangerez pas de tous les arbres du jardin ?» Dieu est-il vraiment le seul à savoir ce qui est bon pour vous, le seul à avoir le droit de vous donner un commandement sur ce que vous devez faire ? Une fois le doute semé dans la pensée d'Eve, les choses vont très vite. Verset 6 : «La femme vit que l'arbre était bon à manger, agréable à la vue, propre à donner du discernement. Elle prit son fruit et en mangea et en donna aussi à son mari qui était avec elle et il en mangea.» La femme séduite dans sa pensée voit, convoite et mange. Quel drame! Satan amène Eve à douter de l'autorité de la Parole de Dieu et le péché entre dans le monde.

L'apôtre Paul reprend d'ailleurs cet événement de Genèse 3 pour nous exhorter à être vigilants, à veiller sur nos pensées. 2 Corinthiens 11:3 : «Toutefois, de même que le serpent séduisit Eve par sa ruse, je crains que vos pensées ne se corrompent et ne s'écartent de la simplicité et de la pureté à l'égard du Christ.» Veillons donc sur nos pensées, car c'est là un domaine particulier où l'ennemi sème le doute, nous séduit et nous entraîne dans le péché.

L'ennemi nous encourage ainsi à relativiser les commandements de Dieu – «Dieu a-t-il vraiment dit?» – pour en arriver à des interprétations erronées de ceux-ci. Il nous pousse à nous conformer davantage à notre conception du monde qu'à ce que la Parole de Dieu en dit. Par exemple, le mot «jour», dans le récit de la création, ne veut plus dire «jour», mais «longue période géologique»; la différence entre les sexes est niée…

Veillons donc, non seulement sur nos actes, mais aussi sur nos pensées, en nous souvenant que c'est en séduisant Eve au niveau de ses pensées que le diable introduisit le péché avec ses conséquences funestes dans l'humanité.

Nous pourrions dire «chose promise, chose due», car en effet Dieu avait bien déclaré «le jour où tu en mangeras tu mourras» *(Gn 2:17)*. Adam et Eve ont mangé et ils sont morts. Ainsi la mort est entrée dans le monde, non seulement la mort physique qui viendra plus tard lorsque les corps d'Adam et d'Eve auront vieilli, mais aussi la mort spirituelle, la mort éternelle. L'homme a été séparé de Dieu, privé de référence à son Créateur pour l'éternité. L'homme, d'ami de Dieu qu'il était, est devenu son ennemi, misérable. Nous voyons quatre domaines particuliers dans lesquels cette rupture a eu lieu:

1°) Une rupture par rapport à lui-même. Tout à coup l'homme se rend compte de sa nudité, sa conscience l'accuse.

Genèse 3:7: «Les yeux de tous deux s'ouvrirent; ils prirent conscience du fait qu'ils étaient nus et se firent des ceintures avec des feuilles de figuiers cousues ensemble.» L'homme a honte et peur, il se cache de son épouse et de Dieu.

2°) Une rupture par rapport à Dieu. Genèse 3:8-10: «Ils entendirent la voix de l'Eternel Dieu qui parcourait le jardin avec la brise du soir. L'homme et sa femme allèrent se cacher devant l'Eternel Dieu parmi les arbres du jardin. L'Eternel Dieu appela l'homme et lui dit: Où es-tu? Et l'homme lui dit: J'ai entendu ta voix dans le jardin et j'ai eu peur parce que je suis nu; je me suis donc caché.» Avant l'entrée du péché dans le monde, la présence de Dieu parcourant le jardin était une rencontre suprême, magnifique, mais à présent que l'homme a désobéi, il se cache et il a peur parce que sa conscience l'accuse. Il sait qu'il est sous le jugement de Dieu.

3°) Une rupture par rapport à sa femme. Quand Dieu demande des comptes à Adam, il répond: «C'est la femme que tu as mise auprès de moi qui m'a donné de l'arbre et j'en ai mangé» (Genèse 3:12), rejetant la responsabilité sur son épouse au lieu de l'assumer lui-même. L'harmonie entre l'homme et sa femme est brisée. Dès lors il aura tendance à dominer sur elle – terme qui jusqu'ici était réservé à son rapport avec la création et les animaux –, alors que les désirs de la femme se porteront vers son mari. Nous avons ici la naissance du «machisme» et du «féminisme».

4°) Une rupture par rapport à la nature. Genèse 3:17-19: «Il dit alors à l'homme: Parce que tu as écouté la voix de ta femme et que tu as mangé de l'arbre dont je t'avais défendu de manger, le sol sera maudit à cause de toi, c'est avec peine que tu en tireras ta nourriture tous les jours de ta vie, il te produira des chardons et des broussailles et tu mangeras l'herbe de la campagne. C'est à la sueur de ton visage que tu mangeras ton pain, jusqu'à ce que tu retournes dans le sol d'où tu as été pris, car tu es poussière et tu retourneras à la poussière.»

Nous comprenons donc que le premier péché ne fut pas une désobéissance anodine. En fait ce fut un drame cosmique, un drame qui eut des implications dans toute la bonne création de Dieu. Dès cet instant, même la création va aspirer au renouvellement de toute chose, attendre le retour du Seigneur en gloire pour être rétablie. Ce refus de l'homme d'accepter sa place de créature, sa révolte contre Dieu en écoutant le diable plutôt que le commandement divin est un drame qui a des conséquences dans la création tout entière.

Comprenons donc bien qu'il est toujours aussi terrible pour nous d'aller à l'encontre du commandement de Dieu. Refuser d'écouter sa Parole, refuser de s'y soumettre, essayer de la relativiser ou accepter les compromis est une arrogance et un orgueil immense. C'est vous croire plus grand que Dieu. Il est impossible d'agir ainsi impunément.

La transmission du péché à toute la race

Peut-être pensez-vous que le péché d'Adam ne vous concerne pas, vous ne vous sentez pas lié à ce personnage qui a désobéi à un moment lointain de l'histoire. Mais une telle excuse n'est pas compatible avec l'enseignement de l'Ecriture qui affirme qu'il existe bien un lien indissociable entre chacun d'entre nous et Adam.

Qui fut le premier homme à mourir? Ce n'est pas Adam, mais son fils Abel, qui pourtant n'était pas particulièrement méchant. Au contraire, l'Ancien Testament nous dit que l'Eternel jeta un regard favorable sur Abel et son offrande et pourtant il fut le premier homme qui mourut physiquement. Qu'en est-il de tous les nouveau-nés qui meurent aujourd'hui? qui n'ont eu ni le temps ni le moyen d'accomplir un acte en bien ou en mal, pourquoi meurent-ils? Parce que la conséquence de la désobéissance d'Adam repose sur eux aussi. Parce que la mort, qui est le jugement dû à la désobéissance d'Adam, repose sur toute sa descendance. Paul dit dans 1 Corinthiens 15:22: «Tous meurent en Adam.» Parce qu'Adam est le père naturel de tous les hommes, Actes 17:26: «Il a fait que toutes les nations humaines issues d'un seul homme habitent sur toute la face de la terre». Toutes les nations humaines sont issues d'un seul homme, Adam, qui s'est détourné de Dieu et qui est tombé sous son jugement. Ainsi si la branche est souillée comment pourrait-elle porter de bons fruits? Un arbre sauvage produit des fruits amers et le seul moyen pour qu'il produise des fruits doux, c'est de lui greffer une branche aux fruits doux. Adam, père naturel de toute la race, a toujours produit des hommes et des femmes atteints, dans leur nature même, par le péché, et donc sous la colère de Dieu. Ephésiens 2:3 nous dit: «Nous étions par nature des enfants de colère comme les autres.» Par nature chaque être humain est né sous la colère de Dieu. Lisons encore Jérémie 17:9 : «Le cœur est tortueux par-dessus tout, et il est incurable.» et 1 Rois 8:46 : «Il n'y a point d'homme qui ne pèche.»

Ainsi parce que nous sommes les descendants d'Adam, nous avons une nature pécheresse. Mais le lien avec Adam ne s'arrête pas là car, dans le jardin d'Eden, il était le représentant de toute l'humanité, c'est pourquoi nous portons aussi la culpabilité qui a résulté de son choix. Romains 5:12: «C'est pourquoi de même que par un seul homme le péché est entré dans le monde et par le péché la mort et qu'ainsi la mort a passé sur tous les hommes parce que tous ont péché…» et Romains 5:18: «Ainsi donc, comme par une seule faute la condamnation s'étend à tous les hommes…»

Adam est donc notre père et notre représentant. Nous comprenons alors que ce ne sont pas nos actes mauvais qui nous rendent pécheurs, mais qu'ils sont une démonstration extérieure que nous sommes pécheurs par nature, que notre cœur est mauvais. C'est ce que Jésus exprime face aux Pharisiens dans Matthieu 15:19: «C'est du cœur que viennent les mauvaises pensées, meurtres, adultères, prostitutions, vols, faux témoignages, blasphèmes, voilà ce qui souille l'homme, mais manger sans s'être lavé les mains, cela ne rend pas l'homme impur.»

A la lumière de cet enseignement il est donc impossible d'affirmer qu'un enfant naît innocent et qu'il n'est corrompu que par sa famille, l'école ou la société. Non. Chacun de nous est né avec un cœur pécheur parce qu'il est de la descendance d'Adam. Chacun de nous porte la culpabilité d'Adam et se trouve sous la condamnation et la colère de Dieu parce qu'Adam était son représentant.

La misère actuelle du pécheur

La misère actuelle de l'être humain c'est qu'il vit dans un univers qui est sous le jugement de Dieu jusqu'au glorieux retour de Jésus-Christ. Cette misère c'est que la condamnation s'étend à tout homme, aucun d'eux ne pouvant y échapper *(Rm 3:19)*. Nous avons perdu la capacité de faire ce qui plaît à Dieu et de lui obéir par nous-mêmes, comme Adam avait pu le faire *(Rm 8:7-8)* car notre nature est pécheresse et sous le jugement éternel de Dieu. Ainsi, Jésus-Christ lui-même nous dit: «Retirez-vous de moi maudits, allez dans le feu éternel préparé pour le diable et pour ses anges» *(Matthieu 25:41)*.

Nous sommes atteints par le péché dans tous les domaines de notre être: dans notre pensée, notre entendement, dans notre moralité et notre vie spirituelle, dans notre intelligence et notre conscience. Ephésiens 4:18, 19, nous décrit l'homme pécheur: il a la pensée obscurcie, il est étranger à la vie de Dieu, ignorant et endurci dans son cœur; il a perdu tout sens moral, il est livré au dérèglement. Voilà ce qu'est l'homme pécheur, loin de Dieu.

Selon Tite 1:15, 16: «Tout est pur pour ceux qui sont purs, mais rien n'est pur pour ceux qui sont souillés et incrédules. Leur intelligence, aussi bien que leur conscience, est souillée. Ils font profession de connaître Dieu mais ils le renient par leurs œuvres. Ils sont odieux, rebelles, incapables d'aucune œuvre bonne.» Voilà la misère actuelle de tout homme qui vit loin de Dieu.

La notion de dépravation totale, comme elle est employée dans la Confession de Foi ou dans les catéchismes, ne veut pas dire que l'homme, la femme ou l'enfant soit aussi mauvais qu'il puisse l'être dans tous les domaines de sa vie, mais plutôt que chaque domaine a été atteint, entaché par le péché. Comme une seule goutte de poison suffit à souiller tout un verre d'eau pure, sans que le verre entier soit du poison pur, le péché atteint chaque aspect de la vie de l'homme.

Bien qu'il en soit ainsi de chaque être humain, Dieu, dans sa grâce générale, a établi des moyens pour restreindre le mal en nous. Il a donné une conscience à chaque homme ; la crainte de la mort, une famille, une certaine éducation et il a établi le gouvernement civil... Ce sont là autant de barrières par lesquelles il nous empêche d'être aussi mauvais que nous le devrions. L'homme est totalement dépravé, néanmoins il reste responsable et libre de ses choix.

Mais «liberté» de choix ne veut pas dire qu'il puisse faire tout ce qu'il veut, car l'homme, tout en étant libre de ses choix, agit toujours en fonction de sa nature. Il en va de même par rapport au péché et à Dieu. L'homme sans Dieu est libre de ses actes, mais il est incapable par lui-même de choisir la voie de Dieu. C'est ce que Jésus dit dans Jean 10:26 : «Vous ne croyez pas parce que vous n'êtes pas de mes brebis.» Vous ne croyez pas parce que vous êtes incapables de choisir la voie de Dieu, incapables par vous-mêmes de vous tourner vers Dieu.

Le bilan sur la misère actuelle de chaque être humain est donc extrêmement sombre : chacun étant sous le jugement de Dieu, pleinement responsable de ses actes et sans aucun espoir de salut en lui-même. Et la doctrine de la chute s'arrête là. Mais nous ne nous arrêterons pas là, car si l'état de chaque humain est en effet extrêmement sombre, il existe une bonne nouvelle pour le pécheur.

La bonne nouvelle pour le pécheur

Ce principe de représentation selon lequel nous sommes pécheurs et coupables à cause du péché d'Adam, nous paraît parfois un peu dur à accepter, pourtant ce principe de représentation vaut également pour le salut : Christ est notre représentant.

Dans le texte de Romains 5:12-21, Paul établit un parallèle entre Adam et Jésus-Christ pour nous montrer que, comme Adam était «le chef» qui nous a entraînés dans le péché et la mort, nous sommes libérés, justifiés par Christ qui est notre représentant, «le chef» d'une nouvelle race.

Examinons particulièrement les versets 17 à 19 de Romains 5: «Si par la faute d'un seul la mort a régné par lui seul, à bien plus forte raison, ceux qui reçoivent l'abondance de la grâce et du don de la justice régneront-ils dans la vie par le seul Jésus-Christ. Ainsi comme par une seule faute la condamnation s'étend à tous les hommes, de même par un seul acte de justice la justification qui donne la vie s'étend à tous les hommes. En effet comme par la désobéissance d'un seul homme, beaucoup ont été rendus pécheurs, de même par l'obéissance d'un seul, beaucoup seront rendus justes.»

C'est une bonne nouvelle, il y a un espoir pour le pécheur: Jésus-Christ est le représentant de la race nouvelle. Il a obéi parfaitement à la place du pécheur, il a porté la culpabilité à sa place, il lui donne sa justice parfaite. Cela était impossible à tout être humain né par génération naturelle puisque, par elle, nous avions une nature pécheresse. C'est pourquoi Christ, bien qu'issu de la postérité de la femme selon la promesse de Genèse 3:15, a été conçu du Saint-Esprit dans le sein de Marie afin de ne pas être souillé par la nature pécheresse.

Ainsi à nous qui sommes en Christ, qui plaçons notre foi en lui comme étant chef et représentant, la réconciliation avec Dieu est accordée. La condamnation n'a plus d'emprise sur nous, nous sommes au bénéfice de bénédictions éternelles et, bien qu'il nous arrive parfois de pécher, nous vivons d'une manière radicalement nouvelle. Nous ne cherchons plus à nier nos péchés mais nous les confessons avec la certitude que le pardon de Dieu est là. Nous avons l'assurance qu'un avocat intercède pour nous et nous sommes nous-mêmes des ambassadeurs de la réconciliation.

Si, lorsque le péché est entré dans le monde, il y a eu rupture dans les quatre domaines mentionnés plus tôt, en Christ le croyant manifeste la réconciliation de Dieu dans ces domaines-là. Il est réconcilié avec Dieu, il travaille à se réconcilier avec son prochain, il se réconcilie avec lui-même et il vit en apprenant à respecter la création tout entière.

Si cette doctrine du péché originel* et de la culpabilité de tout homme devant Dieu vous a effrayé, n'oubliez pas qu'en Christ se trouve un Sauveur parfait, qui est venu sauver des pécheurs comme vous et moi, pour les réconcilier avec Dieu. Tournez donc vos regards vers lui, placez votre confiance en lui afin que cette mauvaise nouvelle soit aussi une bonne nouvelle qui vous conduise aux pieds du Seigneur.

Chapitre 9 : L'alliance de grâce

Hébreux 7:17 à 8:13 ; Romains 4:1-12

Nous avons vu avec la doctrine de la chute l'état dramatique dans lequel l'humanité a été plongée depuis la désobéissance d'Adam. En effet, nous sommes tous dans l'esclavage du péché parce qu'Adam a agi en tant que représentant, ou chef, de toute l'humanité. Aucun homme ne peut plaire à Dieu et satisfaire à ses exigences. Aucun ne peut être justifié par ses propres œuvres. Nous sommes tous condamnés et sous la juste colère de Dieu. N'y a-t-il pas d'espoir ?

L'Ecriture ne s'arrête pas là. Elle nous parle d'une intervention de Dieu dans cette situation sans issue. Elle nous dit que Dieu a manifesté sa grâce au moyen d'une alliance éternelle. Esaïe 55:3, 4 : «Tendez l'oreille et venez à moi, écoutez et votre âme vivra, je conclurai avec vous une alliance éternelle, celle de la bienveillance fidèle envers David. Voici, je l'ai établi comme témoin des peuples, comme conducteur, commandant les peuples.»

Cette alliance éternelle est annoncée dès l'entrée du péché dans le monde. Alors que Dieu est en train de prononcer le jugement et la condamnation sur le péché, ainsi que ses conséquences *(Gn 3:15),* il promet à la femme que de sa descendance naîtra quelqu'un qui écrasera la tête du serpent. Ce texte contient la première prophétie messianique qui pointe déjà vers la venue de Jésus-Christ.

Malgré la chute il y a une bonne nouvelle : une alliance éternelle par laquelle Dieu va accomplir le salut de son peuple dans l'histoire humaine. La Bible est donc le livre qui nous révèle l'histoire du développement et de l'accomplissement de cette alliance de grâce.

C'est en saisissant cette doctrine de l'alliance de grâce que nous pouvons vraiment comprendre l'enseignement de la Parole de Dieu et qu'elle trouve tout son sens. Elle est la clé qui nous permet de saisir, par exemple, le rapport qui existe entre l'Ancien et le Nouveau Testament sans les opposer, ou le rapport entre la loi et l'Evangile. Elle est aussi la clé pour comprendre les promesses de Dieu et leur lien avec les exhortations, les commandements que nous trouvons tout au long de l'Ecriture.

Cette doctrine de l'alliance de grâce fut chère à l'Eglise tout au long des siècles. Toutefois, elle a malheureusement été quelque peu oubliée dans les milieux évangéliques depuis l'enseignement de J.N. Darby qu'on appelle le Dispensationalisme. Darby a divisé l'histoire du salut en différentes périodes (dispensations) au cours desquelles le salut aurait été accordé aux hommes de façons différentes. Ainsi le Dispensationalisme a divisé la Parole de Dieu au lieu d'en souligner l'unité comme le fait la doctrine de l'alliance.

Vous pouvez mesurer combien le Dispensationalisme vous a influencé en réfléchissant à cette question : Comment Abel, Abraham, Moïse, ou les autres «saints» de l'Ancien Testament ont-ils été sauvés ? Par leurs œuvres ? Par les sacrifices ? ou par la foi, comme le Nouveau Testament l'affirme ?

Une alliance

Qu'est-ce qu'une alliance ? Aujourd'hui, on a tendance à concevoir une alliance comme un accord entre deux personnes qui, après marchandage, discussion, arrivent à un accord mutuel. Mais qu'en est-il de l'alliance de grâce ?

Quand nous nous approchons des textes bibliques nous constatons qu'il y a une différence fondamentale entre l'alliance de grâce et les alliances telles que nous les connaissons aujourd'hui. Dans l'alliance de grâce, l'homme n'a rien à dire.

Il n'y a pas de palabres, de discussions, l'homme ne peut imposer aucune condition, ni nuance. C'est Dieu qui établit l'alliance, c'est Dieu qui en définit les termes et c'est Dieu qui en impose les conditions.

Lisons, par exemple, Genèse 9:9-17. Il s'agit de l'alliance renouvelée avec Noé. «Quant à moi (c'est l'Eternel qui parle) j'établis mon alliance avec vous et avec votre descendance après vous, avec les êtres vivants qui sont avec vous tant les oiseaux que le bétail, et tous les animaux de la terre, avec tous ceux qui sont sortis de l'arche, avec tous les animaux de la terre. J'établis mon alliance avec vous, il n'arrivera plus que toute chair soit retranchée par les eaux du déluge, et il n'y aura plus de déluge pour détruire la terre. Dieu dit: voici le signe de l'alliance que je place entre moi et vous ainsi que tous les êtres vivants qui sont avec vous pour les générations à venir. Je place mon arc dans la nuée, et il sera un signe d'alliance entre moi et la terre. Quand j'aurai rassemblé des nuages au-dessus de la terre, l'arc apparaîtra dans la nuée et je me souviendrai de mon alliance entre moi et vous ainsi que tous les êtres vivants, et les eaux ne se transformeront plus en déluge pour détruire toute chair. L'arc sera dans la nuée et je le regarderai pour me souvenir de l'alliance perpétuelle entre Dieu et les êtres vivants qui sont sur la terre. Dieu dit à Noé, tel est le signe de l'alliance que j'établis entre moi et toute chair qui est sur la terre.»

Qui parle ici? Dieu seul. Que dit l'homme? Rien. Il ne donne aucune réponse, n'a aucune condition à poser. Qui définit le signe de l'alliance (l'arc-en-ciel)? Dieu seul.

Regardez encore Genèse 17:2-10. L'alliance est renouvelée avec Abraham: «J'établirai mon alliance avec toi et je te multiplierai à l'extrême. Abraham tomba face contre terre et Dieu lui parla en ces termes: pour moi, voici mon alliance avec toi, tu deviendras le père d'une foule de nations. On ne t'appellera plus Abram mais ton nom sera Abraham car je te rends père d'une foule de nations. Je te rendrai extrêmement fécond. Je ferai naître de toi des nations et des rois sortiront de toi. J'établirai mon alliance avec toi et ta descendance après toi dans toutes les générations. Ce sera une alliance perpétuelle en vertu de laquelle je serai ton Dieu et celui de tes descendants après toi. Je te donnerai, et à tes descendants après toi, le pays dans lequel tu viens d'immigrer, tout le pays de Canaan, en possession perpétuelle et je serai leur Dieu. Dieu dit à Abraham, toi tu garderas mon alliance, toi et tes descendants après toi, dans toutes les générations. Voici comment vous garderez l'alliance que je traite avec vous et avec ta descendance après toi : tout mâle parmi vous sera circoncis.»

Quand Dieu établit l'alliance, que fait Abraham ? Il ne palabre pas, il tombe face contre terre. Quand Dieu décide de changer son nom, que dit Abraham ? Rien du tout, il accepte ce changement de nom, et nous voyons comment à nouveau, Dieu seul définit les termes de l'alliance, les bénédictions et les conditions de cette alliance. Plus loin, en Exode chapitre 20 et suivants, le traité de l'alliance au Sinaï s'apparente aux traités en usage à cette époque au Proche-Orient entre un souverain et son vassal, entre un roi et ses sujets.

L'alliance de grâce est donc l'alliance d'un Dieu souverain face à un peuple qui ne peut rien exiger mais seulement s'attendre à sa grâce. Si cette notion nous semble quelque peu dictatoriale, souvenons-nous de notre position d'homme pécheur. Notre position, comme celle d'Adam après sa désobéissance, est celle du perdant dans un duel d'escrime. Il se trouve acculé au mur, la pointe de l'épée à la gorge. L'épée du jugement de Dieu peut tomber sur lui. Dans cette situation, Dieu pose les conditions d'une alliance. L'homme reçoit cette alliance comme une pure grâce de même que le perdant dans le duel ne peut qu'accepter les conditions posées par le vainqueur, afin de ne pas mourir.

Ainsi lorsque nous étions sans espoir, sous le jugement et la condamnation de Dieu, Dieu a établi une alliance en tant que souverain. Voilà la définition de l'alliance dans la Parole de Dieu. Il s'agit d'une alliance de «grâce», et c'est notre second point.

Une alliance de grâce

Pourquoi alliance «de grâce»? Parce que les bienfaits que Dieu nous accorde sont totalement immérités. Dieu n'avait aucune obligation d'exercer sa grâce envers sa créature rebelle, mais il a choisi de manifester cette grâce en établissant une alliance dont il définit les termes, les bénéficiaires et les conditions.

Songez un instant à l'amour de Dieu! Il a été bafoué par notre désobéissance. Il aurait pu nous exterminer d'un revers de main, nous abandonner dans notre péché et nous laisser récolter que ce que nous méritions, mais Dieu a fait une alliance par grâce.

Que promet-il par cette alliance? La promesse est tout d'abord un peu voilée, puis tout au long de l'Ancien Testament et enfin avec la venue de Jésus-Christ, elle devient de plus en plus claire dans sa réalisation. Dès la Genèse, Dieu promet un rédempteur, c'est-à-dire une personne qui rachète la descendance d'Adam, qui l'arrache de la main du diable dans laquelle elle était tombée par la désobéissance. Nous lisons cette promesse en Genèse 3:15: «La descendance de la femme écrasera la tête du serpent.»

Nous avons besoin de quelqu'un qui porte notre humanité et qui soit en même temps notre représentant, notre chef, pour nous racheter, comme Adam a été, lui, notre chef pour nous entraîner dans le péché. Et c'est exactement à cela que Dieu pourvoit en établissant son alliance. C'est avec le Christ comme notre représentant, «le chef» d'une nouvelle humanité, qu'il l'établit.

Christ, comme Adam, a vécu puis il est mort comme le représentant et «le chef» d'une race, d'un peuple. Nous avons déjà vu dans Romains 5:12 et suivants qu'il existe un parallèle entre le premier Adam, qui nous a entraînés dans le péché et la mort, et le dernier Adam, Christ, par lequel vient la justification, le salut. Lisons encore le verset 21: «Comme le péché a régné avec la mort, ainsi la grâce règne par la justice pour la vie éternelle, par Jésus-Christ, notre Seigneur.»

Dès maintenant, par Jésus-Christ, la grâce règne pour la vie éternelle, mais sur qui cette grâce règne-t-elle ? Règne-t-elle sur tous les hommes ? Tous vont-ils être sauvés ? Non, elle règne sur ceux qui sont trouvés en Christ, sur tous ceux qui sont attachés à Christ par la foi, tous ceux que le Père a donnés à son Fils comme l'indique Jésus lui-même en Jean 10:26 : «Mais vous vous ne croyez pas parce que vous n'êtes pas de mes brebis, mes brebis entendent ma voix, je les connais et elles me suivent, je leur donne la vie éternelle et elles ne périront jamais, et personne ne les ravira de ma main. Mon Père qui me les a données est plus grand que tous et personne ne peut les ravir de la main de mon Père.»

La foi n'est pas une œuvre, un acte que nous ferions par nous-mêmes et pour lequel nous aurions quelque mérite ! Romains 4:16 affirme : «C'est par la foi, pour qu'il s'agisse d'une grâce.» La foi est encore une grâce ! C'est une grâce parce qu'elle est un don de Dieu *(Ep 2:8)*. Christ est le chef et le représentant de tous ceux que l'Esprit de Dieu régénère, en qui il place un cœur nouveau, capable de croire au Fils de Dieu, de l'aimer et de venir à lui par la foi.

Dans toute l'histoire humaine, depuis la désobéissance d'Adam, il n'y a jamais eu d'autre moyen de salut que par la foi en Jésus-Christ. Personne n'a jamais été justifié par l'obéissance à la loi. Personne n'a été justifié par sa propre justice, par les sacrifices d'animaux. En effet Hébreux 10:4 nous dit : «Car il est impossible que le sang des taureaux et des boucs ôte les péchés.» Cela vous surprend-il ? Alors considérez les paroles de Pierre dans Actes 4:12 : «Il n'y a de salut en aucun autre car il n'y a sous le ciel aucun autre nom donné parmi les hommes par lequel nous devions être sauvés à savoir, le nom de Jésus-Christ.»

Considérez aussi comment Abraham fut sauvé. Lisons Romains 4:3 : «En effet, que dit l'Ecriture ? Abraham crut à Dieu et cela lui fut compté comme justice.» Il crut à Dieu et il fut justifié. C'est par la foi qu'Abraham a été justifié. Et en qui Abraham a-t-il cru ? Nous pouvons aller jusqu'à dire qu'Abraham a cru en Jésus-Christ selon les paroles mêmes de notre Seigneur dans l'Evangile de Jean 8:56: «Abraham votre père a tressailli d'allégresse à la pensée de voir mon jour, il l'a vu et il s'est réjoui». Abraham a été sauvé par la foi en Christ. N'est-il pas appelé «le père de la foi»?

Mais que dire de ceux qui l'ont précédé? Considérons Hébreux 11:4: «C'est par la foi, qu'Abel offrit à Dieu un sacrifice de plus grande valeur que celui de Caïn, par elle il fut déclaré juste. Dieu lui-même rendant témoignage à ces offrandes et c'est par elles qu'il parle encore, quoique mort.» Abel a été déclaré juste par la foi. Comment obtint-il cette foi? Selon Genèse 4:4: «L'Eternel porta un regard favorable sur Abel et sur son offrande.» La liste des saints et des témoins de l'ancienne alliance pourrait s'allonger parce que nous lisons dans Hébreux 11:6: «Or sans la foi il est impossible de lui plaire, celui qui s'approche de Dieu doit croire qu'il existe et qu'il récompense ceux qui le cherchent.»

Ainsi c'est une alliance de grâce que Dieu a établie avec son peuple et lorsque Christ vint vivre ici-bas puis mourir à Golgotha, il était pleinement conscient de remplir les conditions de cette alliance. Quand il institua la cène avec ses disciples Jésus leur dit, dans Matthieu 26:28: «Ceci est mon sang, le sang de l'alliance répandu pour beaucoup, pour le pardon des péchés.»

Arrivé à ce point, comme les disciples devant le jeune homme riche, vous risquez de vous dire: «Mais alors, qui peut être sauvé?» puisqu'il est impossible aux hommes d'obéir à la loi. Alors considérez la réponse du Seigneur: «Aux hommes cela est impossible, mais à Dieu tout est possible.» Cette alliance de grâce nous rappelle que toute notre assurance se trouve en Dieu. Tout est possible à Dieu et il peut racheter le pire des pécheurs, lui donner un cœur nouveau, le conduire à la vie nouvelle, à la repentance et à la foi. Si aujourd'hui vous n'avez pas la foi en Jésus-Christ, attendez-vous à lui, implorez-le afin qu'il vous donne une telle vie nouvelle. Pour vous qui croyez, restez confiants en celui qui a fait l'alliance et qui l'a menée à son accomplissement ; celui qui a fait l'alliance est celui qui tient ses enfants et qui les fait marcher jusqu'au retour du Seigneur.

Une alliance de grâce révélée progressivement

Quand nous parcourons l'Ecriture nous remarquons différentes étapes dans la révélation de l'alliance et dans son renouvellement. L'alliance avec Adam dans le jardin d'Eden, puis renouvelée après la chute. L'alliance avec Noé, Abraham, Moïse, David. L'alliance et les conditions de l'alliance rappelées par les prophètes au peuple qui s'égare et qui désobéit aux commandements de Dieu, et enfin le plein accomplissement de l'Alliance de grâce en Christ.

Dans un sens nous pouvons dire qu'il y a plusieurs alliances historiques, si nous les considérons séparément. C'est ce que déclare Paul aux Ephésiens lorsqu'il dit : «Vous étiez en ce temps-là sans Christ, privés du droit de cité en Israël, étrangers aux alliances (pluriel) de la promesse (singulier), vous êtes devenus proches par le sang de Christ» *(Ep 2:12)*. Ainsi il y a des alliances historiques, qui contribuent toutes à l'accomplissement d'une seule promesse, celle de la venue du salut en Christ, du rétablissement de toutes choses, de l'anéantissement du mal, du péché et de ses conséquences lors du retour glorieux de notre Seigneur Jésus-Christ. Ce salut a été accompli à un moment historique précis, celui où le Christ est mort sur la croix et où il a triomphé de la mort.

Ainsi, le salut a été effectivement accompli à un moment précis de l'histoire, cependant les croyants de l'Ancien Testament ont profité des effets de ce salut, des bienfaits de l'œuvre de Christ par anticipation, par avance. Ils jouissaient déjà de la réalité du salut, tout en étant encore au bénéfice d'images, d'ombres de la réalité du salut, comme le dit le Nouveau Testament.

Pensez à Abraham. Il a été sauvé par la foi seule, tout comme un croyant d'aujourd'hui, pourtant Dieu lui a donné une condition que nous n'avons plus à remplir aujourd'hui, la circoncision, qui était le signe de l'alliance, de l'appartenance au peuple de l'alliance, établi par Dieu. Il avait la réalité de la foi tout en ayant l'ombre de la circoncision, l'ombre parce que cette circoncision pointait vers une autre circoncision, celle que Jérémie appelle déjà dans l'Ancien Testament la circoncision du cœur, opérée par l'Esprit de Dieu dans le cœur du croyant.

Pensez à Moïse. Il jouissait d'une communion réellement étroite avec Dieu puisque la Bible nous dit qu'il parlait avec Dieu face à face, mais pourtant, Dieu lui donna des rites sacrificiels précis pour régir le culte et l'approche de Dieu dans le tabernacle, rites institués jusqu'à un temps de réforme. Il avait la réalité de la communion avec Dieu à cause de l'alliance de grâce, et en même temps des ombres, des rites, qui étaient passagers et qui deviendraient caducs une fois accomplis en Jésus-Christ.

Il y avait aussi, du temps de Moïse, des conditions auxquelles le peuple de l'alliance devait se soumettre et obéir afin d'obtenir la bénédiction. Ainsi les désobéissances du peuple et les jugements qui s'ensuivirent doivent nous servir d'exemple *(1 Co 10:1-13)* afin que nous ne vivions pas dans le péché comme vécut le peuple d'Israël, mais que nous cherchions à plaire à Dieu qui nous a sauvés. Toutefois notre situation est bien différente de celle du peuple d'Israël, car Christ a porté la malédiction que nous méritions. Lui qui avait parfaitement obéi à la loi de Dieu a été «fait malédiction» pour nous *(Ga 3:13)*. Ainsi il n'y a plus de malédiction pour le chrétien. Lorsqu'il désobéit aux conditions de l'Alliance, c'est encore un tendre Père qu'il trouve en face de lui. Un tendre Père qui le corrige et l'éprouve pour son bien et son véritable intérêt.

Quant à nous, bien que nous ayons la pleine réalité de l'accomplissement de la promesse en Jésus-Christ et que nous goûtions aux bienfaits de l'Alliance de grâce parce que nous avons les arrhes de l'Esprit, néanmoins, nous attendons encore le retour du Seigneur, et la pleine manifestation de la victoire de Jésus-Christ. Nous sommes au bénéfice d'un salut qui est venu par pure grâce, mais qui s'accompagne de conditions que Dieu impose à ses enfants, celle d'une marche croissante, obéissante aux commandements de Dieu qui nous a sauvés et qui nous a manifesté sa grâce. C'est à cela que servent les nombreuses exhortations et les commandements que nous trouvons dans la Parole de Dieu. Le salut est une pure grâce mais les commandements sont là, pour nous «piquer», pour dévoiler le péché en nous, pour nous aiguillonner et pour nous encourager à implorer Dieu et lui demander la force de marcher de progrès en progrès.

Alors laissons-nous encore émerveiller par la façon dont Dieu, dans sa providence, a tout fait pour accomplir son alliance de grâce. Comment il a conduit toutes choses, de l'annonce à Eve jusqu'à la venue de son Fils. Comment par le sacrifice de son Fils il ouvrit la porte à ceux qui n'étaient pas son peuple, aux païens, en accomplissement de sa promesse faite à Abraham. Dès lors, qui que nous soyons, nous qui plaçons notre foi en Christ, nous sommes la vraie descendance d'Abraham, celle qui est au bénéfice de la grâce de Dieu. Terminons par ce verset qui rappelle si bien cette vérité : «Si vous êtes à Christ, alors vous êtes la descendance d'Abraham, héritiers selon la promesse» (*Galates 3:29).* Quelle grâce d'être au bénéfice d'une telle alliance que Dieu a établie avec des pécheurs rebelles. Soyons-en éternellement reconnaissants.

Chapitre 10 : Jésus-Christ, sa personne

Jean 8:47-59 ; Philippiens 2:5-11

Par la doctrine de la Trinité, nous avons vu qu'il n'existe qu'un seul Dieu, une essence unique, un être unique. Pourtant cet être unique existe en trois personnes distinctes dont chacune a une fonction spécifique dans le plan du salut.

Puis par la doctrine du Décret et de l'Alliance de grâce, nous avons découvert que le Père a établi un rédempteur pour racheter son peuple de ses péchés. Nous avons compris alors que dans tous les âges de l'humanité il n'y a toujours eu qu'un seul chemin de salut : «C'est par la foi qu'Abel...», «C'est par la foi qu'Abraham...», «C'est par la foi que Moïse...», etc. C'est par la foi en ce rédempteur que les pécheurs ont été sauvés. C'est par la foi en Christ (qu'ils ne distinguaient que comme une ombre) que tous ces croyants de l'Ancien Testament ont été arrachés à l'esclavage du péché dans lequel ils étaient tombés en Adam.

En suivant l'ordre de la Confession de 1689 et du Catéchisme, nous arrivons ainsi logiquement à nous poser la question : «Quel est ce rédempteur ?» et «Qu'a-t-il fait pour son peuple ?» Nous approfondirons donc ici l'identité de ce rédempteur.

La Bible nous dit que le rédempteur de l'Alliance de grâce est le Messie (en hébreu), l'Oint (en français), le Christ de Dieu (en grec), celui qui s'appelle Jésus.

Il existe des avis divergents sur l'identité de Jésus de Nazareth. Certains vous diront qu'il s'agit d'un imposteur, d'un fou, d'un anarchiste, d'un pacifiste, d'un utopiste, d'un révolutionnaire ; d'autres vous diront qu'il s'agit d'un sage ou d'un grand homme ; d'autres encore d'un homme ordinaire ; certains, du Fils de Dieu et enfin d'autres, de Dieu le Fils. Mais qu'en est-il vraiment ?

Nous allons donc nous pencher, non pas sur ce que les gens disent de lui, mais sur ce que la Bible nous en dit. Ce que les Apôtres, les disciples, ces témoins oculaires et dignes de foi nous ont transmis sur la personne même et les faits entourant la personne de Jésus-Christ. A la fin de son Evangile, Jean écrivait : «Jésus a fait encore beaucoup d'autres choses ; si on les écrivait en détail, je ne pense pas que le monde même pourrait contenir les livres qu'on écrirait.» Nous ne verrons donc ici que certains aspects de la personne de Jésus-Christ.

Tout d'abord, il est Dieu, ensuite, il est homme et enfin, notre Seigneur Jésus-Christ, Dieu et homme en une seule personne.

Jésus-Christ est Dieu

Comment est-il possible d'affirmer une telle chose ? C'est ce que la Bible enseigne. Jésus-Christ, lui-même, a affirmé qu'il est Dieu. Il a déclaré être l'égal de Dieu à plusieurs reprises. Lorsque les Juifs lui reprochent de prétendre avoir vu Abraham, Jésus répond : «En vérité, en vérité, je vous le dis avant qu'Abraham fut, moi je suis.» Il ne dit pas : «Avant qu'Abraham fut, moi j'étais», ce qui aurait souligné son antériorité par rapport à Abraham, mais bien : «Je suis». Quand il dit : «Je suis», il s'attribue le nom même de la divinité, du Dieu qui s'est révélé à Moïse en Exode 3 et qui lui a dit : «Je suis celui qui suis». Ainsi il déclare qu'il est Dieu de la même façon que le Père est Dieu, revendiquant ainsi la pleine divinité. Les Juifs comprennent bien ce que Jésus dit par ces paroles puisqu'ils le traitent de blasphémateur et veulent le lapider.

De même, nous pouvons nous demander pour quelle faute fut-il condamné par le sanhédrin ? Pour vol, escroquerie ou pour un péché particulier ? Non pas du tout, en fait, aucun témoignage ne concordait et les témoins n'arrivaient pas à se mettre d'accord pour l'accuser. En fin de compte, il est condamné parce qu'il s'est fait l'égal de Dieu. Luc 22:70, 71 : «Tu es donc le Fils de Dieu? Et il leur répondit: Vous le dites, je le suis. Alors ils dirent: Qu'avons-nous encore besoin de témoins, nous l'avons entendu nous-mêmes de sa bouche.»

A d'autres moments de son ministère il déclare son égalité de nature avec le Père. Dans Jean 10:30, par exemple: «Moi et le Père nous sommes un» et là aussi, les Juifs veulent le lapider parce qu'il se fait l'égal de Dieu. Quelle prétention étonnante! A ma connaissance, aucun des fondateurs de grande religion, à moins qu'il ne soit un malade mental, n'a eu un tel enseignement. Tous proposèrent «un chemin» vers Dieu, ils expliquèrent la vérité telle qu'ils la comprenaient, mais aucun d'eux n'a osé se déclarer l'égal de Dieu.

Non seulement Jésus-Christ se déclare l'égal de Dieu, mais il prêche avec une autorité qui frappe les foules. Matthieu 7:28, 29 : «Quand Jésus eut achevé ces discours, les foules restaient frappées de son enseignement, car il les enseignait comme quelqu'un qui a de l'autorité et non comme leurs scribes.» Les prophètes disaient: «Ainsi parle l'Eternel», Jésus dit: «En vérité en vérité je vous le dis». Les Pharisiens et les scribes rapportaient ce que d'autres avait enseigné, Jésus, lui, enseigne et déclare les choses de sa propre autorité: «Je vous le dis». Que prêche-t-il avec tant d'autorité? Il se prêche lui-même et c'est cela qui est incroyable.

Il annonce le salut et le secours en sa personne. Il ne parle pas de philosophie ou de religion, mais démontre par ses actes qu'il est, lui-même, le chemin et la vérité. Il dit à ses disciples qu'il y a dans toutes les Ecritures des passages qui le concernent. Ensuite il demande un amour exclusif et entier de ceux qui le suivent. Il se présente aussi comme le juge souverain devant lequel tout homme devra rendre des comptes.

Jamais un être humain, sain d'esprit, n'a osé avoir une telle prétention et tenir un tel discours parce qu'il aurait tôt fait d'être désavoué par des actes qui seraient en contradiction avec ses paroles. Mais qu'en était-il de notre Seigneur Jésus-Christ?

Il affirma sa divinité tout en demeurant humble, en exerçant le service jusqu'au bout, jusqu'à la mort sur la croix, en renonçant à la gloire qu'il avait auprès du Père. Et lorsque nous nous penchons sur ses actes, nous voyons qu'ils sont en accord parfait avec ses paroles.

Il se déclare Messie et agit comme tel. En effet, selon l'Ancien Testament, le Messie viendrait pour guérir les malades, les estropiés et les boiteux. C'est ce qu'a fait Jésus-Christ. Ses paroles adressées à Jean Baptiste dans Matthieu 11:3-5 le montrent clairement.

Il se déclare sans péché, obéissant constamment à Dieu, Jean 8:29: «Celui qui m'a envoyé est avec moi il ne m'a pas laissé seul, parce que moi je fais toujours ce qui lui est agréable». Au verset 46 du même passage, il s'offre même à l'accusation de ses adversaires en disant: «Qui de vous me convaincra de péché?» Et personne n'est capable de le prendre en faute. Judas lui-même, après avoir trahi et dénoncé son maître, reconnaît: «J'ai péché en livrant le sang innocent» et Pilate qui le condamne à mort a cette phrase significative: «Je suis innocent du sang de ce juste.»

Un autre événement qui nous prouve que les paroles de Jésus étaient en accord avec ses actes, c'est sa résurrection. En effet, à plusieurs reprises il avait annoncé sa résurrection pour le troisième jour, c'est exactement ce qui arriva malgré les gardes, le sceau, la pierre et les bandelettes.

Tout cela ne peut nous laisser indifférents. Si Jésus-Christ s'est déclaré l'égal de Dieu, sans commettre de péché, le seul chemin de salut, c'est qu'il est réellement le Sauveur! Quand nous considérons honnêtement l'enseignement biblique, nous sommes contraints de constater que Jésus-Christ est Dieu, et s'il est Dieu, cela exige de nous une prise de position. Qu'allez-vous faire? Soit vous le rejetez et vous vous éloignez du seul Sauveur qui ait été donné parmi les hommes. Soit au contraire, vous croyez en lui, vous prenez son enseignement au sérieux et toute votre vie en sera bouleversée.

Jésus-Christ est homme

Nous découvrons ici un autre aspect du Fils de Dieu révélé dans l'Ecriture. Il est né dans notre humanité à l'époque précise du règne d'Hérode. Il a vécu dans le contexte de la Palestine sous l'occupation romaine. Il a deux généalogies, comme tout être humain. Toutes deux montrent qu'il descend du roi David.

Sa mère habitait à Nazareth, un village bien réel. C'est elle qui l'enfanta alors qu'elle était fiancée. Ce fut là aussi en événement bien réel. Les fiançailles à l'époque étaient un engagement très sérieux presque identique au mariage, si ce n'est que les deux fiancés ne partageaient pas encore l'intimité sexuelle, ni l'intimité du même foyer. Et si elle l'enfanta alors qu'elle était encore fiancée c'est parce que l'Esprit de Dieu, selon le texte de Luc 2:35, la couvrit de son ombre, afin que l'enfant, tout en étant un vrai enfant né d'une femme, soit exempt du péché et de la nature pécheresse.

Jésus enfant était entouré de frères et de sœurs et il a vécu les trente premières années de sa vie dans l'ombre, puisque l'Ecriture ne nous en dit presque rien. Dès son jeune âge il était conscient d'être le Fils du Père céleste, puisqu'à douze ans déjà, lors de sa visite au temple il dit à ses parents en Luc 2:49 : «Il faut que je m'occupe des affaires de mon Père». Puis nous lisons, dans Luc 2:51, 52 que, comme chaque enfant, il a dû croître physiquement, intellectuellement et même spirituellement : «Il descendit avec eux pour aller à Nazareth, et il leur était soumis. Sa mère conservait toutes ces choses dans son cœur. Et Jésus croissait en sagesse, en stature et en grâce devant Dieu et devant les hommes».

Tout au long de son ministère, les écrits des apôtres soulignent que Jésus était totalement homme. Il avait un vrai corps, il eut faim lors de la tentation, il eut soif au bord du puits, il s'endormit fatigué dans la barque, il saigna alors qu'il était cloué sur la croix.

De même, Jésus possédait une vraie âme puisqu'il avait besoin d'une communion intime avec Dieu qu'il manifestait par la prière et le jeûne. Il tressaillit de joie lorsqu'il vit l'Evangile révélé aux enfants, il fut attristé devant l'endurcissement de Jérusalem et il pleura devant le tombeau de Lazare...

Une vraie âme encore parce qu'il endura la tentation en toute chose comme nous, sans connaître le péché. C'est ce que nous dit l'épître aux Hébreux 4:15, 16: «Car nous n'avons pas un souverain sacrificateur incapable de compatir à nos faiblesses, mais il a été tenté comme nous à tous égards sans commettre de péché. Approchons-nous donc avec assurance du trône de la grâce afin d'obtenir miséricorde et de trouver grâce, en vue d'un secours opportun.» Ainsi nous avons en Jésus un Seigneur qui endura la faim, la fatigue, la tristesse par rapport au péché et ses conséquences; et même la tentation parce qu'il est vraiment humain.

Est-ce qu'il vous arrive d'être fatigués? d'être scandalisés en face du péché? Est-ce qu'il vous arrive de pleurer devant la mort, d'être triste en voyant vos contemporains qui demeurent sous le jugement de Dieu? Christ l'a été lui aussi! C'est là les marques d'une vraie humanité en notre Seigneur Jésus-Christ comme en nous. Il n'y a pas de honte à être scandalisés par le péché et ses conséquences, par les limites que nous impose notre corps humain atteint par le péché. Mais quel encouragement pour nous de savoir que Jésus, le souverain sacrificateur qui est maintenant à la droite du trône de la majesté divine est vrai homme, qu'il a enduré les mêmes limites, les mêmes tentations que nous sans pécher. Quel encouragement de savoir que nous pouvons nous approcher du trône de la grâce afin d'obtenir miséricorde par lui, lui qui nous secourt et nous a secouru dans nos besoins.

Après la résurrection nous retrouvons le Seigneur avec une vraie nature humaine bien qu'elle ait des propriétés différentes. Il ressuscita avec son corps meurtri: la marque de l'épée, des clous étaient encore bien là, Thomas le toucha, Jésus mangea devant ses disciples, puis il apparut à plus de cinq cents frères à la fois (ce qui rend une hallucination collective impossible). Puis il remonta aux cieux de façon visible, avec son humanité, afin que nous sachions que cette humanité a été rachetée de l'esclavage du péché et que c'est dans cette pleine divinité et cette pleine humanité qu'il nous représente. C'est un Jésus-Christ homme qui est notre médiateur et notre rédempteur *(1 Tm 2:5)*.

Alors comprenez bien cela, car c'est ici que parfois les chrétiens ont une vue étriquée du Seigneur Jésus-Christ. Celui qui a pris notre humanité à Bethléhem ne la quittera plus jamais. Il devint vrai homme pour toujours et il s'est assis corporellement à la droite de la majesté divine. Comment est-ce possible? Cela est difficile à expliquer mais Colossiens 2:9 nous l'affirme pourtant : «Car en lui habite corporellement toute la plénitude de la divinité.» C'est-à-dire le vrai Dieu, habite dans toute sa plénitude dans un corps humain exempt de péché. Il y a donc actuellement, dans les cieux, un homme parfait, avec un corps glorifié, un homme qui a triomphé de la mort et c'est en lui que se trouve toute votre assurance pour être accepté un jour dans la présence de Dieu. Il est notre représentant, notre rédempteur, notre intercesseur auprès du Père.

Après avoir considéré de nombreux faits qui soulignent la divinité du Seigneur Jésus-Christ et son humanité, considérons à présent comment la Parole de Dieu synthétise cet enseignement.

Jésus-Christ, Dieu et homme en une seule personne

La Bible ne nous explique pas l'incarnation; comment il est possible qu'un être totalement Dieu et totalement homme habite dans une seule personne. Elle ne l'explique pas, mais elle l'affirme. A la suite de la Parole de Dieu contentons-nous donc de proclamer cette vérité : Jésus-Christ est vrai Dieu et vrai homme, deux natures distinctes en une seule personne. Et comme nous le verrons, cette vérité est fondamentale et obligatoire pour que le salut des pécheurs soit accompli, et il est primordial que nous la défendions.

Il y eut un jour où Dieu le Fils quitta la gloire céleste *(Ph 2:6)* et devint chair en habitant parmi nous. Selon Jean 1:14, il prit notre humanité sans jamais connaître notre péché. De vrai Dieu qu'il était, il est devenu vrai Dieu et vrai homme en une seule personne pour toujours. Et il l'est devenu sans qu'il y ait confusion, mélange, changement dans l'une ou l'autre de ses deux natures distinctes. C'est ce qu'affirment d'ailleurs les formulations du Concile de Chalcédoine ainsi que les Catéchismes historiques.

Tous ceux qui ont tenté d'expliquer le rapport entre les deux natures de Jésus-Christ ont porté préjudice à l'une ou à l'autre. Soit ils ont divinisé la nature humaine et l'ont tellement glorifiée que nous ne pouvons plus nous reconnaître dans ce Fils de Dieu car il n'est plus vrai homme; soit ils ont humanisé la nature divine à tel point que ce Christ ne pouvait plus vraiment accomplir le salut parce qu'il n'était plus vraiment Dieu; soit ils ont mélangé la nature divine et la nature humaine à tel point que Christ n'était plus ni vrai Dieu ni vrai homme (c'est ce que font aujourd'hui les Témoins de Jéhovah: leur Jésus-Christ est devenu un demi-dieu et un surhomme); soit ils ont tant distingué les deux natures qu'ils ont dû maintenir deux personnes en Christ, une sorte de double personnalité. Mais nous ne voyons jamais ce genre de schizophrénie chez notre Seigneur Jésus-Christ, bien qu'il ait deux natures, il est toujours un et agit comme une seule personne.

Jésus-Christ vrai Dieu et vrai homme, deux natures distinctes en une seule personne. Comment mémoriser cet enseignement? Par l'expression même: notre Seigneur Jésus-Christ.

Seigneur – parce que c'est le titre de Dieu dans l'Ancien Testament et c'est le titre que Jésus-Christ s'attribue pour montrer sa divinité dans le Nouveau Testament. Seigneur parce qu'il est vrai Dieu.

Jésus – parce que c'est un nom courant en Israël, où on connaît plusieurs Jésus, ou Josué, nom qui signifie «sauveur». Jésus rappelle la vraie humanité de notre Seigneur.

Christ – parce qu'il est l'oint de Dieu, il a été choisi par Dieu et, en une seule personne, il réunit une nature humaine et une nature divine afin d'accomplir parfaitement le salut. Voilà le seul rédempteur par lequel Dieu le Père a scellé et accompli les promesses de l'Alliance de grâce.

Qu'ont fait ses disciples lorsqu'ils virent Jésus après sa résurrection? Ils plièrent le genou et ils l'adorèrent *(Mt 28:17)*. Que dit Thomas lorsqu'il reconnut le Fils de Dieu ressuscité? «Mon Seigneur et mon Dieu!» *(Jn 20:28)*.

Jésus-Christ, tout en étant vrai homme, est le Seigneur qui règne sur l'univers, il est le Dieu béni éternellement, il est la seule espérance des pécheurs. Que faire devant un tel sauveur et un tel rédempteur? Reconnaître par la foi qu'il mérite de recevoir toute notre adoration, plier les genoux devant lui, capituler devant ce Seigneur de gloire et lui rendre grâce pour un salut si merveilleux.

Chapitre 11 : Jésus-Christ, son œuvre

Jean 1:1-18 ; Hébreux 6:17-7:3

Pour situer notre sujet il nous faut réfléchir sur l'état d'Adam avant la chute. Nous avons peu de renseignements le concernant, néanmoins, il est certain qu'il était un être intelligent. Il pouvait comprendre la création de Dieu, donner des noms aux animaux et connaître la vérité telle que Dieu la transmet dans toute sa pureté. Il avait également un cœur pur vivant en communion étroite, directe avec Dieu sans que rien ne le sépare de son créateur. Enfin, il avait une volonté droite. Il régnait sur la création, exactement comme Dieu le lui demandait et prenait la place que Dieu lui donnait.

Combien de temps cela dura-t-il ? Nous ne le savons pas, mais un jour Adam a désobéi au seul commandement que Dieu lui avait donné et toute cette harmonie fut ruinée. Son intelligence fut obscurcie et, par lui-même, il n'arrivait plus à discerner quelle était la vérité de Dieu. Son cœur pur fut souillé, il tomba sous le jugement de Dieu et fut chassé du jardin. La communion avec son créateur était rompue. De même sa volonté droite fut pervertie, il commença ainsi à vivre pour lui-même plutôt que pour Dieu. Il se mit à tyranniser la création, dominer sa femme au lieu de vivre selon les ordres que Dieu lui avait donnés.

Néanmoins Dieu ne laissa pas Adam et Eve ainsi et, nous l'avons vu, Dieu révéla l'alliance de grâce en promettant la venue d'un rédempteur. Quand les temps furent accomplis, ce rédempteur arriva : Jésus, né d'une femme, né sous la loi, né dans notre humanité tout en étant exempt de péché, parce que conçu par l'Esprit de Dieu. Jésus le rédempteur, vrai Dieu et vrai homme en une seule personne. Mais est-il suffisant pour le salut du pécheur de savoir que Jésus, vrai Dieu et vrai homme est venu sur la terre ? Non, car il fallait que ce rédempteur accomplisse une œuvre spécifique pour racheter les pécheurs, obtenir leur salut et les restaurer dans la communion avec Dieu.

Pour mieux comprendre l'œuvre de Christ, regardons les Ecritures. Lorsque Israël s'organise en tant que nation, nous remarquons que trois catégories de personnes ont une responsabilité spécifique au sein du peuple. Il s'agit des prophètes, des prêtres ou sacrificateurs, et des rois. Trois fonctions distinctes. Moïse était prophète ; Aaron et sa famille étaient des sacrificateurs ; David et sa descendance ont reçu la royauté. Et depuis le moment où ces trois fonctions ont été instituées aucun homme n'a cumulé les trois fonctions en lui-même. Certains en ont eu deux ; Melchisédek était roi et sacrificateur ; Samuel était prophète et sacrificateur ; David était roi et prophète. Mais que représentait chacune de ces fonctions ?

Dans l'Ancien Testament, la responsabilité du prophète était de transmettre la parole de Dieu au peuple, c'était en fait la bouche de Dieu. D'ailleurs, Moïse est un exemple remarquable de la fonction prophétique car il parlait de la part de Dieu au peuple, lui proclamant la vérité de Dieu. Ainsi il représentait Dieu devant le peuple.

Le sacrificateur, lui, enseignait le peuple sur la façon de s'approcher de Dieu au moyen du rituel du tabernacle, puis du temple ; il montrait au peuple qu'il était impossible de s'approcher de Dieu par soi-même sans que du sang soit versé. Il était donc le représentant du peuple devant Dieu et il parlait à Dieu de la part du peuple.

Et enfin le roi, auquel Dieu avait délégué l'autorité et qui régnait sur le peuple, lui enseignant l'obéissance et la soumission aux ordres de Dieu. En contrepartie, il lui offrait sa protection.

Bien que ces termes de « prophète », « sacrificateur » et « roi » ne soient pas mentionnés dans le récit de la Genèse, nous pouvons tout de même discerner ces trois fonctions en Adam avant la chute. Adam était prophète parce qu'ayant un esprit clair, il comprenait la vérité de Dieu; «ainsi parle l'Eternel» pouvait-il dire en nommant les animaux. Il était sacrificateur parce qu'il jouissait d'un cœur pur, d'une communion directe avec Dieu, vivant dans la présence de Dieu. Enfin, il était roi parce qu'il régnait sur la création ayant reçu une autorité déléguée de Dieu avec la responsabilité de soumettre la création.

Ce n'est qu'avec l'entrée du péché dans la vie d'Adam que ces trois fonctions ont été perverties et qu'il les exerça de la mauvaise manière.

Si j'insiste particulièrement sur ces trois fonctions, c'est parce qu'elles résument l'œuvre que le Christ a accomplie ici-bas pour ses élus.

Jésus-Christ prophète, sacrificateur et roi

Christ est le seul a avoir cumulé les trois fonctions et de plus, il les a accomplies parfaitement.

Jésus-Christ est prophète. Il parlait de la part de Dieu au peuple non pas comme les prophètes qui disaient: «Ainsi parle l'Eternel», mais de sa propre autorité, déclarant: «Moi, je vous dis». De plus, Jean 1:18 nous dit qu'il vint pour révéler le Père. Il est prophète mais, direz-vous peut-être, il n'y a rien d'extraordinaire dans cette affirmation! Beaucoup de ses contemporains l'ont dit (Mt 16:14 par exemple) et les Musulmans n'hésitent pas à lui reconnaître cette fonction. Mais d'après la réponse de Simon dans ce même passage de Matthieu, nous voyons bien que Jésus n'est pas un prophète parmi d'autres, mais qu'il est LE prophète, Dieu le Fils descendu parmi nous pour nous révéler le Père. Tous les autres prophètes tendaient vers lui, tandis qu'il est, en lui-même, la révélation finale de Dieu, Emmanuel, Dieu avec nous. Ainsi, dans l'épître aux Colossiens, Paul dit qu'en Christ sont cachés tous les trésors de la sagesse et de la connaissance.

Christ est le prophète qui révèle Dieu le Père de façon définitive. Il exerce encore cette fonction dans les cieux.

Comment le fait-il ? Au moyen de son Esprit et de sa Parole. En inspirant les Ecritures, en nous donnant une Parole infaillible et en illuminant encore aujourd'hui notre esprit à son écoute, il accomplit sa fonction prophétique. Il est prophète quand cette parole infaillible est appliquée à nos cœurs.

Comment l'Eglise exerce-t-elle ce ministère prophétique de nos jours ? Ce n'est pas en cherchant de nouveaux prophètes en son sein, comme le font tant d'Eglises dites évangéliques. L'Eglise exerce ce ministère prophétique lorsque la Parole de Dieu est prise au sérieux et prêchée fidèlement avec la confiance que l'Esprit Saint l'applique à nos cœurs. L'Eglise accomplit également son ministère prophétique en éprouvant les esprits, en se démarquant de toute œuvre attribuée à l'Esprit qui ferait l'économie de la Parole de Dieu ou qui en tordrait le sens.

Jésus-Christ est sacrificateur. Tout dans les Evangiles pointe vers cette vérité. L'œuvre de Christ est une œuvre de sacrificateur et de sacrifice. Lors de son baptême, au début de son ministère, Jean Baptiste annonce : «Voici l'Agneau de Dieu qui ôte (ou qui porte) le péché du monde.» Christ est présenté comme l'agneau du sacrifice qui seul pouvait satisfaire la justice de Dieu. Quand il meurt, le voile du temple qui séparait les pécheurs du trône du Dieu saint se déchire.

Humainement, Christ n'aurait jamais pu être sacrificateur puisqu'il n'était pas de la famille d'Aaron. Mais Dieu l'a, lui-même, institué sacrificateur d'un sanctuaire meilleur, du sanctuaire céleste qu'Il a traversé *(cf. Hé 9:11, 12)* en offrant sa vie en rançon pour le péché de son peuple. Il est désormais assis à la droite de la majesté divine.

Hébreux 6:19, 20 affirme que : «Cette espérance, nous l'avons comme une ancre solide et ferme pour notre âme ; elle pénètre au-delà du voile, là où Jésus est entré pour nous comme un précurseur, devenu souverain sacrificateur pour l'éternité selon l'ordre de Melchisédek.» Le fait qu'il soit dans la présence même de Dieu est une certitude fondamentale pour la foi chrétienne.

Selon l'auteur de l'épître aux Hébreux, cette espérance est «une ancre». A quoi sert une ancre si ce n'est à amarrer un navire et à éviter qu'il ne dérive dans la tempête. C'est pourquoi, même lorsque vous êtes ballottés par le vent de l'épreuve, par les vagues du doute et la marée du désespoir, votre ancre est en Dieu. Vous n'êtes pas comme une coquille de noix emportée sur la mer en furie, votre navire tiendra bon. Vous n'avez aucun besoin de chercher à affermir votre assurance chrétienne par toutes sortes de signes et de manifestations extraordinaires! Votre ancre est fixée dans cette vérité: nous avons un souverain sacrificateur qui a traversé le voile, qui est assis à la droite de Dieu et cela est pleinement suffisant même au sein des plus grandes épreuves.

Le verset 20 nous assure qu'il est souverain sacrificateur «pour l'éternité». C'est-à-dire qu'aujourd'hui encore, il donne à ses élus tous les bienfaits que procure son sacrifice: une communion étroite avec Dieu, la réconciliation avec le Dieu saint et juste, un libre accès dans la présence même de ce Dieu.

Jésus-Christ est roi. Cette royauté, il l'a déclarée et manifestée quand il était sur la terre: devant Pilate lors de son jugement, ensuite sur la croix qui portait l'inscription «celui-ci est Jésus le roi des juifs». Enfin, avant de quitter ses disciples, Jésus déclare: «Tout pouvoir m'a été donné dans le ciel et sur la terre» *(Mt 28:18)*.

Cependant au cours de son ministère déjà, Jésus avait démontré sa puissance souveraine sur la création. Il calma le vent et les flots et ses disciples surpris s'écrièrent «Quel est donc celui-ci car même les vents et la mer lui obéissent?» Plus encore, Christ triompha de la mort et du diable à la croix. Il est actuellement couronné d'honneur et de gloire dans les cieux ayant été souverainement élevé par Dieu au-dessus de tout nom *(Hé 2:9; Ph 2:9)*.

Cette royauté est encore exercée par notre Seigneur aujourd'hui lorsqu'il sauve ses élus, lorsqu'il exige d'eux l'obéissance à ses commandements, lorsqu'il prend soin de son Eglise et protège les siens. C'est lui qui a acquis une victoire finale contre l'adversaire à la croix et il nous accorde sa puissance pour que nous puissions résister à l'ennemi.

Souvenons-nous que Christ est roi aujourd'hui encore. Il a la force souveraine *(Ep 6:10)* et donne les armes nécessaires au chrétien pour résister au péché, au monde et au diable, ses trois ennemis. Christ est roi et comme tel il exige de nous l'obéissance tout en nous accordant la force pour obéir et mettre le péché à mort.

Trois fonctions, un seul salut

Nous devons à présent nous demander comment ces trois fonctions trouvent leur application dans notre vie, car il est impossible de devenir chrétien tout en faisant l'économie de l'un ou l'autre de ces trois aspects de l'œuvre du Christ. Ainsi une réelle conversion chrétienne nécessite de recevoir le Christ comme prophète, sacrificateur et roi.

Une réelle conversion chrétienne nécessite une connaissance et une compréhension du message du salut tel que Christ l'a révélé. N'a-t-il pas dit que la vie éternelle c'est que nous connaissions Dieu et celui qu'il a envoyé? Et c'est là sa fonction de prophète qui est venu pour nous faire connaître le salut de Dieu.

Ainsi une réelle conversion chrétienne comprend une connaissance, mais aussi une conviction de péché et de culpabilité devant Dieu. Elle requiert que nous nous approchions de Dieu par le sacrificateur Jésus-Christ qui a porté notre péché et nous a ouvert l'accès à Dieu. C'est là le message du Nouveau Testament qui nous rappelle la fonction sacerdotale de Jésus-Christ: «Repentez-vous et croyez afin que vous soyez sauvés».

Mais si une réelle conversion chrétienne comprend une connaissance, une conviction de péché, elle implique aussi une obéissance aux commandements de Dieu et une soumission à Christ comme roi, parce qu'il est le nouveau maître du chrétien. Colossiens 1:13 affirme qu'il «nous a délivrés du pouvoir des ténèbres et nous a transportés dans le royaume de son Fils bien-aimé». Il y a donc un changement de royaume pour le chrétien qui, désormais, est placé sous l'autorité du Christ.

Redisons-le, il est impossible d'être chrétien en faisant l'économie de l'une ou l'autre de ces trois fonctions de Christ. Par contre, quand ces trois éléments sont réunis, une réelle conversion chrétienne a lieu et par ce moyen le croyant est rétabli dans son rôle de prophète, sacrificateur et roi.

Le chrétien est prophète : par la Parole et l'Esprit Saint placé dans son cœur, il peut connaître Dieu, il peut réellement et avec certitude connaître la vérité de Dieu. Il a la responsabilité d'étudier cette Parole et de la transmettre fidèlement, avec droiture.

Le chrétien est sacrificateur. A cause du sacrifice de Christ, il est réconcilié avec Dieu, il vit en communion étroite avec le Père céleste, il a donc la responsabilité de rendre un culte à Dieu en vivant dans cette communion et en l'entretenant par la prière, par la communion fraternelle et les sacrements.

Le chrétien est roi. Il est passé du royaume des ténèbres à celui de la lumière ; il est maintenant au bénéfice de la victoire du Seigneur. Il a la vie éternelle, il triomphe de la mort, il est roi sur la création, il a donc le responsabilité de vivre en soumission à Dieu dans tous les domaines de sa vie, dans tous les aspects de la société. Il est renouvelé dans tout son être et dans toute son action, pas seulement pour prier et être en communion avec Dieu, mais quand il est au travail, à l'école, etc. Car il y a, en effet, une façon d'être un étudiant chrétien, une façon de conduire sa voiture en chrétien, de travailler en chrétien parce que Christ veut que toute notre vie lui soit soumise. Il a fait de vous un roi qui se soumet (parce que votre royauté est déléguée) aux commandements du roi des rois.

Trois fonctions, un seul salut. Mais un salut qui, grâce à l'œuvre de notre admirable rédempteur, Jésus-Christ, transforme l'être tout entier que nous sommes pour que nous puissions vivre à la gloire de Dieu dans tous les domaines de notre vie.

Chapitre 12 : Le Saint-Esprit,
sa personne et son œuvre

Ezéchiel 37:1-14

Il y a une logique certaine dans la suite des points de doctrine qui sont énoncés dans les grandes Confessions de Foi. Nous avons vu la personne de notre Seigneur Jésus-Christ, puis son œuvre, et arrivés à ce point, une question peut se poser à notre esprit : Jésus-Christ est parfait et il a accompli un salut parfait, mais cela s'est passé il y a deux mille ans et cette œuvre est extérieure à moi ; dans de telles conditions comment cette œuvre peut-elle avoir une incidence dans ma propre vie aujourd'hui ? C'est pourquoi il est important de se tourner vers l'Esprit de Dieu parce qu'il est l'instrument établi par Dieu pour appliquer efficacement au peuple de Dieu, le salut accompli par Jésus-Christ.

Avant d'aborder les différents points de doctrine tels que la régénération, la conversion, la justification et la sanctification, qui nous permettent de mieux comprendre le salut, il nous faut examiner la personne du Saint-Esprit, car il est l'instrument par lequel le salut nous est appliqué.

Le danger actuel face à la doctrine du Saint-Esprit, c'est d'être sur la défensive à cause des nombreux abus que nous rencontrons dans les Eglises charismatiques. Mais une telle attitude risque de nous empêcher de voir toute la richesse et la grandeur de l'enseignement biblique.

Nous nous trouvons donc devant un dilemme : il y a actuellement un tel manque de respect envers la personne du Saint-Esprit, qu'il est difficile de parler de lui de façon équilibrée. Pourtant notre devoir est de retrouver une vision glorieuse et riche de l'Esprit de Dieu tout en soulignant les applications concrètes de son intervention précise dans notre vie quotidienne.

C'est pourquoi nous verrons trois affirmations sur la personne du Saint-Esprit, puis trois remarques sur son œuvre.

L'Esprit Saint est une personne

Actuellement, on a tendance à considérer le Saint-Esprit comme une puissance impersonnelle envers laquelle notre comportement a peu d'importance. Mais si l'Esprit de Dieu est une personne, notre approche et notre attitude face à lui seront entièrement différentes.

Si une porte vous claque au nez à cause d'un coup de vent (une force impersonnelle) ou par la volonté de la personne qui marche devant vous, vous ne réagirez pas de la même façon. Voilà la différence entre une action accomplie par une force impersonnelle ou par une personne.

Mais le Saint-Esprit n'est pas une force, il est une personne, c'est ce que nous montre clairement la Parole de Dieu. La Bible fait une distinction entre la puissance de l'Esprit : «Mais vous recevrez une puissance, celle du Saint-Esprit survenant sur vous» *(Ac 1:8)*, et la personne du Saint-Esprit : «Vous savez comment Dieu a oint d'Esprit Saint et de puissance Jésus de Nazareth qui allait de lieux en lieux faisant du bien et guérissant tous ceux qui étaient sous l'empire du diable, car Dieu était avec lui» *(Ac 10:38)*. Ainsi l'Esprit possède une puissance, il faut le souligner, mais l'Esprit n'est pas une puissance, car sa personne est distincte de sa puissance.

Ensuite, la Bible attribue à l'Esprit les caractéristiques d'une personne. Nous voyons par exemple, dans Ephésiens 4:30 qu'on peut l'attrister. L'histoire d'Ananias et de Saphira en Actes 5 nous apprend qu'on peut lui mentir. Il a une volonté par laquelle il peut s'opposer aux projets des hommes *(cf. Ac 16:7 : «L'Esprit de Jésus ne le leur permit pas»)*.

Enfin, nous voyons que l'Esprit Saint agit comme une personne. De nombreux versets le soulignent, par exemple : Il rend témoignage *(Rm 8:16)* ; Il parle *(Ac 8:29)* ; Il enseigne *(Jn 14:26)* ; l'Esprit pense et intercède *(Rm 8:26-27)* ; l'Esprit distribue également des dons et qualifie *(1 Co 12:11)*. Le témoignage, la parole, l'enseignement, l'intercession, la réflexion et la distribution des dons, sont les activités d'un être personnel et non d'une puissance vague. Donc l'Esprit de Dieu est une personne.

L'Esprit Saint est Dieu

L'Esprit Saint est Dieu parce que le nom de Dieu lui est attribué et qu'il est assimilé à Dieu. Nous lisons en effet dans 1 Corinthiens 3:16 : « Ne savez-vous pas que vous êtes le temple de Dieu et que l'Esprit de Dieu habite en vous ? » puis en Actes 5:3-4 : « Pourquoi Satan a-t-il rempli ton cœur, au point de mentir à l'Esprit Saint... Ce n'est pas à des hommes que tu as menti, mais à Dieu. »

Les perfections et les œuvres de Dieu lui sont attribuées. Jean 3:8 nous montre qu'il est aussi souverain que le Père et le Fils, puisqu'il fait naître qui il veut à la vie spirituelle. Ensuite, 1 Corinthiens 2:10 nous montre que rien dans le conseil de Dieu, dans l'être de Dieu n'échappe à l'Esprit de Dieu, justement parce qu'il est Dieu. L'Esprit sonde tout, même les profondeurs de Dieu. C'est encore lui qui donne la vie : « Si l'Esprit de celui qui a ressuscité Jésus d'entre les morts habite en vous, celui qui a ressuscité Christ d'entre les morts rendra aussi la vie à vos corps mortels par son Esprit qui habite en vous » *(Rm 8:11)*.

L'Esprit est Dieu, parce que l'honneur qui est attribué à Dieu lui revient également. Il n'est en rien inférieur au Père et au Fils. Dans les formules de baptême *(Mt 28:19)* ou de bénédiction *(2 Co 13:13)*, il est cité avec le Père et le Fils et comme étant leur égal.

L'Esprit de Dieu est une personne, il est Dieu à part entière et si vous pensez qu'il n'est pas Dieu au même titre que le Père ou que le Fils, vous êtes en deçà de l'enseignement biblique ; si vous pensez que l'Esprit de Dieu est moins digne, moins puissant que le Père ou que le Fils, vous n'êtes pas en accord avec la Parole de Dieu. Si, au contraire vous pensez qu'il est plus digne ou plus puissant que le Père et que le Fils là aussi vous vous opposez à l'enseignement biblique. Ces erreurs peuvent se traduire de plusieurs manières dans votre vie : soit vous ne parlez de l'Esprit que très rarement et vous pensez qu'il n'a pas grande importance et alors votre vie chrétienne est en deçà de la plénitude que Dieu veut pour vous ; soit vous ne parlez que de l'Esprit et vous êtes dans l'erreur parce que vous oubliez que l'Esprit procède du Père et du Fils et qu'il a pour mission de glorifier le Fils.

L'Esprit est saint

L'Esprit est une personne, l'Esprit est Dieu. Troisième affirmation : l'Esprit est saint. Nous employons ces qualificatifs à l'égard de l'Esprit de Dieu sans même y prendre garde. Nous parlons du Saint-Esprit sans vraiment penser à ce que cela veut dire parce que c'est le nom que lui donne la Bible habituellement. Ce nom signifie que l'Esprit est immaculé, sans défaut, l'Esprit séparé du péché, pur, juste. Ainsi quand nous disons « Saint-Esprit » nous soulignons l'immense différence, l'immense séparation qui existe entre cet Esprit et l'homme pécheur. Il y a un aussi grand abîme entre Dieu le Saint-Esprit et le pécheur qu'entre Lazare et l'homme riche *(Lc 16:19-31)*. L'Esprit est saint comme le Père est saint et rappelez-vous ce que dit Esaïe quand il se trouve face au Dieu très saint, Esaïe 6:5 : « Malheur à moi, je suis perdu, je suis un homme dont les lèvres sont impures, j'habite au milieu d'un peuple dont les lèvres sont impures ». L'Esprit est saint comme Jésus est saint, celui au pied duquel Jean tombe à genoux pour adorer au début du livre de l'Apocalypse.

Ainsi, l'Esprit est le Saint-Esprit. Alors arrêtons-nous

quelques instants pour réfléchir aux implications que cela doit avoir dans notre vie. C'est cet Esprit personnel, divin et saint qui vient régénérer le cœur du croyant, il est la troisième personne de la trinité, alors prenez garde avant de justifier votre péché et d'en rejeter la faute sur le Seigneur ! L'Esprit est saint, il n'a rien à voir avec le péché ! Avant de lui attribuer toutes les paroles qui vous passent par la tête, tous vos désirs ou caprices, avant d'en faire l'auteur des derniers rêves de la nuit, songez à son identité. Cet Esprit qui habite en vous est Dieu. Songez à Esaïe, à Jean qui tombèrent à genoux devant la sainteté de Dieu. Songez à l'identité de l'Esprit de Dieu qui habite en vous, et vous ne serez pas poussés au fou rire ou à tomber à la renverse selon la mode actuelle, mais au contraire, vous tremblerez et vous plierez le genou devant Dieu afin d'implorer sa miséricorde et de le remercier pour sa grâce manifestée en Jésus-Christ.

Après trois affirmations sur l'Esprit de Dieu, maintenant voyons trois remarques générales sur l'œuvre de l'Esprit Saint.

Le Saint-Esprit poursuit l'œuvre trinitaire

L'œuvre du Saint-Esprit doit être vue dans la perspective de l'œuvre du Dieu trinitaire. La Pentecôte n'est pas un évènement indépendant de ce qui l'a précédé. Elle se situe à un moment particulier de l'histoire du salut. L'Esprit de Dieu est à l'œuvre depuis la création : il était là avec le Père et la Parole lors de la création ; c'est lui qui ensuite qualifia ceux que Dieu appela à son service dans l'Ancien Testament ; c'est lui qui inspira les prophètes ; c'est lui qui doua les apôtres et les inspira aussi pour écrire le Nouveau Testament ; c'est ce même Esprit qui équipa notre Seigneur Jésus-Christ pour son ministère. Luc 4:18 cite d'ailleurs une prophétie de l'Ancien Testament que Jésus s'attribue : « L'Esprit du Seigneur est sur moi… »

L'Esprit de Dieu vient en accomplissement des prophéties de l'Ancien Testament comme celle d'Ezéchiel 37:14 : « Je mettrai mon Esprit en vous et vous vivrez ». C'est aussi ce que dit l'apôtre Pierre dans Actes 2:16 où il cite la prophétie de Joël qui annonce: «Je répandrai de mon Esprit sur toute chair.»

La mission principale du Saint-Esprit, en accomplissement des prophéties de l'Ancien Testament, est d'enseigner et de rappeler ce que Jésus-Christ a dit *(Jn 14:26)*, de rendre témoignage au Christ. L'Esprit ne vient pas pour parler de lui-même *(Jn 15:26)*.

L'Esprit Saint ne peut pas être considéré indépendamment du Père et du Fils. Il est impossible qu'il se trouve en contradiction avec l'un ou avec l'autre, il est donc impossible qu'il vous dise de faire quelque chose qui soit contraire à l'Evangile, au caractère de Dieu. Pour être conduit par l'Esprit de Dieu, il est donc nécessaire d'avoir une bonne connaissance de la Parole de Dieu parce que l'Esprit de Dieu n'agit jamais contrairement à la Parole. La responsabilité de l'Esprit Saint est d'appliquer au chrétien tous les bienfaits que Christ a acquis par sa mort sur la croix en lui rappelant et en lui expliquant tous les bienfaits de l'œuvre de Christ. Soyez donc sur vos gardes s'il vous arrive d'entendre un discours attribué au Saint-Esprit et qui ne glorifie pas Christ et son œuvre. Un tel enseignement ne peut pas venir de l'Esprit de Dieu.

Le Saint-Esprit habite le croyant

L'Esprit poursuit l'œuvre du Dieu trinitaire en transformant le cœur de l'homme et en le faisant grandir dans la vie nouvelle en conformité à Jésus-Christ. Selon 2 Corinthiens 3:18: «Nous tous, qui le visage dévoilé, reflétons comme un miroir la gloire du Seigneur, nous sommes transformés en la même image, de gloire en gloire, comme par le Seigneur, l'Esprit.» Le Saint-Esprit accomplit cette œuvre en venant habiter dans le cœur même du croyant, en faisant sa demeure dans son corps et son esprit, de telle sorte que maintenant, celui qui a été transformé par l'Esprit de Dieu ne s'appartient plus, mais appartient à Dieu *(cf. 1 Co 6:19, 20)*. Nous comprenons là tout le sérieux d'une conversion chrétienne. Ce n'est pas une décision personnelle, l'envie de prendre de bonnes résolutions ou de changer de style de vie ! C'est une naissance nouvelle.

L'Esprit que nous venons de décrire, cet Esprit personnel, divin et saint, fait réellement sa demeure en moi, voilà pourquoi il est si grave et même impensable pour un chrétien de demeurer dans le péché ou de ne pas être attristé par son péché. Si une attitude de repentance et de contrition ne nous anime pas devant notre péché, cela démontre que nous n'avons pas compris quelle est la nature de celui qui nous a régénérés et qui habite en nous. Il est grave d'attrister le Saint-Esprit.

Le Saint-Esprit prend soin du croyant

Enfin, la Parole de Dieu nous enseigne que l'Esprit prend soin de nous. Voici la promesse de Jésus à ses disciples en Jean 14:16-18 : «Je prierai le Père, et il vous donnera un autre Consolateur qui soit éternellement avec vous… Je ne vous laisserai pas orphelins.» Soulignons deux mots importants dans ce passage : «consolateur» et «orphelin».

Un orphelin, dans la Parole de Dieu, est un être sans défense, sans protection, vulnérable à toutes sortes d'attaques extérieures. Ainsi, les paroles de Christ peu avant sa mort, sa résurrection et son départ vers la gloire, sont l'assurance qu'il ne laissera pas les siens sans protecteur.

«Consolateur» est un mot difficile à traduire, il signifie : appelé à côté, défenseur, avocat ; mais aussi : aide, conseiller, soutien, quelqu'un qui console.

Ainsi, alors que le chrétien pourrait se sentir abandonné, sans défense dans le monde, Dieu lui a donné un autre Consolateur, qui connaît tous ses besoins et qui lui applique la victoire du Christ afin qu'il soit à même de résister au diable.

Beaucoup l'oublient et regardent la vie chrétienne comme s'il était impossible de résister aux tentations et au péché qui nous assaillent, comme s'il était impossible de faire face au monde qui cherche à nous opprimer. Mais quand la tentation, l'oppression ou la persécution sont là, souvenez-vous que Christ a placé son Esprit en vous. Douter de la possibilité de résister au péché, douter de la victoire dans la situation dans laquelle vous vous trouvez, c'est douter de la promesse du Seigneur, c'est douter de la puissance de l'Esprit Saint.

Déjà tout au long de l'histoire de l'Ancien Testament, le Saint-Esprit est la personne de la trinité par laquelle Dieu donne au croyant, et à son peuple, tous les biens dont ils ont besoin. C'est lui qui qualifia Bethsalel avec d'autres, pour accomplir tout l'ouvrage dans le tabernacle; c'est lui qui qualifia les apôtres pour être ses témoins *(Ac 1:8)*; et c'est ce même Esprit qui donne à tout chrétien ce dont il a besoin pour sa marche quotidienne encore aujourd'hui.

L'Esprit est la personne même de Dieu, il est saint et c'est lui qui équipe parfaitement ses enfants et son Eglise pour leur marche dans ce monde. Alors n'oubliez pas cette vérité quand vous êtes face à la tentation, ou que vous êtes découragés. Méditez sur l'Esprit de Dieu qui habite en vous et que Dieu vous a donné. Quand vous pensez que l'ennemi va triompher de vous, pensez à l'Esprit Saint, troisième personne de la sainte Trinité qui a fait sa demeure en vous et glorifiez Dieu dans votre corps et votre esprit qui appartiennent à Dieu comme Paul nous exhorte à le faire.

Chapitre 13 : Le libre arbitre*

Proverbes 1:23-33 ; Matthieu 12:33-37

Jusqu'ici nous avons vu que l'Esprit Saint est la personne de la Trinité qui applique le salut au croyant. Ce salut est accompli par le Fils, en conformité au plan établi de toute éternité par le Père. L'Esprit est celui qui transforme le croyant et prend soin du peuple de Dieu. C'est aussi grâce à l'Esprit que nous ne sommes plus orphelins, selon la promesse du Seigneur Jésus-Christ à ses disciples.

Pour continuer notre réflexion, il faut maintenant nous demander à quel moment l'Esprit vient habiter dans le cœur de l'homme. Est-ce une fois que l'homme s'est tourné tout seul vers Dieu ou, au contraire, est-ce l'Esprit qui est l'auteur de la décision qui se passe dans le cœur de l'homme ? C'est ce que la théologie et les Confessions de Foi appellent le « libre arbitre » ou la volonté libre de l'homme. Nous nous poserons donc six questions en rapport à cette doctrine.

Qu'est-ce que la doctrine du libre arbitre ?

Voici la définition qu'en donnait un contemporain de Luther, Erasme de Rotterdam, fervent défenseur de cette doctrine : « Le libre arbitre c'est la force de la volonté humaine grâce à laquelle l'homme peut s'attacher aux choses qui conduisent au salut éternel ou s'en détourner. » En d'autres termes, le libre arbitre c'est la capacité qu'aurait l'homme en lui-même, indépendamment de l'œuvre de l'Esprit de Dieu, de choisir Dieu, de s'attacher à lui ou, au contraire, de s'en détourner.

Cette doctrine du libre arbitre a été réfutée et combattue dès les premiers siècles et tout au long de l'histoire de l'Eglise. Mais malheureusement elle refait sans cesse surface, quoique prenant parfois des formes différentes.

Au Ve siècle, Augustin défendait la grâce souveraine de Dieu et s'opposait à Pélage qui fut, en quelque sorte, le père de cette doctrine du libre arbitre; Luther, le grand réformateur de l'Allemagne s'inscrit dans la droite ligne d'Augustin en défendant cette doctrine de la grâce souveraine contre Erasme. Luther écrivit un important ouvrage intitulé le *Traité du serf arbitre* (c'est-à-dire de l'homme esclave), que l'on peut encore lire en français aujourd'hui. De même, les réformateurs qui suivirent Luther ont tous défendu la doctrine de la grâce souveraine de Dieu en combattant la doctrine du libre arbitre. Whitefield s'est opposé à Wesley et plus près de nous encore, Spurgeon*, César Malan*, Adolphe Monod* et d'autres encore se sont opposés à la doctrine du libre arbitre.

Pourquoi cette doctrine est-elle si dangereuse? Ne s'agit-il pas tout simplement d'un point de vue différent, d'une accentuation différente d'un point de doctrine par rapport à un autre? Cette doctrine est dangereuse car si vous croyez qu'un pour cent, même un seul pour cent du salut vient de l'homme, le salut n'est plus une grâce mais une œuvre, un dû.

Si un pour cent de votre salut vient de vous, où sera votre confiance? Elle sera en vous et non dans la grâce de Dieu. Si un seul pour cent du salut vient de vous, vous perdez toute assurance car il suffirait que ce pourcentage vous fasse défaut pour perdre votre salut.

D'autre part, si une part du salut vient de l'homme, où sera votre confiance lorsque vous annoncerez l'Evangile au pécheur rebelle? Elle sera en lui, dans sa volonté et non plus en Dieu. Parce que vous penserez qu'il a la capacité de venir de lui-même à Dieu et vous aurez tendance à utiliser toutes sortes de moyens, d'ambiance, de manipulations séductrices pour arracher une décision à cette volonté libre de l'homme.

Ce danger est si grand que Luther allait jusqu'à dire que si quelqu'un attribuait, ne serait-ce que la plus petite part de son salut au libre arbitre de l'homme, cette personne ne connaissait rien de la grâce et n'avait pas connu la vérité de Dieu.

Ainsi, nous ne voulons pas exposer la doctrine du libre arbitre mais la réfuter parce que, justement, elle a été réfutée tout au long des siècles par l'Eglise fidèle. C'est ce que nous ferons par les questions suivantes afin de développer une pensée juste, une pensée biblique, sur la liberté et la volonté de l'homme.

L'homme a-t-il une volonté?

Oui bien sûr. Ne pas enseigner le libre arbitre ne veut pas dire que l'homme n'a pas de volonté. De nombreux textes bibliques, le prouvent.

Tout d'abord nous voyons que la Parole de Dieu contient des commandements, des impératifs qui s'adressent à la volonté de l'homme. Dans Deutéronome 30:19 par exemple, Moïse qui vient d'exposer des bénédictions et des malédictions de Dieu au peuple, l'appelle maintenant: «Choisis la vie, afin que tu vives, toi et ta descendance»; un peu plus tard, lors de l'entrée dans la terre promise, Josué répète l'exhortation: «Choisissez aujourd'hui qui vous voulez servir» *(Jos 24:15)*.

Dans un sens on peut dire que l'acceptation de l'Evangile aussi est une question de volonté qui implique un choix. Nous trouvons dans la bouche de notre Seigneur des impératifs tels que: «venez», «prenez garde», «choisissez», «si quelqu'un a soif qu'il vienne à moi et qu'il boive»; de même, l'apôtre Pierre appelle ses auditeurs à la repentance, il les place devant le choix de se détourner du mal et du péché.

L'homme a donc une volonté et une liberté de choix, c'est lui qui choisit les mots qu'il emploie, les pensées qui occupent son esprit, les actes qu'il accomplit; il est libre de manger ce qu'il préfère. Vous êtes libres de rentrer chez vous par le chemin que vous décidez et cette volonté, cette liberté de choix, fait de vous un être responsable devant Dieu. Vous n'êtes pas un robot, un simple animal, qui n'a aucune responsabilité devant Dieu.

A cause de cette volonté libre vous êtes responsables de vos actes devant Dieu et il vous en demandera des comptes. Selon Matthieu 12:36-37 : «Je vous le dis, au jour du jugement les hommes rendront des comptes de toutes paroles vaines qu'ils auront proférées, car par tes paroles tu seras justifié et par tes paroles tu seras condamné.» Dieu jugera les hommes en fonction du choix de leurs paroles et notre Seigneur déclare aux Pharisiens : «Vous ne voulez pas venir pour avoir la vie» *(Jn.5:40)*. Les Pharisiens ont une volonté, et s'ils n'ont pas la vie c'est qu'ils ne veulent pas venir à Christ.

Le texte des Proverbes 1:26, entre autres, souligne la même vérité. Quand le jugement divin viendra, Dieu se moquera de ceux qui n'ont pas voulu écouter ses réprimandes, il les condamnera à cause de leur volonté de se détourner de lui.

Ainsi, la volonté de l'homme et sa responsabilité vont de pair. Votre responsabilité aujourd'hui c'est d'écouter les appels que vous adresse l'Ecriture et venir à Christ pour avoir la vie. Si vous êtes incroyants, ces mots devraient sans cesse résonner dans votre esprit. Venez, convertissez-vous, repentez-vous, choisissez la vie, car c'est en fonction de votre réponse à de telles paroles que le jugement de Dieu s'exercera.

L'homme a donc une volonté, mais est-elle neutre ?

La volonté de l'homme est-elle neutre ?

Certains imaginent l'homme pécheur sur la ligne frontière entre deux pays en guerre. Il agite son pavillon blanc entre les tirs croisés des miliciens des deux pays. Ils imaginent que cet homme est libre de choisir de quel côté il veut se réfugier. Mais cette image en est une fausse, elle ne représente pas la réalité concernant l'homme pécheur.

Matthieu 12:33-35 nous montre que les actions de l'homme ne sont pas neutres mais proviennent de ce qui se trouve au plus profond de son être. «Dites que l'arbre est bon et que son fruit est bon, ou dites que l'arbre est mauvais et que son fruit est mauvais, car on connaît l'arbre à son fruit.» L'arbre produit du fruit en fonction de sa nature. Puis au verset 34: «Race de vipères comment pourriez-vous dire de bonnes choses, mauvais comme vous l'êtes car c'est de l'abondance du cœur que la bouche parle.» La même idée est exprimée ici: les mots qui sortent de votre bouche révèlent la nature de votre cœur. Il y a un lien entre le fruit de votre bouche et la nature de votre cœur. La troisième illustration qui enseigne la même vérité se trouve au verset 35: «L'homme bon tire du bien de son bon trésor et l'homme mauvais tire du mal de son mauvais trésor.» Ici à nouveau, c'est la qualité du trésor qui révélera la qualité de ce qui en sortira. On ne sort pas de l'or d'une poubelle mais plutôt d'un coffre-fort.

Ainsi, le principe que nous trouvons énoncé à trois reprises, c'est que la nature de l'homme détermine ses envies, ses choix, ses paroles. Si sa nature est bonne, il produira de bons fruits, de bonnes paroles, un bon trésor; mais si sa nature est mauvaise, ses fruits seront pourris, ses paroles seront méchantes et, au lieu de l'or, il ne produira que des scories. L'homme ne subit pas de contrainte extérieure. Son corps ne l'empêche pas d'accomplir le bien, mais sa nature profonde détermine le choix de sa volonté.

Prenons l'exemple de Caïn: quand il se trouve devant son frère Abel, il n'est contraint par aucune force extérieure de le tuer. Son corps n'est pas trop faible pour résister à la pulsion meurtrière qui l'anime, mais sa nature morale d'être pécheur, sa nature corrompue par le péché l'incite à tuer son frère malgré l'appel que Dieu lui adresse: «Si tu agis bien tu relèveras la tête, mais si tu n'agis pas bien, le péché est tapi à ta porte, et ses désirs se portent vers toi: mais toi, domine sur lui» *(Gn 4:7)*.

La volonté de l'homme peut être comparée à un cheval dont le cavalier serait la nature. Si cette bête de selle est montée par un bon cavalier elle ira dans la bonne direction, par contre, si elle est montée par un mauvais cavalier, elle ira dans une mauvaise direction. Ainsi la volonté de l'homme n'est pas libre parce que sa nature est corrompue par le péché.

L'homme pécheur veut-il de lui-même choisir ce qui plaît à Dieu ?

Pour répondre à cette question, il faut tout d'abord définir dans quel état se trouve la nature de l'homme pécheur, c'est pourquoi nous examinerons ce que la Parole de Dieu en dit.

Romains 5:6 : «Car, lorsque nous étions encore sans force, Christ, au temps marqué, est mort pour des impies.» L'homme pécheur est sans force, c'est un impie.

Romains 8:7 : «Car les tendances de la chair sont ennemies de Dieu, parce que la chair ne se soumet pas à la loi de Dieu, elle en est même incapable.» La chair, ici, fait référence à la nature pécheresse. Le pécheur est ennemi de Dieu, et non seulement il ne se soumet pas à sa loi, mais en plus il en est incapable.

Romains 3:12 cite l'Ancien Testament qui déclare : «Il n'en est aucun qui fasse le bien, pas même un seul.» L'homme pécheur est opposé au bien.

Jean 8:34 : «Jésus leur répondit : En vérité, en vérité, je vous le dis, quiconque commet le péché est esclave du péché.» Le pécheur est donc esclave du péché.

1 Corinthiens 2:14 : «Mais l'homme naturel ne reçoit pas les choses de l'Esprit de Dieu car elles sont une folie pour lui, et il ne peut les connaître, parce que c'est spirituellement qu'on en juge.» L'homme naturel, c'est l'homme pécheur. Il ne reçoit pas les choses de l'Esprit de Dieu.

2 Corinthiens 4:4 : «... pour les incrédules dont le dieu de ce siècle a aveuglé les pensées, afin qu'ils ne voient pas resplendir le glorieux Evangile du Christ, qui est l'image de Dieu.» L'homme incrédule, pécheur, a les pensées aveuglées au point d'être incapable de voir resplendir le glorieux Evangile de Dieu.

Colossiens 2:13 : «Vous qui étiez morts par vos offenses et par l'incirconcision de votre chair, il vous a rendus à la vie avec lui.» L'homme pécheur est mort par ses offenses...

Il n'est pas besoin de chercher d'autres preuves. Le bilan biblique sur la nature de l'homme pécheur est assez clair : il est totalement incapable par lui-même de discerner le glorieux

Evangile de Dieu, de recevoir les choses de l'Esprit de Dieu, de venir à Christ, de se repentir et de se détourner de son péché et d'aimer la loi de Dieu. Sa volonté demeure libre, mais il ne peut pas s'approcher de Dieu parce que sa nature ne le lui permet pas.

Il est donc impossible de compter sur votre nature d'homme pécheur pour récolter des fruits spirituels, parce qu'elle est incapable d'en produire. Votre volonté ne peut pas d'elle-même choisir ce qui plaît à Dieu. Pourtant, cela ne veut pas dire qu'il n'y a pas d'hommes pécheurs qui fassent de bonnes actions! Ces actions sont bonnes à vue humaine, mais elles sont en abomination aux yeux de Dieu car elles n'émanent pas d'un cœur régénéré, transformé par Dieu. Les prophètes de l'Ancien Testament nous enseignent que Dieu ne peut pas agréer les sacrifices d'un peuple dont le cœur est éloigné de lui.

Arrivés à ce point, nous pouvons nous poser une question légitime: «Dieu n'est-il pas cruel en appelant à l'obéissance des hommes qui, par leur nature, ne peuvent pas satisfaire à ses exigences?»

A quoi servent tous les appels bibliques adressés à la volonté de l'homme?

L'homme déchu ne peut pas obéir à Dieu, mais les commandements divins nous révèlent la volonté de Dieu à son égard. Ils sont la volonté révélée, ou la volonté préceptive de Dieu, par laquelle il nous révèle qui il est, par laquelle il nous décrit son caractère saint et ce qu'il exige de ceux qui se tiennent en sa présence. Il serait possible de dire que Dieu est cruel s'il n'avait pas créé l'homme capable d'accomplir ses exigences.

Prenons une illustration: voici un père qui se promène dans la campagne avec son jeune fils; ils arrivent près d'un ruisseau trop large pour que l'enfant puisse l'enjamber. Le père ordonne à son fils de sauter, d'enjamber ce ruisseau tout en sachant très bien que l'enfant est trop petit pour atteindre l'autre rive. Ce père est cruel car il exige ce qui est hors des capacités de son fils.

Mais Dieu n'agit pas ainsi. Avant la chute, ses ordres n'étaient pas au-delà de la portée de l'homme qu'il avait créé. Ecclésiaste 7:29 nous dit: «Dieu a fait les hommes droits, mais ils ont cherché bien des subtilités.»

Une fois le péché entré dans le monde, l'utilité du commandement n'est pas de nous laisser croire que nous pouvons nous sauver par nous-mêmes, que nous pouvons enjamber le ruisseau – si cela était possible nous n'aurions pas besoin d'un sauveur – mais de nous révéler notre incapacité et de nous attirer à lui. Il veut nous amener à désespérer de nous-mêmes, et à attendre un salut extérieur, un salut qui vient de lui.

Ce désespoir est le premier pas vers la conversion chrétienne. Il nous pousse à rechercher la délivrance en dehors de nous, tout comme le petit garçon de l'histoire qui, lorsqu'il se rend compte qu'il est incapable de sauter, demande à son père de le prendre dans ses bras pour enjamber le ruisseau et être ainsi capable d'obéir à son ordre.

Les exhortations, les commandements de l'Ecriture, sont donc utiles et utilisés par l'Esprit de Dieu pour nous conduire à Christ, sans lequel nous ne pouvons rien faire. C'est pourquoi nous ne devons pas avoir peur dans la prédication, dans notre témoignage, de nous adresser directement à la volonté de l'homme, au moyen des versets bibliques appropriés, tout en sachant que l'Esprit de Dieu les emploiera pour faire naître des pécheurs à la vie nouvelle en leur montrant leur incapacité à se sauver par eux-mêmes, même si certains resteront sourds à notre appel.

Où se trouve le seul espoir de l'homme pécheur?

Nous l'avons vu, il ne se trouve pas dans sa nature puisqu'elle est pécheresse et ne peut recevoir les choses de Dieu; il ne se trouve pas dans sa volonté puisqu'elle est gouvernée par cette nature pécheresse et que, par conséquent, elle ne peut pas choisir de venir à Dieu.

Le seul espoir de l'homme pécheur se trouve donc en Dieu, Père, Fils et Saint-Esprit. C'est ce que notre Seigneur dit aux disciples dans Matthieu 19:25, 26 : «Les disciples, entendant cela, étaient très étonnés. Ils dirent : Qui peut donc être sauvé ? Jésus les regarda et leur dit : Aux hommes, cela est impossible, mais à Dieu, tout est possible.» C'est Dieu qui sauve gratuitement, comme le dit l'apôtre Paul aux Romains : «Ils sont gratuitement justifiés par sa grâce, par le moyen de la rédemption qui est dans le Christ-Jésus» *(Rm 3:24)*.

L'Esprit de Dieu transforme l'homme pécheur, il lui donne une nature nouvelle qui aspire à venir à Christ, à choisir la vie, à l'embrasser comme Seigneur et Sauveur. Cette nouvelle nature le pousse à se détourner du péché et à marcher en nouveauté de vie. L'œuvre de l'Esprit est donc première dans la vie du croyant. Elle précède toute démarche, toute tentative humaine pour s'approcher de Dieu.

Vous connaissez tous des personnes bornées et têtues autour de vous, des personnes qui refusent l'Evangile. Y a-t-il un espoir pour elles ? Non, si nous regardons à leur volonté, mais ce n'est pas là qu'il faut regarder ! Pensez à la grâce du Dieu tout puissant : oui, il y a de l'espoir si nous regardons à l'Eternel car il peut changer les cœurs les plus rebelles. L'apôtre Paul en est un exemple.

D'autre part, Jacques 1:18 nous montre bien que le salut vient de la volonté de Dieu : «Il nous a engendrés selon sa volonté, par la parole de vérité». Nous devons donc prêcher l'Evangile en nous attendant à la puissance de l'Esprit de Dieu qui se sert de ce moyen pour transformer les cœurs. C'est ce qui s'est passé à Thessalonique : «Nous savons, frères bien-aimés de Dieu, que vous avez été élus, car notre Evangile n'est pas venu jusqu'à vous en paroles seulement mais aussi avec puissance, avec l'Esprit Saint et une pleine certitude» *(1Th 1:4)*. La prédication, quand Dieu le veut, est accompagnée de la puissance de l'Esprit Saint. Elle produit du fruit. Voyez le fruit d'une telle prédication, au même chapitre, versets 9 et 10 : «On raconte, à notre sujet, quel accès nous avons eu auprès de vous, et comment vous vous êtes convertis à Dieu, en vous détournant des idoles pour servir le Dieu vivant et vrai, et pour attendre des cieux son Fils qu'il a ressuscité d'entre les morts, Jésus, qui nous délivre de la colère à venir.»

Prêchons l'Evangile en comptant sur la puissance de Dieu. Ne cherchons pas à séduire l'homme pécheur par toutes sortes d'artifices, de sentimentalisme, de pirouettes qui cacheraient certains aspects de l'Evangile. Non, prêchons celui-ci tel qu'il est parce que c'est l'Esprit qui agit.

Que faire encore? Prions afin que notre prédication et notre témoignage soient accompagnés de cette puissance divine.

Pour vous qui êtes inconvertis, comprenez alors que je n'ai pas d'autre appel à vous adresser que ceux de l'Ecriture : Venez, venez à la source, venez à Christ et désaltérez-vous en lui ; choisissez la vie, repentez-vous, détournez-vous du mal et croyez au Fils de Dieu. Et je peux vous assurer que si vous venez à lui, il ne vous mettra pas dehors car c'est lui-même qui attire le pécheur. Vous découvrirez la réalité du salut telle qu'elle est décrite dans la Parole de Dieu, vous découvrirez la réalité du salut par grâce tel que Paul et toute l'Eglise fidèle l'a prêchée au travers des siècles.

«C'est par la grâce que vous êtes sauvés, par le moyen de la foi, et cela ne vient pas de vous c'est le don de Dieu. Ce n'est pas par les œuvres afin que personne ne se glorifie» *(Eph 2:8-9)*.

Chapitre 14 : L'appel efficace

Jean 6:60-65 ; 1 Thessaloniciens 1:2-5 et 2:13

Bien que la conversion ne soit qu'un seul événement instantané, nous sommes obligés de le découper en plusieurs sujets et de les traiter séparément, afin de bien comprendre ce qui se passe.

C'est ce que nous avons entrepris au chapitre précédent, en étudiant la question du «libre arbitre». Nous avons considéré le statut de l'homme au moment où il entend l'Evangile : il est coupable devant Dieu et incapable de venir à lui par sa propre volonté, parce que, comme nous l'avons vu, l'homme naturel ne reçoit pas les choses de Dieu, parce qu'il est mort dans ses péchés.

Ainsi, que vous croyiez à la doctrine de l'élection ou que vous cherchiez à la nier, dans votre propre expérience, vous savez que vous êtes venus à Dieu et que tout a changé dans votre vie. Vous avez vu aussi des morts spirituels revenir à la vie alors qu'auparavant ils étaient indifférents à l'Evangile. Comment cela est-il possible ?

C'est à cause de la doctrine de «l'appel efficace» que nous allons aborder maintenant.

Comment Dieu appelle-t-il au salut ?

Dieu appelle au salut par la prédication, la proclamation de l'Evangile. C'est la parole prêchée que Dieu va employer pour sauver. Comprenons par «parole prêchée» la Parole de Dieu annoncée au sens large, non seulement prêchée du haut de la chaire le dimanche matin, mais aussi proclamée lors d'une étude biblique avec votre collègue de travail, ou lorsque vous ouvrez la Bible avec vos enfants pendant le culte de famille.

Dieu appelle au salut par la proclamation de la Parole de Dieu, et l'utilisation de cette Parole en vue du salut est une constante dans l'enseignement de l'Ecriture.

Pensez à l'eunuque éthiopien, comment crut-il? Lorsque Philippe monta à ses côtés sur son char et lui annonça la bonne nouvelle de Jésus-Christ à partir du prophète Esaïe. De même, à la Pentecôte, c'est par la Parole proclamée par Pierre que les gens furent touchés. Maintenant considérons Paul à Thessalonique, c'est par la prédication de l'Evangile que, malgré les remous, l'opposition et les émeutes, certains des auditeurs crurent.

L'apôtre Paul souligne cette vérité dans Romains 10:17: «Ainsi la foi vient de ce qu'on entend, et ce qu'on entend vient de la Parole du Christ.» Pourquoi la foi vient-elle de la Parole proclamée? Parce que Dieu l'a voulu ainsi. Paul nous le rappelle dans 1 Corinthiens 1:21: «Car puisque le monde, avec sa sagesse, n'a pas connu Dieu dans la sagesse de Dieu, il a plu à Dieu de sauver les croyants par la folie de la prédication.»

C'est le moyen choisi et institué par Dieu pour rassembler tous ses élus, pour révéler sa sainteté, son caractère, sa compassion et annoncer le message du salut. Il est important que vous vous rappeliez cette vérité aujourd'hui, car certains vous diront qu'ils évangélisent par les mimes, ou par des manifestations miraculeuses, c'est faux! C'est par la proclamation de la Parole de Dieu qu'on évangélise et que Dieu sauve.

D'autres vous diront qu'ils se sont convertis à Jésus-Christ sans jamais avoir entendu l'Evangile, c'est faux! C'est une fausse conversion, parce que c'est par la proclamation de sa Parole que Dieu a décidé de sauver les élus.

Dieu appelle donc au salut par la folie de la prédication. Mais lorsque nous prêchons, que constatons-nous? Tous répondent-ils à l'Evangile? Non, pas du tout. Nous constatons, au contraire, que l'Evangile divise: certains se fâchent ou restent indifférents, alors que d'autres se repentent.

Ainsi, si certains répondent favorablement et si d'autres s'endurcissent dans la rébellion, l'Evangile n'est-il pas assez puissant? En aucun cas, il a la même puissance pour tous et Christ est offert de la même manière à tous, sans exception, par le prédicateur. Existe-t-il alors une différence dans la dureté du cœur de ceux qui écoutent? Pas du tout, car nous l'avons vu, tous sont morts! Certains sont peut-être de plus grands pécheurs que d'autres, de même que dans un cimetière on voit des tombes plus grandes que d'autres, néanmoins tous ceux qui y sont ensevelis sont morts!

Alors pourquoi certains viennent-ils au salut et pas les autres? Nous devons distinguer entre un appel général adressé à tous les hommes par la prédication de l'Evangile et un appel efficace pour le salut des élus. C'est ce que Matthieu 22:14 nous enseigne : «Car il y a beaucoup d'appelés, mais peu d'élus.»

Une grande foule entend l'Evangile mais peu viennent réellement au salut parce que tous n'entendent pas l'appel de Dieu lorsque l'Evangile est prêché. La différence entre celui qui s'endurcit et celui qui vient à la repentance provient de l'œuvre de l'Esprit de Dieu dans le cœur. Le Saint-Esprit se sert de la prédication pour accomplir une œuvre puissante dans le cœur d'une partie des auditeurs, selon les paroles de Paul dans 1 Thessaloniciens 1:5 : «Car notre Evangile n'est pas venu jusqu'à vous en paroles seulement, mais aussi avec puissance, avec l'Esprit Saint et une pleine certitude.»

Parfois, la prédication peut paraître extraordinaire, et en fin de compte elle ne produit aucun effet, alors que d'autres fois, quelques mots maladroits peuvent conduire au salut! Ceci parce que c'est Dieu qui appelle au salut par le Saint-Esprit.

Nous sommes donc encouragés à témoigner, même s'il nous arrive de ne pas dire les choses exactement comme il faudrait les dire, car c'est l'Esprit de Dieu qui emploie nos paroles, lorsque nous proclamons l'Evangile, pour faire naître à la vie nouvelle. La Parole devient si puissante entre les mains de l'Esprit, que 1 Pierre 1:23 affirme : «Vous avez été régénérés, non par une semence corruptible, mais par une semence incorruptible, par la parole vivante et permanente de Dieu», de même que Jacques 1:18: «Il nous a engendrés selon sa volonté, par la Parole de vérité, afin que nous soyons en quelque sorte les prémices de ses créatures».

C'est l'Esprit qui donne la vie et nous fait vivre, selon ce que dit l'Ecriture en Jean 6:63: «C'est l'Esprit qui vivifie. La chair ne sert de rien. Les paroles que je vous ai dites sont Esprit et vie.» Mais pour le faire l'Esprit emploie la Parole, la rendant puissante et agissante dans le cœur.

Voilà pourquoi il est grave de négliger la Parole de Dieu, de raccourcir de plus en plus la prédication dans le culte pour la remplacer par d'autres éléments, parce que c'est par elle que l'Esprit agit. Voilà pourquoi il est aussi grave de supprimer la lecture des textes bibliques dans le culte et la lecture de la Bible dans vos foyers, avec vos enfants. Voilà pourquoi il est grave de ne pas assister au culte ou de déserter les études bibliques: parce que c'est la Parole de Dieu que l'Esprit de Dieu utilise pour régénérer, pour appeler efficacement au salut, pour amener à Dieu et faire grandir dans la vie chrétienne.

L'Esprit convainc de péché et de misère. C'est ce que nous constatons après la prédication de Pierre à la Pentecôte, Actes 2:37: «Après avoir entendu cela, ils eurent le cœur vivement touché, et ils dirent à Pierre et aux autres apôtres: Frères, que ferons-nous? Pierre leur dit: Repentez-vous, et que chacun de vous soit baptisé au nom de Jésus-Christ, pour le pardon de vos péchés; et vous recevrez le don du Saint-Esprit.»

Ainsi quand l'Esprit agit dans un cœur, il le convainc de péché. Voilà un homme orgueilleux, un propre juste, comme le Pharisien de la parabole. Un jour, il écoute la proclamation de la Parole et le voilà repentant. Il se frappe la poitrine en criant: «Sois apaisé envers moi qui suis pécheur» comme le péager. Pourquoi un tel changement? Parce que l'Esprit de Dieu lui a révélé sa misère en se servant de l'Ecriture pour le convaincre de son péché. L'Esprit illumine aussi son intelligence, car elle était obscurcie. Il n'arrivait pas à voir la beauté de l'Evangile. En fait, il considérait l'Evangile comme une folie, parce qu'il était aveugle spirituellement. Mais, tout à coup il peut dire: «J'étais aveugle et maintenant je vois.» Pourquoi? Tout simplement parce que l'Esprit de Dieu, au moyen de la Parole, a fait resplendir dans son cœur la grandeur de l'œuvre du Sauveur comme l'apôtre Paul le décrit dans 2 Corinthiens 4:3-6: «Si notre Evangile est encore voilé, il est voilé pour ceux qui périssent; pour les incrédules dont le dieu de ce siècle a aveuglé les pensées, afin qu'ils ne voient pas resplendir le glorieux Evangile du Christ, qui est l'image de Dieu. Nous ne nous prêchons pas nous-mêmes; c'est le Christ Jésus, le Seigneur, que nous prêchons, et nous nous disons vos serviteurs à cause de Jésus. Car Dieu qui a dit: La lumière brillera du sein des ténèbres! a brillé dans nos cœurs pour faire resplendir la connaissance de la gloire de Dieu sur la face de Christ.»

Ainsi l'Esprit convainc, il illumine l'intelligence, puis il renouvelle la volonté. Que se passait-il chez cet homme orgueilleux mentionné plus haut? Il vivait loin de Dieu sans se soucier d'obéir à la loi de Dieu (il en était même incapable), il ne vivait que pour lui-même, pour ses propres intérêts, pour son travail, sa voiture, etc. Mais tout à coup quand l'Esprit agit en lui, il voit la beauté des préceptes et des ordonnances de l'Evangile et il commence à obéir, à se soumettre de tout cœur. Pourquoi? Parce que l'Esprit de Dieu renouvelle sa volonté et lui donne le désir de faire ce dont il était incapable auparavant. C'est ce qu'Ezéchiel annonçait en Ezéchiel 36:27: «Je mettrai mon Esprit en vous et je ferai que vous suiviez mes prescriptions, et que vous observiez et pratiquiez mes ordonnances.» Dieu intervient de telle façon que cet homme obéisse à ses ordres volontairement.

Nous avons vu que l'Esprit convainc de péché, illumine l'intelligence, renouvelle la volonté. Il rend également capable d'aimer. Il transforme les sentiments de cet homme. Il se moquait et injuriait Dieu, il bafouait les chrétiens, mais maintenant il veut aimer ce Seigneur, parce que l'Esprit de Dieu a créé en lui de nouveaux sentiments. C'est ce que nous enseigne la

Parole dans 1 Pierre 1:8: «Vous l'aimez sans l'avoir vu. Sans le voir encore, vous croyez en lui et vous tressaillez d'une allégresse indicible et glorieuse.»

Voilà donc comment Dieu appelle efficacement ses enfants au salut.

Quel est le résultat de cet appel?

Jusqu'ici, le pécheur dont nous avons parlé est demeuré passif. C'est l'Esprit qui a agi: c'est l'Esprit de Dieu qui l'a transformé, qui l'a régénéré; c'est l'Esprit de Dieu, au moyen de la Parole, qui a fait de lui une nouvelle création.

Mais que va faire cet homme maintenant qu'il entend l'appel de l'Evangile? Va-t-il refuser de venir comme il le faisait auparavant? Va-t-il se détourner du Seigneur qui est dépeint à ses yeux? Continuera-t-il à marcher dans ses péchés alors que le message de l'Evangile lui est révélé? Non, il va venir et s'approcher du Sauveur, avec joie et de tout cœur. Il va le remercier pour un salut aussi magnifique et placer toute sa confiance en lui pour être pardonné de son péché. Mais est-il contraint de venir? Si vous le lui demandez, il répondra que non! Pourtant auparavant il ne voulait pas venir. Alors qu'est-ce qui a changé? L'Esprit de Dieu a changé sa nature, il l'a transformé et lui a donné un cœur nouveau, un cœur qui n'a plus les mêmes désirs qu'auparavant.

A ceux qui diront: «Dieu est injuste, qu'adviendrait-il d'un homme qui veut venir à lui mais qui est refusé parce qu'il n'est pas élu?» Mes chers amis un tel homme n'existe pas, car l'homme naturel ne reçoit pas les choses de l'Esprit de Dieu. A ceux qui vous diront: «Est-il possible que quelqu'un doive venir à Dieu contre sa volonté?» Vous pouvez répondre que Dieu ne force personne. On n'entre pas dans le Royaume de Dieu les menottes aux poignets, par contrainte. Dieu n'agit pas ainsi. Par sa Parole et son Esprit il crée une nature nouvelle, avec des désirs nouveaux, voilà la différence.

Que faudrait-il faire pour qu'un lion mange de la paille? Vous pourriez essayer de le persuader par des arguments convaincants que la paille est bonne pour lui, mais vous auriez peu de succès. Par contre, si vous changiez sa nature et lui donniez une nature d'agneau, il se détournerait de lui-même de la viande qu'il aimait et irait librement et de tout cœur vers la paille qu'il détestait auparavant. Il se mettrait à manger de la paille parce que sa nature a été changée. C'est ainsi que Dieu agit en appelant efficacement ses élus au salut.

Deux dangers à éviter

Le premier, c'est de faire de l'intensité de l'expérience religieuse la base de votre foi et de votre assurance. Attention, l'appel efficace et la régénération peuvent prendre des formes aussi différentes que l'accouchement peut varier d'une femme à l'autre. Pour l'un, il faudra un long travail préparatoire de l'Esprit qui durera peut-être des années jusqu'à ce que la naissance nouvelle, la régénération ait lieu; tandis que pour l'autre, tout ira très vite. Pour l'un, cet événement sera émotionnellement très fort, marqué par des pleurs, par une conviction de péché qui le transperce pendant des jours, tandis que pour l'autre, cette expérience sera moins dramatique (bien que, dans tous les cas, la conviction de péché soit obligatoire), mais l'un ne sera pas moins une nouvelle créature que l'autre.

La preuve de la régénération n'est donc pas l'intensité de l'expérience, mais bien la marche fidèle, la foi vivante pratiquée jour après jour, malgré des hauts et des bas, les luttes et les douleurs dans la vie chrétienne. Matthieu 7:21-23 nous avertit qu'on peut vivre des expériences extraordinaires sans pourtant être régénéré: «Quiconque me dit: Seigneur, Seigneur! n'entrera pas forcément dans le royaume des cieux, mais celui-là seul qui fait la volonté de mon Père qui est dans les cieux. Beaucoup me diront en ce jour-là: Seigneur, Seigneur! N'est-ce pas en ton nom que nous avons prophétisé, en ton nom que nous avons chassé des démons, en ton nom que nous avons fait beaucoup de miracles? Alors je leur déclarerai: Je ne vous ai jamais connus; retirez-vous de moi, vous qui commettez l'iniquité.»

Le second danger à éviter, c'est de croire qu'il faut attendre de se savoir appelé efficacement et régénéré, pour se repentir. Quand on prêche les doctrines de la grâce, on rencontre des personnes qui diront: «Je ne veux pas me repentir parce que je ne suis pas sûr d'être élu, d'être appelé efficacement, d'être régénéré. J'attends d'être sûr pour me repentir.»

Cette réponse démontre une mauvaise façon d'aborder le sujet parce que dans la Bible il n'y a aucun témoignage disant qu'un homme ait su qu'il était régénéré avant d'en avoir démontré les fruits.

Si vous attendez d'être sûrs que vous êtes appelés pour vous repentir, vous ne le ferez jamais, parce que vous n'en serez jamais sûrs. Pourquoi? Parce qu'il n'existe pas de signes sûrs de la régénération indépendamment de ceux qui sont manifestés par une vraie repentance, par la foi en Christ, un réel amour pour Dieu, pour son Eglise, pour sa Parole. Ainsi vous attendez une assurance qui ne peut pas être manifestée tant que vous ne vous êtes pas repentis puisque la repentance est la manifestation de cette assurance.

Voulez-vous être sûrs d'être appelés? Repentez-vous et placez votre foi en Christ! C'est là le seul signe qui nous est donné pour l'assurance de notre salut. N'attendez pas passivement que la régénération vienne à vous. La repentance est un commandement pour tous les hommes, Actes 17:30, 31 affirme: «Dieu, sans tenir compte des temps d'ignorance, annonce maintenant à tous les hommes, en tous lieux, qu'ils aient à se repentir, parce qu'il a fixé un jour où il va juger le monde selon la justice, par l'homme qu'il a désigné.»

Si vous ne venez pas à lui aujourd'hui, si vous ne vous repentez pas aujourd'hui, vous serez seuls responsables devant le Seigneur Jésus-Christ.

Chapitre 15 : La conversion

Actes 14:15

Jusqu'ici, nous nous sommes posés la question : comment est-il possible qu'un pécheur aveugle et mort, un cadavre spirituel, puisse entendre l'appel de Dieu et venir au salut ? Nous avons compris que cela est possible à cause d'un miracle de Dieu. C'est lui qui agit dans ses élus au moyen de son Esprit et de sa Parole. C'est par ce moyen qu'il fait de nous de nouvelles créatures, qu'il nous donne une nature nouvelle. Alors qu'autrefois nous étions sans intérêt pour son œuvre, désormais nous venons à Dieu de tout notre cœur grâce à cette nouvelle nature. C'est sur cette venue de l'homme à Dieu que nous allons nous concentrer maintenant. C'est ce que nous appelons plus précisément « la conversion ».

Une définition

Qu'est-ce que la Bible entend par le mot « conversion » ? C'est un terme qui a souvent été galvaudé et mal employé. Au sens littéral une conversion est un demi-tour, un retournement. C'est un mot qui est employé pour une personne qui marcherait dans une direction et qui, à un certain moment, se retournerait. Regardons par exemple Actes 16:18, Paul marche avec d'autres hommes et une femme les suit : « Elle fit cela pendant plusieurs jours. Paul, excédé, se *retourna* et dit à l'esprit... » L'idée évoque donc un arrêt et un demi-tour. On pourrait traduire littéralement : « Paul excédé se *convertit* et dit à l'esprit. »

La conversion est donc un changement radical de direction. Au sens propre pour la marche, mais aussi au sens figuré pour la vie spirituelle. Lisons par exemple Actes 14:15 : «Pourquoi faites-vous cela ? Nous sommes, nous aussi, des hommes de même nature que vous, et nous vous annonçons, comme une bonne nouvelle, qu'il vous faut vous détourner de ces vanités et vous convertir au Dieu vivant qui a fait le ciel…», puis Actes 26:18 : «Afin qu'ils se tournent des ténèbres vers la lumière et du pouvoir de Satan vers Dieu». En d'autres mots, qu'ils changent radicalement d'orientation de vie. Lisons aussi 1 Thessaloniciens 1:9 : «On raconte à notre sujet, quel accès nous avons eu auprès de vous, et comment vous vous êtes convertis à Dieu, en vous détournant des idoles pour servir le Dieu vivant.» La conversion c'est se détourner du mal pour servir Dieu.

Nous comprenons donc qu'une conversion chrétienne nécessite de quitter son ancienne manière de vivre, de penser, son état de rébellion contre Dieu, pour se réorienter vers Dieu, marcher dans sa direction, les yeux fixés sur lui afin de se soumettre à ses ordonnances.

Dans un sens (et je dis bien dans un sens), il est possible de dire que la conversion est un acte de l'homme. Car c'est le moment où le pécheur se détourne de son péché pour se tourner vers Dieu avec confiance, en comptant sur Jésus-Christ seul pour être sauvé.

Comme nous l'avons vu au chapitre précédent, c'est Dieu qui régénère le pécheur, mais c'est le pécheur qui se repent et qui croit. Et ce mouvement vers Dieu est fondamental si nous voulons parler d'une conversion chrétienne. On ne peut pas parler de «conversion» pour une expérience, même religieuse, si elle ne se traduit pas par une réorientation de vie vers Dieu.

Par exemple : Une personne vient vers vous et vous annonce quelle s'est convertie mais vous constatez que rien n'a changé dans sa vie : elle continue à vivre pour ses propres intérêts comme auparavant. Elle ne s'occupe pas de Dieu, ni de sa Parole et ne cherche pas à obéir à ses commandements, à se soumettre à sa volonté. Vous pouvez répondre à une telle personne qu'elle n'est pas réellement convertie car elle ne comprend même pas le sens du mot «conversion».

Nous avons vu d'après les Ecritures qu'une conversion est un changement radical. Mais changement radical ne veut pas dire instantané et fulgurant. Il est vrai que certaines conversions sont fulgurantes: elles sont comparables à un dérapage de voiture qui vous propulse instantanément dans une autre direction; d'autres conversions, par contre, sont plutôt comparables à un long virage pris en douceur avec un large rayon de braquage. Ce qui est important, ce n'est pas de pouvoir donner une date précise de conversion, mais de pouvoir constater la réalité de celle-ci dans votre vie quotidienne. Est-ce que je vis une vie nouvelle, les yeux fixés sur Dieu? Est-ce que c'est à lui que je désire obéir et plaire par-dessus tout? Il en va de même pour des époux: il n'est pas très important de connaître le moment exact où vous avez commencé à éprouver un sentiment envers votre conjoint, mais ce qui compte c'est que vous puissiez lui dire que vous l'aimez aujourd'hui et que vous lui êtes attaché, aujourd'hui.

Une conversion c'est donc un changement radical par lequel le pécheur se détourne de son péché pour se tourner vers le Dieu vivant et vrai.

Deux composantes

La conversion contient deux composantes inséparables au point qu'il est souvent difficile de savoir laquelle des deux est première dans notre expérience chrétienne. Mais toutes deux sont indispensables. Je veux parler de la repentance et de la foi. Ces deux composantes font partie du message annoncé par Christ en Marc 1:14, 15: «Jésus alla dans la Galilée; il prêchait la bonne nouvelle de Dieu et disait: Le temps est accompli et le Royaume de Dieu est proche. Repentez-vous et croyez à la bonne nouvelle.» Voilà quel est le message de la bonne nouvelle proclamé par notre Seigneur Jésus-Christ dès le début de son ministère. Paul aussi annonçait le même message, lisons Actes 20:20, 21: «Sans rien dissimuler, je vous annonçais et vous enseignais publiquement et dans les maisons, tout ce qui vous était utile, en proclamant aux Juifs et aux Grecs la repentance envers Dieu et la foi en notre Seigneur Jésus.»

Ces notions de repentance et de foi sont tellement imbriquées que parfois l'usage d'un des termes inclut même implicitement le second. Regardons Actes 17:30: «Dieu, sans tenir compte des temps d'ignorance, annonce maintenant à tous les hommes, en tous lieux, qu'ils ont à se repentir.» Le texte nous dit que Paul annonce la repentance, et que va-t-elle produire? Au verset 34: «Quelques-uns néanmoins s'attachèrent à lui et crurent.» Cela veut-il dire qu'ils ont cru sans s'être repenti? Pas du tout, mais plutôt qu'il n'y a pas de foi réelle sans repentance, et qu'il n'y a pas de vraie repentance sans que la foi soit placée en Jésus-Christ.

Il arrive aussi que l'un ou l'autre de ces termes soit remplacé par l'expression «conversion» tant cette idée de changement d'orientation fait partie de la repentance et de la foi. Par exemple dans Actes 3:19: «Repentez-vous donc et convertissez-vous, pour que vos péchés soient effacés.» Ici la foi est remplacée par le terme conversion, de même dans Actes 11:21: «La main du Seigneur était avec eux, et grand fut le nombre de ceux qui crurent et se convertirent au Seigneur.» Ici c'est l'idée de repentance qui est remplacée par conversion.

Pourquoi est-il si important de montrer le lien étroit entre ces trois termes: «repentance», «foi» et «conversion»? Nous devons comprendre que ces termes, et les événements qu'ils représentent, sont inséparables dans la Parole de Dieu. Si nous les dissocions, nous ne parlons plus d'une expérience chrétienne.

De même, s'ils sont dissociés dans votre discours, il ne s'agira plus du message de l'Evangile biblique non plus! Il est cruel de camoufler l'une ou l'autre de ces parties de l'Evangile. Si vous montrez son péché à une personne sans lui parler ensuite du Christ en qui placer sa foi, vous la poussez au désespoir. A l'inverse, si vous lui parlez du Christ et de la bonne nouvelle du salut, sans lui montrer auparavant son péché et sa rébellion contre Dieu, vous la poussez à une fausse confiance en elle-même, vous l'empêchez de comprendre l'œuvre expiatoire de Christ.

«Repentance» et «foi», voilà ce qui compose une réelle conversion. Mais encore faut-il comprendre ce que veulent dire ces termes.

Qu'est-ce que la repentance?

Est-ce simplement une tristesse, un remords à l'égard de son passé? Non. Judas a vécu une expérience de ce genre. Il a été triste, saisi de remords même, cependant cela ne l'a pas conduit au pied de la croix, mais plutôt au suicide.

Est-ce la déception que nous pouvons éprouver lorsque nous constatons les conséquences de nos actes pour nous-mêmes ou ceux qui nous entourent? Non plus. Beaucoup de prisonniers éprouvent de l'amertume en pensant aux conséquences de leurs actes. Les voilà privés de liberté pour plusieurs années!

Il n'est pas possible de parler de repentance lorsque les sentiments éprouvés sont concentrés sur l'homme; la vraie repentance est centrée sur Dieu. C'est prendre conscience de l'avoir offensé, c'est être attristé au plus profond de soi à cause de son péché.

La repentance, c'est comprendre et reconnaître notre état de perdition, de condamnation devant lui. C'est avoir le cœur brisé par cette constatation. C'est être envahi d'une «tristesse selon Dieu», parce que nous lui avons déplu et que nous avons vécu loin de lui pendant de longues années.

C'est, comme lors du discours de Pierre, avoir «le cœur vivement touché». Lisons Actes 2:37: «Après avoir entendu cela, ils eurent le cœur vivement touché, et ils dirent à Pierre et aux autres apôtres: Frères, que ferons-nous?»

La vraie repentance, c'est aussi s'éloigner du péché dans lequel nous vivions auparavant et désirer de tout son cœur obéir aux voies de Dieu, comme le dit 1 Thessaloniciens 1:9: «Vous vous êtes convertis à Dieu, en vous détournant des idoles pour servir le Dieu vivant et vrai.»

La repentance, telle que la Bible l'expose, touche donc tout votre être: votre intelligence, vos émotions, votre volonté. Bien qu'elle puisse se manifester à des degrés divers, néanmoins, si votre cœur n'a pas été enflammé par cette conviction de péché, il n'est pas possible de parler de vraie repentance.

Si la repentance est bien un changement radical de tout votre être, elle ne doit pas cependant se manifester une seule fois dans votre vie, lors de votre conversion. Elle est une démarche quotidienne du chrétien lorsqu'il prend conscience d'avoir offensé Dieu. La vraie repentance n'est pas une répétition mécanique d'une formule de demande de pardon générale. «Seigneur pardonne-moi pour tous mes péchés!» La vraie repentance, c'est reconnaître ses péchés spécifiques, d'aujourd'hui, afin de lutter contre ces péchés et de s'en détourner. C'est ce que David a fait au Psaume 32:5: «Je t'ai fait connaître *mon* péché, je n'ai pas couvert *ma* faute...» Si vous n'êtes pas précis au sujet de votre péché lorsque vous vous repentez, vous ne progresserez pas dans la vie chrétienne!

Vous serez semblable à un étudiant qui, tout en désirant faire des progrès en français, ne se donne pas la peine d'examiner ses fautes afin de ne plus les reproduire lorsqu'il reçoit la correction de sa dictée.

Si vous ne vous êtes jamais rendu compte que vos actions et vos pensées, que votre vie tout entière, ne sont pas seulement une offense envers vous-mêmes et votre prochain, mais d'abord et avant tout envers Dieu, alors, vous ne vous êtes pas encore réellement repentis et c'est le moment de le faire, aujourd'hui, maintenant parce que l'Ecriture vous appelle: repentez-vous et croyez.

Qu'est-ce que la foi?

Nous connaissons tous des personnes qui disent «je crois» sans pourtant pouvoir dire qu'elles ont la foi au sens biblique, alors qu'est-ce que la foi?

Tout comme la repentance, la foi commence par une connaissance. Ici, il s'agit d'une connaissance de l'œuvre de Dieu accomplie en Jésus-Christ: Jésus-Christ s'est incarné, il a vécu une vie parfaite en obéissance à la loi, il a satisfait la justice de Dieu, il est mort comme l'Agneau de Dieu qui porte le péché du monde, il est mort à la place du pécheur, il est ressuscité afin de donner la vie à ceux qui croient en son nom.

Ainsi, la foi chrétienne commence par une connaissance. Mais la foi chrétienne n'est pas simplement une connaissance du salut. Tout comme la repentance, elle ne se limite pas à une compréhension intellectuelle. La foi est un bouleversement du cœur. La foi c'est avoir un cœur qui tressaille quand il voit resplendir à ses yeux la perfection du Sauveur et du salut: «Oui, il est exactement celui dont j'avais besoin pour être sauvé, moi, pauvre pécheur». La foi est donc aussi une conviction que le Christ est le Sauveur parfait dont j'ai besoin. Et enfin, la foi consiste en un abandon constamment renouvelé à ce Sauveur et Seigneur. Elle est donc une confiance en Jésus-Christ.

La foi chrétienne, c'est s'approcher de Dieu les mains vides, se saisir de lui et de ses promesses en comptant sur la justice de son Fils bien-aimé. La foi c'est comprendre que la justice de Dieu a été pleinement satisfaite par la mort du Christ, être ému et convaincu par un si grand amour et, enfin, s'approcher de Dieu avec confiance pour s'abandonner à lui en comptant sur la justice de Christ et non sur ses propres œuvres.

C'est exactement ce que l'apôtre Paul décrit en parlant de son expérience dans l'épître aux Philippiens: «Et même je considère tout comme une perte à cause de l'excellence de la connaissance du Christ-Jésus, mon Seigneur. A cause de lui, j'ai accepté de tout perdre, et je considère tout comme des ordures afin de gagner Christ, et d'être trouvé en lui, non avec une justice qui serait la mienne et qui viendrait de la loi, mais avec la justice qui est obtenue par la foi en Christ» *(Phil 3:8-9).*

La foi, tout comme la repentance, est un exercice quotidien qui consiste à s'abandonner constamment à Dieu avec reconnaissance pour ce que Jésus-Christ a accompli. Il se peut que votre conversion ait eu lieu dans un lointain passé, mais s'il s'agit d'une conversion authentique, elle se manifeste encore aujourd'hui par une repentance et une foi réelle et un attachement au Seigneur Jésus-Christ.

Ce n'est pas la repentance qui sauve, ce n'est pas la foi qui sauve, c'est le Seigneur Jésus-Christ. Quand vous vous présenterez devant Dieu au jour du jugement, il ne vous demandera pas si vous vous êtes repentis ou si vous avez la foi, mais plutôt si vous êtes attachés au Seigneur Jésus-Christ.

Mais la seule façon d'être attaché au Seigneur Jésus-Christ, d'être lavé par son sang, c'est de venir à lui dans la repentance et la foi.

Quatre pièges à éviter

1°) C'est de croire que la conversion n'est pas essentielle au salut.

C'est le risque qui guette tout spécialement ceux qui sont nés dans une famille chrétienne. Ils ont des parents chrétiens, ils sont toujours allés à l'église le dimanche matin pendant que leurs camarades faisaient du sport, mais cela n'implique pas automatiquement qu'ils soient chrétiens et plaisent à Dieu.

La Bible affirme en effet en Matthieu 18:3 : «En vérité je vous le dis, si vous ne vous convertissez, et si vous ne devenez comme les petits enfants, vous n'entrerez point dans le royaume des cieux.» La conversion est donc essentielle et obligatoire pour entrer dans le royaume de Dieu.

Même si vous êtes un enfant de chrétien, vous devez changer de direction parce que tout homme, dès sa naissance, marche dans la direction opposée à Dieu, dans la rébellion et qu'il ne peut entrer ainsi dans son royaume. Ecoutez l'exhortation du

Seigneur dans l'Evangile de Luc 13:4: «Ces dix-huit sur qui est tombée la tour de Siloé et qu'elle a tués, pensez-vous qu'ils aient été plus coupables que tous les autres habitants de Jérusalem? Non vous dis-je, mais si vous ne vous repentez pas, vous périrez tous de même.»

Le trait distinctif du citoyen du Royaume, de celui qui a été régénéré par l'Esprit de Dieu, de celui qui a été appelé efficacement au salut, c'est qu'il vient à Dieu, qu'il se repent (malgré les hauts et les bas, les joies et les épreuves), c'est qu'il demeure en Christ pour être sauvé.

2°) C'est de croire que la conversion précède la régénération.

Si nous avons parlé de la régénération dans le chapitre précédent et de la conversion dans celui-ci c'est parce que ces deux étapes ont un ordre logique précis. Beaucoup veulent changer cet ordre et ils attribuent l'initiative du salut à l'homme. Nous entendons souvent: «Repens-toi et crois au Seigneur Jésus-Christ *alors* tu recevras une vie nouvelle.» En d'autres mots: «Fais ceci et Dieu te donnera cela.» Dans ce cas, la vie nouvelle serait donnée comme une récompense, un dû, un salaire que l'homme mérite.

Cette démarche est grave. Parce qu'elle attribue à l'homme une gloire qui ne lui revient pas. Elle est grave parce qu'elle devient une forme voilée du salut par les œuvres. «Si tu fais, tu seras sauvé.»

C'est une erreur de croire que le premier acte spirituel visible n'a pas été précédé d'une œuvre invisible de Dieu dans le cœur. Personne n'oserait nier qu'un enfant existe avant sa naissance. Nous savons tous que, bien qu'il n'y ait aucune preuve visible, il est là, en gestation, dans le ventre de sa mère. De même il y a une œuvre invisible de Dieu dans le cœur de l'homme qui précède la repentance et la foi, qui précède la conversion qui est le premier acte visible de la vie chrétienne.

La repentance et la foi suivent l'œuvre que Dieu a accomplie dans un cœur, elles en sont la conséquence et c'est pourquoi le Nouveau Testament parle à plusieurs reprises de la repentance et de la foi non comme d'un acte accompli par l'homme, mais comme d'un don et d'une grâce que Dieu nous fait, parce qu'il en est l'initiateur. Lisons Ephésiens 2:8: «C'est par la grâce en effet que vous êtes sauvés, par le moyen de la foi. Et cela ne vient pas de vous, c'est le *don* de Dieu.» Actes 11:18 nous montre que non seulement la foi est un don de Dieu, mais la repentance aussi: «Après avoir entendu cela, ils se calmèrent et glorifièrent Dieu, en disant: Dieu a donc accordé la repentance aussi aux païens, afin qu'ils aient la vie.»

Ainsi la foi et la repentance sont un acte de l'homme, mais aussi une grâce, un don de Dieu qui régénère.

3°) C'est croire que la repentance est identique à la pénitence.

C'est ce que tente de nous faire croire l'Eglise Catholique Romaine en traduisant souvent, dans sa version des Ecritures, le mot «repentance» par «pénitence». Mais il existe une différence radicale entre la pénitence enseignée dans l'Eglise Romaine et la repentance.

La pénitence c'est la confession d'un péché à un prêtre qui donne ensuite un certain nombre d'actes à accomplir ou de prières à réciter, afin d'obtenir le rachat de cette faute. Au contraire, la repentance c'est venir à Dieu en reconnaissant qu'il est impossible de payer par soi-même pour un péché, si petit soit-il.

La repentance est donc toujours liée à la foi parce qu'elle s'appuie uniquement sur la justice et la rançon payée à ma place par le Seigneur Jésus-Christ. Le pénitent compte sur son propre paiement, tandis que le repentant compte sur le paiement parfait du Fils de Dieu.

4°) C'est de croire que la conversion ne touche pas toute la nature de l'homme.

Nous rencontrons beaucoup de gens qui disent s'être convertis uniquement sur une base émotionnelle. Ils ont entendu un orateur faire appel à leurs sentiments, ont vécu une ambiance merveilleuse, ont vu des gens enthousiastes qui chantaient avec un grand sourire et ainsi ils ont répondu à l'appel qui leur était adressé. Mais si leurs sentiments seuls ont été touchés, il ne s'agit pas d'une vraie repentance et d'une vraie foi chrétiennes.

En effet, il est nécessaire de comprendre pour que la conversion soit réelle. Comprendre notre culpabilité, notre éloignement de Dieu; comprendre l'œuvre de Christ et nous détourner de notre ancienne façon de vivre.

A l'inverse, il y a des gens qui ont une connaissance doctrinale pointue et qui sont capables de débattre de points de doctrine pendant des heures, avec une certaine passion. Mais si cette connaissance ne passe pas par le cœur au point d'émouvoir ces personnes et de les amener à s'attacher à Christ, si elle ne les conduit pas à abandonner leur péché, il est impossible de parler de conversion.

Nous rencontrons encore des personnes qui ont modifié leur comportement moral. Peut-être ont-elles décidé, après un échec dans un domaine ou l'autre, de «tourner la page». Mais là encore, si le fait de tourner la page ne comporte pas une réelle conviction de péché, une connaissance de l'œuvre de Christ et un abandon à la grâce de Dieu, il est impossible de parler de conversion.

Une conversion authentique ne peut jamais avoir lieu sans la repentance et la foi, tout comme il n'y a pas de salut sans conversion.

Que chacun de nous sonde son propre cœur pour voir de quel genre est sa conversion, sa repentance et sa foi. Posons-nous la question: «Suis-je, aujourd'hui, attaché à Jésus-Christ? Est-ce que je compte sur lui seul pour être justifié devant Dieu?»

C'est cela une vraie conversion.

Chapitre 16 : La justification

Romains 3:19-4:25

Jusqu'ici nous avons constaté que le libre arbitre n'existe pas. Aucun homme ne veut, ni ne peut, venir à Dieu par lui-même parce que sa nature l'en empêche. Nous avons vu qu'aux yeux de Dieu, l'humanité est séparée en deux : ceux qui sont appelés efficacement au salut et ceux qui demeurent dans leur péché et sous sa condamnation. Cette différence ne dépend ni de l'intelligence, ni de l'arrière-plan, ni de la morale ou de la générosité : c'est par un choix souverain que Dieu donne une nature nouvelle à ceux qu'il a choisis.

Nous avons appris que le premier acte accompli par un homme régénéré, ou né de nouveau, c'est de se repentir de son péché et de placer sa foi en Christ pour être sauvé. On parle alors de conversion. Ici encore, il faut se garder d'assimiler la repentance et la foi à une œuvre puisque c'est un don de Dieu afin que le salut tout entier soit par grâce. Romains 4:16 nous dit en effet : « C'est par la foi, pour qu'il s'agisse d'une grâce. »

Lors de sa conversion, l'homme est justifié et adopté.

Une définition

Qu'est-ce que la justification ? C'est un acte juridique par lequel un juge déclare un homme juste. Mais par rapport à quoi est-il déclaré juste ? Par rapport aux exigences de la loi. Ainsi la justification ne change rien dans la nature de l'accusé. Le juge qui déclare un homme coupable ou juste au tribunal terrestre ne transforme pas l'accusé, il le déclare coupable ou juste par rapport à la loi.

Deutéronome 25:1 énonce ce principe : «Lorsque des hommes auront un procès et se présenteront pour être jugés, on absoudra l'innocent et l'on condamnera le coupable.» Ainsi quand nous abordons la doctrine de la justification nous voyons Dieu qui, dans sa fonction de Juge, sépare le juste du méchant. C'est ce que souligne Genèse 18:25 : «Loin de toi de faire une chose pareille : mettre à mort le juste avec le méchant, en sorte qu'il en serait du juste comme du méchant, loin de toi ! Celui qui juge toute la terre n'agira-t-il pas selon le droit ?»

Comme pour tout jugement, deux verdicts sont possibles : soit l'homme a enfreint la loi et il est déclaré coupable, soit il l'a respectée et il est déclaré juste. La doctrine de la justification ne suppose pas que Dieu émette un jugement moral sur la qualité du cœur de l'homme, mais plutôt qu'il déclare son statut face à la loi.

Imaginons un voleur condamné à verser une amende de cinq mille francs pour atteinte à la propriété d'autrui. Il est coupable devant la loi, mais une fois l'amende payée, il est justifié, la loi ne le condamne plus. Cela ne veut pas dire que son cœur soit changé. Tous les germes de vol, de convoitise peuvent se trouver encore dans son cœur, pourtant il est justifié, il n'est plus en état d'infraction à la loi. De même, la justification est une déclaration de justice et non un processus de transformation. Ce processus de transformation, nous le verrons plus tard, c'est la sanctification.

Le sens du mot «justifié» est aussi celui que nous trouvons dans l'usage populaire. Lorsque nous disons que quelqu'un essaye de se justifier, nous voulons dire qu'il essaye de se défendre. Nous ne disons pas qu'il essaye de se purifier intérieurement ; il veut déclarer sa non-culpabilité.

Le pécheur et la loi

Un accusé, dont la position serait indéfendable, pourrait bien essayer de se justifier devant son juge par toutes sortes d'arguments, ses propos mêmes mettraient sa culpabilité en évidence. De même, un homme qui chercherait à se défendre devant Dieu ne ferait qu'aggraver sa situation. «Or, nous savons que tout ce que dit la loi, elle le dit à ceux qui sont sous la loi, afin que toute bouche soit fermée et que tout le monde soit reconnu coupable devant Dieu. Car nul ne sera justifié devant lui par les œuvres de la loi» *(Rm 3:19).*

Retenez que la justification ne s'exprime pas sur la profondeur de la déchéance morale de votre cœur, mais sur votre respect ou non de la loi. Avez-vous respecté parfaitement et totalement le commandement de Dieu? Il n'est pas nécessaire d'être le pire des criminels pour être déclaré coupable devant Dieu: un seul péché suffit. Jacques 2:10 nous dit en effet: «Car quiconque observe toute la loi, mais pèche contre un seul commandement, devient coupable envers tous.» Il suffit donc que vous ayez désobéi une seule fois, au plus petit commandement de la loi de Dieu pour que vous soyez déclarés coupable et condamnés par la cour du Juge céleste. La Parole de Dieu affirme qu'aucun être humain n'échappera au verdict divin de condamnation et de mort. Lisons Romains 5:12: «C'est pourquoi, de même que par un seul homme le péché est entré dans le monde, et par le péché la mort, et qu'ainsi la mort a passé sur tous les hommes, parce que tous ont péché...» et Romains 3:23: «Car il n'y a pas de distinction: tous ont péché et sont privés de la gloire de Dieu».

Alors comment le pécheur peut-il être justifié? Lui suffira-t-il de promettre de ne plus désobéir à la loi de Dieu? Non, parce qu'il a déjà désobéi à la loi de Dieu, parce qu'il est déjà sous la condamnation de Dieu; et même ses actes les meilleurs ne changeront rien. C'est ce qu'affirme Galates 2:16: «Sachant que l'homme n'est pas justifié par les œuvres de la loi, mais par la foi en Christ Jésus, nous aussi nous avons cru en Christ Jésus, afin d'être justifiés en la foi en Christ, et non par les œuvres de la loi, parce que nul ne sera justifié par les œuvres de la loi. »

Ce dont nous avons besoin, c'est d'un autre statut, celui de «justifié» pour être déclaré juste. Et pour cela, il faut avoir payé la sanction imposée par notre désobéissance et, en plus, avoir vécu parfaitement en soumission à la loi de Dieu. Comment est-il donc possible que Dieu justifie de tels impies tout en demeurant juste?

Le Christ est la loi

Pour bien comprendre ce qu'est la justification, nous devons prendre conscience du rapport entre Christ et la loi. Jésus-Christ, le Fils de Dieu, est venu pour révéler le Père et pour racheter son peuple. La théologie enseigne qu'il a exercé deux formes d'obéissance: l'obéissance active et l'obéissance passive. Christ est venu ici bas, il a pris notre nature humaine et a vécu une vie parfaite, en totale conformité aux exigences de la loi de Dieu. Selon Jean 6:38: «Car je suis descendu du ciel pour faire, non ma volonté, mais la volonté de celui qui m'a envoyé» et Jean 10:37, 38: «Si je ne fais pas les œuvres de mon Père, ne me croyez pas! Mais si je les fais, quand même vous ne me croiriez pas, croyez à ces œuvres, afin de savoir et de reconnaître que le Père est en moi et moi dans le Père». Ces textes décrivent l'obéissance active de Jésus-Christ.

Jésus-Christ ne devait pas mourir puisqu'il n'avait pas péché et n'était pas sous la condamnation de la loi, mais il a accepté de porter la condamnation que méritait le péché, il a accepté de mourir à la croix. Voilà l'obéissance passive du Christ.

Parce qu'il est le seul à avoir obéi parfaitement à la loi de Dieu, Christ est aussi le seul à entendre au tribunal divin, le verdict: «Non coupable, juste». Et voici la gloire de l'Evangile, la vérité que nous ne trouvons dans aucune autre religion: d'un côté le pécheur est déclaré «coupable»; de l'autre, le Fils de Dieu est déclaré «non coupable». Pourtant Dieu déclare juste le pécheur en vertu de l'œuvre de son Fils, il lui donne un nouveau statut. Selon Romains 3:23. «Ils sont gratuitement justifiés par sa grâce, par le moyen de la rédemption qui est dans le Christ Jésus.» Voilà la bonne nouvelle : être justifié à cause d'un autre ! Ainsi le chrétien ne compte pas sur sa propre amélioration pour être déclaré juste devant Dieu, il compte sur la justice parfaite de Christ.

Comment est-il possible que Dieu agisse ainsi, tout en demeurant juste ? C'est là qu'intervient un mot extrêmement important pour comprendre la doctrine de la justification : l'imputation. C'est le fait de donner à une personne ce qui, originellement, appartenait à une autre. Romains 4:4-5 déclare : «Or, à celui qui a fait une œuvre, le salaire est compté (on pourrait dire imputé) non comme une grâce, mais comme un dû.» Le salaire est mis sur son compte : «Quand à celui qui ne fait pas d'œuvre, mais croit en celui qui justifie l'impie, sa foi lui est comptée (ou imputée) comme justice».

Ainsi, le chrétien reçoit par imputation la justice du Fils de Dieu. Selon Galates 3:13 : «Christ nous a rachetés de la malédiction de la loi, étant devenu malédiction pour nous.» Lisons également 2 Corinthiens 5:21 qui décrit la double imputation : «Celui qui n'a pas connu le péché, il l'a fait devenir péché pour nous...» Christ a porté notre condamnation, c'est la première partie de l'imputation. Lisons plus loin : «... afin que nous devenions en lui justice de Dieu», c'est la deuxième partie de l'imputation. Par cette double imputation, nous passons du statut de condamné à celui de justifié. Alors que notre Seigneur a passé de celui de justifié à celui de condamné à notre place.

L'enfant de Dieu est déclaré juste parce que Christ a porté la condamnation à sa place ; parce que Dieu le couvre de la justice parfaite de Jésus-Christ. Et quand Dieu regarde l'un des siens, un de ceux qui se sont repentis et qui a placé sa foi en Christ, il le déclare juste à cause des mérites et de l'œuvre du Fils de Dieu. Maintenant, nous suffit-il de le savoir pour être sauvé ?

Le chrétien et la foi

La Parole de Dieu insiste sur la foi pour être sauvé. Romains 3:26 nous dit en effet: «Il a voulu montrer sa justice dans le temps présent, de manière à être reconnu juste, tout en justifiant celui qui a la foi en Christ.» Il n'est pas écrit: «En justifiant tous les hommes pourvu qu'ils aient une vague connaissance de Jésus-Christ», mais bien «Celui qui a la foi en Christ».

Ce nouveau statut de justifié est donc reçu par la foi. Il est effectif pour ceux qui se repentent de leur péché et viennent à Christ en comptant sur sa justice seule pour être justifiés par Dieu. Et il est nécessaire de souligner ici l'importance de la foi pour être justifié. Personne ne sera jamais justifié sans la foi.

Mais attention au piège! Beaucoup croient que c'est la foi qui justifie. Personne ne sera jamais justifié sans la foi, mais ce n'est pas la foi qui justifie. C'est l'objet de la foi, comme nous venons de le voir. En effet, c'est Christ, c'est son œuvre parfaite: sa vie sans péché et sa mort à la place du pécheur.

Beaucoup de gens ont la foi – en toutes sortes de choses – même en un certain Dieu, et pourtant ils ne seront jamais justifiés, parce que c'est la foi en Christ seul, qui nous justifie. Et quand la Parole de Dieu utilise l'expression «justifié par la foi» elle n'accorde aucune vertu à la foi, par elle-même, mais elle souligne plutôt l'instrument qu'est la foi dans le Christ qui justifie.

La justification n'est pas fluctuante, et s'il nous arrive de pécher, notre justification n'est pas pour autant remise en question. Nous ne sommes pas plus ou moins «justifiés», car nous sommes déclarés justes en vertu de l'œuvre de Christ.

1 Jean 1:7 nous dit que: «Le sang de Jésus son Fils nous purifie de tout péché», cela signifie non seulement les péchés passés mais les péchés présents et les péchés à venir. En Christ, nous sommes déclarés justes pour l'éternité, même s'il nous arrive encore de pécher. C'est pourquoi l'apôtre Paul peut déclarer dans Romains 8:1: «Il n'y a donc maintenant aucune condamnation pour ceux qui sont en Christ Jésus» et au

verset 33: «Qui accusera les élus de Dieu? Dieu est celui qui justifie! Qui les condamnera? Le Christ-Jésus est celui qui est mort; bien plus, il est ressuscité, il est à la droite de Dieu, et il intercède pour nous!»

Nous devons donc faire une distinction entre la justification et le pardon. La justification ne se perd pas, elle s'acquiert une fois pour toutes, en Christ; alors que le pardon est un acte que nous devons répéter quotidiennement, autant de fois qu'il est nécessaire.

Le chrétien et la loi

Nous l'avons vu, personne ne peut compter sur sa propre obéissance à la loi de Dieu pour être justifié. Celui qui croit être assez bon pour être sauvé se trouve sur la voie qui mène à la mort.

Non, le chrétien est justifié par la foi, nous l'avons compris. Mais il faut souligner un fait important avec les théologiens de la Réforme: si la justification est bien par la foi seule, néanmoins, la foi qui sauve ne vient jamais seule. Ainsi, la justification par la foi ne peut servir de prétexte à personne pour continuer à demeurer dans le péché, parce que la foi qui sauve produit obligatoirement des œuvres dignes de la repentance. Galates 5:6-7 nous dit: «Car, en Jésus-Christ, ce qui a de la valeur, ce n'est ni la circoncision ni l'incirconcision, mais la foi qui est agissante par l'amour. Vous courriez bien: qui vous a arrêtés, en vous empêchant d'obéir à la vérité?» L'épître de Jacques souligne encore la même vérité: une foi qui ne produit pas d'œuvres bonnes n'est simplement pas la foi au sens où l'Ecriture l'entend. Jacques 2:14, 17, 26: «Mes frères, à quoi bon dire qu'on a la foi, si l'on n'a pas les œuvres? Cette foi peut-elle sauver?... Il en est ainsi de la foi: si elle n'a pas d'œuvres, elle est morte en elle-même... Comme le corps sans esprit est mort, de même la foi sans les œuvres est morte.»

Les œuvres bonnes ne sont pas utiles pour justifier le

pécheur, c'est Christ qui justifie ; mais, d'un autre côté, des œuvres bonnes accompagnent toujours la vraie foi et suivent obligatoirement la justification. La loi de Dieu ne sert pas à justifier le pécheur, elle le condamne. Mais, après la conversion, la loi sert de balise le long du chemin pour le chrétien qui marche dans la foi.

Le justifié n'a pas de plus grand plaisir que d'obéir aux commandements de Dieu. Il aime la Parole de Dieu, le rassemblement avec ses frères et sœurs. Il n'a pas de plus grande détermination que de lutter contre le péché, parce qu'il sait que ce péché a coûté la vie du Fils de Dieu, c'est pourquoi il est sans cesse en guerre contre son propre péché. Il a l'assurance d'un libre accès auprès de Dieu pour confesser ses péchés afin de demeurer dans la lumière devant le Dieu qui justifie.

Chapitre 17 : L'adoption

Romains 8:12-17, 22-25 ; Galates 3:21-4:7

Nous avons vu que le premier bienfait accordé au pécheur qui se repent et qui croit, c'est la justification. Elle ne lui est donnée qu'en vertu de la justice et du sacrifice de Jésus-Christ et cela pour l'éternité. De même, nous avons vu qu'il existe une double imputation : Christ a porté sur lui la culpabilité du pécheur tandis que le pécheur a reçu la justice parfaite de son Sauveur.

A présent nous allons aborder le deuxième bienfait lié à la conversion ; c'est le couronnement de l'œuvre du salut qui ne peut être reçu sans la justification. Il s'agit de l'adoption.

Pourquoi l'adoption est-elle nécessaire ?

Avant de commencer, nous devons réfuter l'idée très répandue aujourd'hui de la «paternité universelle» de Dieu. Nous la retrouvons autant dans les milieux chrétiens que non-chrétiens, au sein desquels on entend souvent dire : «Dieu est le père de tous les hommes, et nous sommes tous frères !» A la lumière de l'Ecriture, nous devons dire que cette affirmation est un mensonge, bien qu'à première vue trois versets semblent la confirmer :

Luc 3:38, il s'agit de la fin d'une généalogie de notre Seigneur : «fils d'Enoch, fils de Seth, fils d'Adam, Fils de Dieu». Est-ce que tous les descendants d'Adam sont fils de Dieu ?

Ensuite, Actes 17:29 ; ici, Paul s'adresse à des païens : «Ainsi donc, étant de la race de Dieu, nous ne devons pas penser que la divinité…»

Enfin, Ephésiens 3:14, 15: «C'est pourquoi je fléchis les genoux devant le Père de qui toute famille dans les cieux et sur la terre tire son nom…»

Mais si nous nous penchons un peu plus attentivement sur ces versets, nous comprenons qu'il s'agit d'un contexte de création. Leur but est de souligner l'origine commune de tout homme. Tout homme est une créature de Dieu et dans ce sens-là, Dieu est bien le Père de toute l'humanité. De plus, ces versets soulignent l'idée de providence divine. Il est vrai que Dieu, dans sa providence, exerce sa bonté envers tout homme comme un Père.

Mais, lorsque la Bible parle de Dieu comme Père, au sens de filiation spirituelle, elle ne l'emploie que pour ceux qui ont la foi en Christ. Nous lisons en Galates 6:26: «Car vous êtes tous fils de Dieu», le texte ne s'arrête pas là: «Tous fils de Dieu, par la foi en Christ Jésus».

Il est possible d'affirmer que nous sommes tous frères et sœurs en tant que créatures de Dieu; mais on ne peut pas dire que Dieu est le Père spirituel de l'humanité entière. La Parole de Dieu déclare clairement que Dieu est le Père de ceux qui ont la foi en Jésus-Christ.

Une autre question se pose: «Qui est le père de ceux qui vivent ici-bas sans la foi en Christ?» Notre Seigneur donne la réponse dans Jean 8:44. Dans ce texte, il ne s'adresse ni à un brigand ni à un pécheur notoire, non, il répond aux Pharisiens, aux chefs religieux, et il leur dit ouvertement: «Vous avez pour père le diable, et vous voulez accomplir les désirs de votre père. Il a été meurtrier dès le commencement, et il ne s'est pas tenu dans la vérité.»

Il existe donc deux paternités spirituelles possibles. Nous ne sommes pas tous membres d'une même famille. Certains ont pour père le diable et d'autres ont pour Père le Dieu Créateur de toute chose. Quelle vérité dramatique pour l'homme pécheur, qui n'a pas placé sa foi en Christ. Lui aussi a un père, un père meurtrier, séducteur, trompeur et qui ne lui veut que du mal.

Pourquoi l'adoption est-elle nécessaire ? Parce que, depuis la désobéissance d'Adam, l'humanité entière est sous la paternité spirituelle du diable. Nous avons besoin que Dieu nous arrache des mains de ce père et nous adopte comme ses enfants.

Souvenez-vous qu'aucun homme, aucune femme, aucun enfant n'est enfant de Dieu par naissance. Si vous n'avez aucune conscience d'être devenu fils de Dieu par la repentance et la foi, d'avoir changé de paternité, c'est parce que vous avez encore le diable pour père.

Qu'est-ce que l'adoption ?

L'adoption est l'acte de la libre grâce de Dieu par lequel il nous sort de la situation misérable d'enfant du diable et nous reçoit dans sa famille comme ses enfants, dont il nous donne les droits et les privilèges. Et cela, grâce à l'œuvre de Jésus-Christ.

Mais revenons à Galates 4:4, 5 qui nous explique bien cette réalité : «Lorsque les temps furent accomplis, Dieu a envoyé son Fils, né d'une femme, né sous la loi, afin de racheter ceux qui étaient sous la loi, pour que nous recevions l'adoption.» Ainsi, l'œuvre de Christ a été de nous racheter, de nous donner sa justice en vue de l'adoption.

L'adoption est le privilège de pouvoir appeler Dieu Père. «Abba» est un mot araméen, un terme familier employé dans le cadre le plus intime de la famille, nous dirions «papa» chez nous. Il est impensable, pour un Juif pieux, qu'un terme aussi familier puisse être utilisé pour décrire la relation d'un croyant avec Dieu ; tout comme il est impensable, pour un musulman, que Dieu soit considéré comme Père.

L'adoption est le plus grand privilège de l'Evangile : être accueilli dans l'intimité de la famille de Dieu alors que nous méritions sa colère ! S'il est déjà extraordinaire pour un condamné d'être déclaré juste par son juge, en vertu de la justice d'un autre, que penser alors de son adoption, par ce même juge, qui lui accorde les mêmes privilèges qu'à ses propres enfants.

Voilà la grâce de Dieu manifestée dans l'adoption.

Pour comprendre l'immensité de cette grâce, nous devons comprendre ce qu'était l'adoption dans le Nouveau Testament. A l'époque de Paul on n'adoptait pas des bébés ou de jeunes enfants comme aujourd'hui. On adoptait de jeunes adultes qui avaient fait leurs preuves, qui étaient connus pour leur honnêteté, leur bon caractère et dignes de confiance. On les adoptait lorsque l'on n'avait pas d'héritier, afin de leur accorder notre héritage dans le but qu'ils perpétuent la famille dans les générations futures.

Mais Dieu – et c'est là toute la grâce divine – adopte des enfants, des enfants indignes qui ont fait preuve d'infidélité, de malhonnêteté, de rébellion, d'incrédulité. Il les introduit dans sa maison et leur fait partager l'héritage de son Fils bien-aimé. Voilà ce qu'est l'adoption!

Comment l'adoption se produit-elle?

Selon Romains 8:15, 16, nous voyons que l'adoption se fait au moyen du Saint-Esprit qui est appelé l'Esprit d'adoption: «Et vous n'avez pas reçu un esprit de servitude, pour être encore dans la crainte, mais vous avez reçu un Esprit d'adoption, par lequel nous crions: Abba! Père! L'Esprit lui-même rend témoignage à notre esprit que nous sommes enfants de Dieu».

Nous constatons ici que l'Esprit d'adoption nous a été donné, ce qui implique que l'adoption se produit lorsque l'Esprit de Dieu est reçu par le croyant. Galates 4:6 exprime la même idée. Cependant, l'adoption est une œuvre de l'Esprit qui est à distinguer de celle de la régénération puisque celle-ci précède la foi, alors que l'adoption suit la foi. La mission de l'Esprit qui nous est donné est de rendre témoignage à notre esprit que nous sommes enfants de Dieu.

La certitude que nous avons d'être enfants de Dieu, ne s'acquiert pas indépendamment de notre esprit, de notre capacité de réfléchir et de raisonner. Dans l'adoption, deux témoins sont donc nécessaires:

1°) L'Esprit de Dieu qui vient illuminer notre entendement afin que nous croyions et que nous comprenions cette doctrine

2°) Notre propre esprit qui atteste que nous sommes enfants de Dieu.

Comment l'Esprit de Dieu rend-il ce témoignage? Au moyen de la Parole de Dieu. En scellant, en gravant ces vérités dans notre cœur ainsi que dans notre entendement, il nous donne la capacité d'aimer Dieu comme des fils.

Ensuite, l'Esprit de Dieu continue à agir dans notre intelligence pour que cette notion de paternité grandisse de jour en jour. Il nous aide à appliquer à notre vie quotidienne les nombreux textes bibliques qui nous montrent la façon parfaite dont Dieu prend soin de ses enfants.

Mais il existe un second aspect de l'adoption, qui est aussi important, et que nous trouvons également dans Romains 8:23 : «Bien plus: nous aussi, qui avons les prémices de l'Esprit, nous aussi nous soupirons en nous-mêmes, en attendant l'adoption, la rédemption de notre corps.» L'adoption a déjà eu lieu, c'est un acte passé pour le chrétien. Mais puisque nous n'avons que les prémices de l'Esprit, nous attendons encore, d'une certaine manière, la totalité de cette adoption. Il y a, en effet, une adoption qui est encore à venir et qui ne se manifestera qu'au retour de notre Seigneur Jésus-Christ, au renouvellement de toute chose, alors qu'il nous prendra définitivement dans la maison de son Père.

Pour bien comprendre cette distinction entre l'une et l'autre, il faut encore nous pencher sur la coutume de l'adoption dans la société romaine du premier siècle. L'adoption se passait en deux temps. Il y avait tout d'abord une cérémonie privée, au cours de laquelle on déclarait un transfert d'autorité légale, attesté par des témoins, entre le père et le fils adoptif. Plus tard, avait lieu une cérémonie publique, au cours de laquelle une déclaration solennelle de filiation était proclamée devant tous.

Voilà exactement ce qui se passe spirituellement. La première cérémonie privée en présence de témoins a déjà eu lieu. Le chrétien a reçu cette autorité légale de fils, l'Esprit Saint témoignant à son esprit qu'il est vraiment enfant de Dieu. Mais la cérémonie publique doit encore avoir lieu, lorsque le Seigneur proclamera publiquement devant tous : «Celui-ci est mon enfant, il a part à l'héritage.» C'est cette cérémonie que nous attendons encore, et elle aura lieu lors du retour glorieux de notre Seigneur.

Si aujourd'hui vous croyez en Jésus-Christ pour votre salut, vous êtes effectivement enfants de Dieu, bien que le monde ne le voie pas encore. Restez confiants et croyez ce que la Parole de Dieu déclare. Celui qui place sa foi en Christ est appelé fils de Dieu.

Quels sont les privilèges de l'adopté ?

La Confession de Foi de Wesminster ainsi que la Confession Réformée-Baptiste de 1689 citent quatorze privilèges qui peuvent être résumés en quatre groupes.

Premier groupe de privilèges : nous sommes incorporés dans la famille de Dieu.

Nous avons à présent un Père parfait et sommes entourés de frères et de sœurs, appartenant au même Père, qui, eux aussi, ont reçu l'Esprit de Dieu et qui travaillent à manifester de jour en jour et de mieux en mieux l'amour les uns envers les autres.

Second groupe de privilèges : nous avons une relation filiale personnelle avec le Créateur.

Ce Dieu souverain, à qui toute la création obéit, est mon Père ! Il n'y a donc plus aucune crainte pour moi si je suis en Christ *(Rm 8:15)*. Cela ne veut toutefois pas dire que je puisse vivre sans respecter Dieu ; cela signifie plutôt que je n'ai plus à avoir peur d'être rejeté, abandonné par lui ou de voir son jugement tomber sur moi. En effet, il est un Père fidèle qui tient ses enfants dans sa main. Jésus dit en Jean 10:29 : «Mon Père qui me les a données, est plus grand que tous ; et personne ne peut les arracher de la main du Père.»

Troisième groupe de privilèges : nous sommes au bénéfice de ses soins paternels.

Ceux-ci se manifestent autant par des bienfaits que par des épreuves et des corrections plus douloureuses. Si nous comprenions comment Dieu use de la correction et de l'épreuve, elles seraient un sujet de réjouissance pour nous. Dieu nous corrige et nous éprouve parce que nous sommes ses enfants. Lisons Hébreux 12:5-11 : « Et vous avez oublié l'exhortation qui vous est adressée comme à des fils : mon fils, ne prends pas à la légère la correction du Seigneur, et ne te décourage pas lorsqu'il te reprend, car le Seigneur corrige celui qu'il aime, et frappe de verges tout fils qu'il agrée. Supportez la correction : c'est comme des fils que Dieu vous traite. Car quel est le fils que le père ne corrige pas ? Mais si vous êtes exempts de la correction à laquelle tous ont part, alors vous êtes des bâtards et non des fils. Puisque nous avons eu des pères selon la chair, qui nous corrigeaient et que nous avons respectés, ne devons-nous pas, à plus forte raison, nous soumettre au Père des esprits pour avoir la vie ? Nos pères, en effet, nous corrigeaient pour peu de temps, comme ils le jugeaient bon ; mais Dieu nous corrige pour notre véritable intérêt, afin de nous faire participer à sa sainteté. Toute correction, il est vrai, paraît être au premier abord un sujet de tristesse et non de joie ; mais plus tard elle procure un paisible fruit de justice à ceux qu'elle a formés. »

La souffrance du chrétien est contrôlée par la main de Dieu. Elle atteste qu'il est son Père et qu'il prend constamment soin de lui en vue de son bien ultime : sa participation à la sainteté divine. Vous êtes peut-être sous la discipline de Dieu aujourd'hui, dans l'épreuve et la douleur. Que cette doctrine de l'adoption vous aide donc à supporter patiemment la correction. Qu'elle vous aide à accepter la souffrance avec joie et à bénir votre Père céleste.

Quatrième groupe de privilèges : nous avons part à l'héritage du Fils de Dieu.

Romains 8:17 nous apprend que : « Si nous sommes enfants, nous sommes aussi héritiers : héritiers de Dieu, et cohéritiers de Christ, si toutefois nous souffrons avec lui, afin d'être aussi glorifiés avec lui. » Nous croyants, créatures finies, atteintes par le péché, sauvées par pure grâce, nous voici maintenant destinés à partager l'héritage de Dieu le Fils. Il est Roi et nous sommes héritiers du royaume avec lui *(Jc 2:5)*; Il est héritier de toutes choses et nous partageons cet héritage avec lui *(Hé 1:2)*.

Cette doctrine de l'adoption doit donc nous pousser à la reconnaissance, à l'adoration de Dieu pour un si grand amour et à vivre comme des fils.

Quelles sont les responsabilités de l'adopté?

On peut les résumer ainsi: c'est de marcher à la suite du fils de la maison. Imiter le Seigneur Jésus-Christ dans son obéissance à la volonté du Père. Lui qui déclare en Jean 6:38: «Car je suis descendu du ciel pour faire, non ma volonté, mais la volonté de celui qui m'a envoyé.» Notre responsabilité chrétienne est donc de nous soumettre à la volonté du Père, telle qu'elle nous est révélée dans l'Ecriture; de prier avec confiance comme le Seigneur nous l'a appris; de nous adresser à lui comme à un Père. Elle consiste encore à lui faire confiance et ne pas nous inquiéter, nous souvenant que sa fidélité est sans faille et qu'il prend sans cesse soin de ses enfants. Elle consiste aussi à le suivre dans sa souffrance, car il n'y a pas d'héritage sans souffrance: «Nous sommes cohéritiers de Christ, si toutefois nous souffrons avec lui» *(Rm 8:17)*. Il ne s'agit pas de rechercher la souffrance, mais de la supporter et d'acquiescer à celle-ci en sachant que nous marchons à la suite du Seigneur.

Mais nous avons aussi une responsabilité collective. En tant que membres de la famille de Dieu, de l'Eglise, nous sommes aimés par le même Père qui a envoyé son Fils pour nous sauver, le même Esprit d'adoption habite en chacun de nous. Notre responsabilité est de manifester que nous formons une même famille: nous soucier les uns des autres, démontrer notre intérêt envers les plus démunis, envers ceux qui souffrent, partager la joie de l'amour fraternel lors des rassemblements d'église et prier pour les besoins des uns et des autres.

Chapitre 18 : La sanctification

Romains 6:1-23 ; 1 Thessaloniciens 4:1-8

L'opinion commune décrit souvent le chrétien comme celui qui vit droitement : il est honnête, il est bon avec ses proches, il ne ment pas, il n'est pas grossier, il ne se met pas en colère, etc. Ainsi, beaucoup de gens estiment que s'ils vivent correctement, s'ils gardent une certaine moralité, ils seront acceptés par Dieu. C'est une erreur !

En effet, nous avons vu jusqu'ici que si le chrétien possède une nature nouvelle, s'il a été régénéré par l'Esprit de Dieu, s'il a été justifié par le Juge divin en vertu de l'œuvre du Christ, s'il a été adopté dans la famille de Dieu, c'est par pure grâce.

Ainsi un chrétien ne compte pas sur lui-même, sur ses bonnes œuvres pour être accepté par Dieu. Et s'il lui arrive, malheureusement, de se relâcher dans sa marche ou même s'il venait à tomber gravement dans le péché, il ne perd pas ces privilèges pour autant. Il est chrétien parce qu'il a été justifié, une fois pour toutes, par l'œuvre de Jésus-Christ.

Cela dit, il est vrai que la vie chrétienne doit se caractériser par la sainteté et même par une progression dans la sainteté. On est en droit de s'interroger sur la réalité de la conversion d'une personne qui ne manifeste aucun progrès dans la sainteté. Nous lisons en effet dans Hébreux 12:14 : «Recherchez la paix avec tous, et la sanctification sans laquelle personne ne verra le Seigneur.»

Nous allons donc aborder maintenant le sujet important de la sanctification.

Que signifie le terme «sanctifié»?

L'Ecriture utilise le champ lexical du mot «sanctifié» (saint, sainteté, sanctification, etc.) autant pour décrire le caractère de Dieu que pour parler des enfants de Dieu.

Par exemple dans le livre d'Esaïe 6:3, nous trouvons un verset bien connu: «Saint, saint, saint est l'Eternel»; ou dans le Notre Père (*Mt 6:9*) nous lisons: «Que ton nom soit sanctifié». Enfin, dans 1 Corinthiens 1:2, Paul s'adresse aux chrétiens ainsi: «A ceux qui ont été sanctifiés en Christ-Jésus, appelés à être saints...»

Quel est donc le sens général de cette famille de mots? En hébreu comme en grec, sanctifié décrit l'idée de «se séparer», «être séparé pour ou en vue de quelque chose».

Séparé et consacré pourrions-nous dire, mais séparé de quoi? Séparé du péché, du mal, du monde. Ainsi, le chrétien est saint parce que Dieu l'a pris, l'a arraché à l'esclavage du péché. Mais, s'il l'a fait, c'est afin de le consacrer au service de Dieu, à l'annonce de l'Evangile, à l'adoration de Dieu. Il est consacré à Dieu afin d'accomplir sa justice et de le glorifier.

L'Ancien Testament nous donne l'exemple d'un groupe d'hommes sanctifiés. Lisons Exode 28:41: «Tu en revêtiras ton frère Aaron et ses fils avec lui. Tu leur donneras l'onction, tu les investiras, tu les sanctifieras, et ils exerceront pour moi le sacerdoce.» Les sacrificateurs étaient séparés du peuple, ils ne participaient pas à l'héritage dans le pays, parce que Dieu les avait consacrés à son service.

Alors quand vous pensez à la sainteté, à votre sanctification souvenez-vous de ces deux aspects: la séparation d'avec le monde, le péché, mais aussi l'action positive de consécration à Dieu pour lui obéir.

Comment débute la sanctification?

Il existe parfois, même chez les croyants conscients de la souveraineté de Dieu, cette idée que l'homme justifié et adopté par pure grâce se retrouve ensuite tout seul, dans la barque de sa vie, pour atteindre à la force de ses poignets l'autre rive accordant l'accès à la cité céleste. Mais qu'en est-il en réalité?

Nous constatons que la sanctification commence par un changement intérieur qui est une grâce de Dieu. Ce changement n'est pas insignifiant, au contraire. La Bible enseigne que la sanctification des croyants a déjà eu lieu. Lisons 1 Corinthiens 6:11: «Et c'est là ce que vous étiez, quelques-uns d'entre vous. Mais vous avez été lavés, mais vous avez été sanctifiés, mais vous avez été justifiés au nom du Seigneur Jésus-Christ et par l'Esprit de notre Dieu.» Et encore Actes 20:32: «Et maintenant, je vous confie à Dieu et à la Parole de sa grâce, qui a la puissance d'édifier et de donner l'héritage parmi tous ceux qui sont sanctifiés.»

Ces deux versets emploient le mot «sanctifié» à l'aoriste* passif: il s'agit d'un acte passé, qui a eu lieu une fois pour toutes et un acte passif, accompli par une personne extérieure à soi-même. Le chrétien a donc été sanctifié, une fois pour toutes, par Dieu. C'est ce que nous appelons la sanctification objective.

Jusqu'à présent nous avons vu que Dieu a agi pour nous par la justification et l'adoption. La sanctification nous apprend qu'il a également agi en nous par son Esprit. Il nous a donné une nature nouvelle et a fait de nous un être nouveau. Quel effet concret cela a-t-il sur notre péché?

Romains 6 nous explique ce changement fondamental. Nous lisons au verset 2: «Nous qui sommes morts au péché...» et au verset 6: «Nous savons que notre vieille nature a été crucifiée avec lui, afin que ce corps de péché soit réduit à l'impuissance et que nous ne soyons plus esclaves du péché.» Le changement que Dieu opère dans le croyant ne consiste pas à diminuer l'influence du péché dans sa vie. Non, il place réellement dans le cœur du chrétien des dispositions toutes nouvelles.

Ce changement de nature que Dieu opère en nous implique une nouvelle orientation morale et éthique de nos choix. Désormais le chrétien aime ce que Dieu aime; il aime obéir aux commandements de Dieu; il aspire à ce qui est de Dieu et a soif de marcher dans une vie nouvelle. Ainsi : «Nous sommes rendus capables d'obéir de cœur à la règle de doctrine qui nous a été transmise» selon Romains 6:17.

Il arrive que la bataille contre le péché soit rude, que la tentation devienne de plus en plus forte et que nous n'ayons pas l'impression d'être morts au péché. Cependant, nous devons croire Dieu sur parole : ce qu'il affirme est la vérité.

Ainsi lorsque nous sommes devant la tentation ou dans les difficultés, même si nous ne ressentons rien, même si nous ne voyons rien, nous sommes réellement morts au péché. Notre vieille nature a réellement été crucifiée avec Christ.

Pour grandir dans la sanctification et résister au péché concrètement dans notre vie, il nous faut prendre les affirmations bibliques au sérieux et nous appliquer les affirmations telles que : «Considérez-vous comme morts au péché, et comme vivants pour Dieu en Christ-Jésus» *(Rm 6:11)*. Car le chrétien ne peut pas prendre plaisir à se vautrer dans le péché et s'il pèche, ce qu'il fait chaque jour, il ne demeure pas dans le péché, c'est-à-dire qu'il ne s'y complaît pas.

Comment se poursuit la sanctification ?

Après avoir vu qu'il existe un aspect objectif à la sanctification, il nous faut remarquer que le Nouveau Testament décrit aussi la sanctification comme un processus. Un processus fondé sur la nature nouvelle du croyant, mais qui ne sera achevé qu'à la rencontre avec le Seigneur.

La Parole de Dieu utilise plusieurs métaphores pour décrire cet aspect de la vie chrétienne. En voici quelques-unes : une marche *(1 Th 4:1)*, une lutte jusqu'au sang *(Hé 12:4)*, une guerre qui est menée par nos désirs charnels contre notre âme *(1 P 2:11)*, une croissance de l'état de nouveau-né à celui d'homme fait *(1 P 2:1-2)*.

De plus, ce processus est également décrit comme un état de tension continuelle chez le chrétien. La tension entre les désirs de la chair et ceux de l'Esprit *(Ga 5:17)*, entre ce que nous voulons, au plus profond de notre cœur, et ce que nous pratiquons si souvent dans notre vie *(Rm 7:17)*.

Mais comment pouvons-nous parler de la sanctification comme d'un processus dans lequel il y a des tensions, alors que nous savons que nous sommes morts au péché? C'est parce que nous devons apprendre à manifester cette mort dans nos actes extérieurs, dans nos pensées et nos paroles. La tension provient donc du fait que nous devons apprendre à vivre au quotidien en accord avec cette nouvelle nature que Dieu nous a donnée, et cela ne va pas sans lutte, sans difficulté, sans discipline. En effet, les anciennes habitudes sont là et cherchent toujours à refaire surface.

Pour bien comprendre cela, nous devons distinguer dans la Parole de Dieu entre les verbes à l'indicatif, qui nous apprennent ce que nous sommes en Christ, et ceux qui sont à l'impératif et qui nous poussent à l'action. D'ailleurs, ces deux modes se trouvent souvent côte à côte dans un même passage. Prenons par exemple Colossiens 3:3-5: «Car vous êtes morts (indicatif) et votre vie est cachée (indicatif) avec le Christ en Dieu (...) Faites donc mourir (impératif) votre nature terrestre, l'inconduite, l'impureté, les passions, les mauvais désirs...»

Nous retrouvons la même idée en Romains 6:13 où nous voyons à quel point l'effort du croyant est important dans sa sanctification. «Ne livrez pas vos membres au péché, comme arme pour l'injustice; mais livrez-vous vous-mêmes à Dieu, comme des vivants revenus de la mort, et offrez à Dieu vos membres, comme arme pour la justice.» Ici, les impératifs nous montrent bien dans quelle direction doit aller cette lutte. Celle de la séparation en vue de la consécration à Dieu.

Ainsi, nous devons non seulement quitter nos mauvais comportements, nous en débarrasser, mais aussi cultiver les bonnes habitudes, celles qui sont encouragées dans la Parole, afin de glorifier Dieu activement et de lui être consacré. Il n'y a aucune passivité possible de notre part dans la sanctification.

Malheureusement, bien que nous soyons morts au péché,

nous pécherons encore chaque jour jusqu'à notre mort. Comment expliquer cela? Par les restes de péchés, les anciennes habitudes tenaces que la Bible appelle la chair *(Ga 5:17)*, et que nous devons nous efforcer de mettre à mort dans notre vie. C'est pourquoi la Bible emploie tant d'impératifs, tant d'exhortations à la lutte persévérante.

Dans cette lutte, rappelons-nous sans cesse les exhortations de l'apôtre Jean qui écrit dans sa première épître: «Si nous disons que nous n'avons pas péché, nous le faisons menteur, et sa Parole n'est pas en nous» *(1:10)*, et plus loin: «Et si quelqu'un a péché, nous avons un avocat auprès du Père, Jésus-Christ le juste» *(2:1)*.

Qui travaille dans la sanctification?

Nous lisons dans 1 Thessaloniciens 5:23, 24: «Que le Dieu de paix vous sanctifie lui-même tout entiers; que tout votre être, l'esprit, l'âme et le corps, soit conservé sans reproche à l'avènement de notre Seigneur Jésus-Christ! Celui qui vous a appelés est fidèle, et c'est lui qui le fera.» Ainsi, c'est Dieu qui agit pour notre croissance dans la sainteté.

Mais d'un autre côté, Romains 6:19 nous dit: «De même donc que vous avez livré vos membres comme esclaves à l'impureté et à l'iniquité, pour aboutir à l'iniquité, ainsi maintenant livrez vos membres comme esclaves à la justice, pour aboutir à la sanctification.» Ici c'est l'action de l'homme qui est soulignée.

En réponse à notre question, nous devons affirmer que Dieu et l'homme travaillent; sans qu'il soit possible de parler d'un cinquante/cinquante pour autant. Car, dans la sanctification, l'homme n'agit pas indépendamment de Dieu. La sanctification est une action qu'on appelle synergique: c'est-à-dire dans laquelle Dieu et l'homme travaillent ensemble, sans que l'homme puisse en tirer une gloire quelconque.

Philippiens 2:12, 13 montre bien cette synergie* en vue de la sanctification: «Ainsi, mes biens-aimés, comme vous avez

171

toujours obéi, travaillez à votre salut avec crainte et tremblement, non seulement comme si j'étais présent, mais bien plus encore maintenant que je suis absent. Car c'est Dieu qui opère en vous le vouloir et le faire selon son dessein bienveillant.»

Par cette citation, nous comprenons que l'homme doit travailler à son salut; non pas afin que Dieu travaille aussi, mais parce que Dieu est lui-même le moteur de son action. Sachant que Dieu est à l'œuvre, qu'il hait le péché, nous ne pouvons pas le banaliser dans notre propre vie, mais nous sommes encouragés, au contraire, à poursuivre la lutte.

Dieu ne se plaît jamais à voir l'homme vautré dans la boue du péché. Un Thessaloniciens 4:3 nous dit: «Ce que Dieu veut, c'est votre sanctification.» Dieu veut que vous vous absteniez de l'inconduite et que vous teniez votre corps dans la sainteté et dans l'honnêteté.

L'Ecriture ne nous permet donc aucune passivité; jamais nous n'avons le droit de baisser les bras comme si le péché était devenu insurmontable, comme si la tentation était irrésistible. Selon 1 Corinthiens 10:13: «Aucune tentation ne vous est survenue qui n'ait été humaine; Dieu est fidèle et ne permettra pas que vous soyez tentés au-delà de vos forces; mais avec la tentation, il donnera aussi le moyen d'en sortir, pour que vous puissiez la supporter.» Nous lisons encore en 1 Jean 4:4: «Vous, petits-enfants, vous êtes de Dieu, et vous avez vaincu les faux prophètes, car celui qui est en vous est plus grand que celui qui est dans le monde.» Quelle assurance et quelle motivation! Celui qui est à l'œuvre en nous est plus grand que le péché, plus grand que le diable qui cherche à nous faire tomber.

Alors, courage et confiance! Nous devons travailler à notre sanctification avec enthousiasme et acharnement parce que nous avons la certitude que Dieu est à l'œuvre en nous et parce que nous savons qu'il déteste le péché qui se trouve en nous.

Par quel moyen la sanctification s'opère-t-elle?

«Comment le jeune homme rendra-t-il pur son sentier? En observant ta Parole» *(Ps 119:9)*; «Sanctifie-les par la vérité: ta Parole est la vérité» *(Jn 17:17)*; «Car tout est sanctifié par la Parole de Dieu et la prière» *(1 Tm 4:5)*. Ces trois versets répondent à notre question. La sanctification s'opère par la Parole de Dieu et la prière.

Par la prière, nous crions à Dieu et nous l'implorons d'agir et de nous soutenir dans la lutte.

Par sa Parole, notre Père céleste nous donne les avertissements, les exhortations et les commandements pour nous faire grandir dans l'obéissance. Car la Bible est un livre inépuisable, riche en conseils pratiques pour notre vie d'aujourd'hui. Elle nous enseigne comment nous comporter avec notre conjoint; comment élever nos enfants d'une façon qui glorifie le Seigneur. Elle nous apprend comment un chrétien doit se comporter au travail; quelles mauvaises habitudes il doit abolir; quelle tenue vestimentaire il doit adopter. Elle nous parle de la maîtrise de notre langue, de nos pensées, de nos regards; elle nous pousse à cultiver notre vie spirituelle, à nourrir notre âme par des réflexions édifiantes.

C'est ainsi que notre intelligence sera renouvelée et qu'elle nous permettra de nous démarquer du monde comme Paul nous y exhorte en Romains 12:2: «Ne vous conformez pas au monde présent, mais soyez transformés par le renouvellement de l'intelligence, afin que vous discerniez quelle est la volonté de Dieu: ce qui est bon, agréable et parfait.» Si vous négligez l'Ecriture, vous vous éloignerez de la sainteté. Il en ira de même si vous méprisez les rassemblements d'une Eglise fidèle et que vous cessez de vous nourrir de l'enseignement de la Parole de Dieu. Prenez aussi garde à la façon dont vous écoutez la Parole de Dieu. Les Pharisiens la connaissaient mais ils n'en demeuraient pas moins condamnés pour autant car ils ne distinguaient pas qu'elle conduisait à Jésus-Christ pour trouver en lui le pardon et la vie éternelle.

A quel résultat faut-il s'attendre ?

Paradoxalement, au fur et à mesure que le chrétien progresse dans la sanctification, il ne se sent pas meilleur, ni plus digne d'être accepté par Dieu. Bien au contraire, plus il grandit dans la sainteté et plus il prend conscience de son grand besoin de la grâce de Dieu.

Il devient de plus en plus humble. Sa vie de prière est de plus en plus fervente parce qu'il sait qu'il dépend entièrement de la grâce de Dieu. Car plus il progresse dans la foi, plus il progresse aussi dans sa connaissance de Dieu et se rend compte de la grandeur de son indignité devant lui. Il est un peu comme ce mineur qui sort de sa mine de charbon. Lorsqu'il est dans l'obscurité du fond de la mine, il se trouve assez propre, mais plus il approche de la lumière de la sortie et plus il se rend compte de l'ampleur de sa saleté.

Nous comprenons donc que les progrès dans la sanctification n'engendrent jamais l'orgueil spirituel, mais l'humilité. Car plus l'homme connaît Dieu et s'approche de sa lumière, plus il est conscient du besoin de sa grâce. L'humilité est un trait caractéristique des vrais croyants. Paul, ne dit-il pas à la fin de sa vie, qu'il est le premier des pécheurs ?

C'est pourquoi, prenez garde : si vous pensez que votre niveau de sainteté vous rend digne d'entrer dans la présence de Dieu, l'orgueil spirituel est en train de vous gagner. Ayez toujours conscience que vos actes même les meilleurs à vue humaine, ne sont que des haillons souillés à côté du vêtement de justice que Christ vous donne. C'est lui qui vous donne la force pour mettre à mort le péché qui est en vous, alors donnez-lui toute la gloire pour vos progrès dans votre sanctification.

Chapitre 19 : La persévérance des saints

Romains 6:1-23 ; 1 Thessaloniciens 4:1-8

Lors d'une course de voitures de Formule I, il arrive parfois que le vainqueur potentiel donne l'impression qu'il ne sera jamais rejoint par ses poursuivants, mais s'il tombe en panne d'essence avant la ligne d'arrivée, il sera obligé de laisser son bolide au bord de la route et de regarder tous les autres concurrents le doubler. Quelle place aura-t-il alors au classement général ? Aucune. Il ne sera pas même classé puisqu'il n'est pas allé jusqu'au bout de la course.

Il vous arrive peut-être d'éprouver de pareilles craintes en pensant à votre salut final : «Et si je me détournais de la foi, juste avant d'atteindre la fin de ma course ? Et si j'étais comme ces vierges folles qui attendaient l'époux et qui n'avaient plus d'huile dans leurs lampes lors de son arrivée ? Et si, moi aussi, je me retrouvais devant une porte fermée ?» Avec une telle inquiétude à l'esprit, vous commencez à faire le bilan de vos propres forces et de vos faiblesses, et le doute s'installe. Il finit par vous convaincre que vous n'arriverez jamais à atteindre la ligne d'arrivée dans un tel état.

Ainsi, vous manquez d'assurance et vous perdez la joie de votre salut. Afin de remédier à un tel état et de retrouver la joie du salut, vous avez besoin de comprendre la doctrine de la persévérance des saints. C'est le sujet que nous allons aborder à présent.

Qu'est-ce que la persévérance ?

La «persévérance» est cette faculté de mener un travail jusqu'au bout, quelles que soient les circonstances, quelle que soit l'opposition que l'on puisse rencontrer. La «persévérance des saints» est donc cette capacité du croyant à demeurer dans la foi, à continuer dans sa marche chrétienne malgré les difficultés, les oppositions, les chutes, même si parfois celles-ci peuvent être graves.

Mais combien de temps durera cette capacité de demeurer dans la foi ? Vingt, trente, quarante ou cinquante ans de sa vie ? 1 Corinthiens 1:8 répond à cette question : «Il vous affermira aussi jusqu'à la fin, pour que vous soyez irréprochables au jour de notre Seigneur Jésus-Christ.»

La persévérance des saints ou la sécurité éternelle est donc cette capacité du croyant à vivre la vie chrétienne jusqu'à l'avènement du Seigneur. C'est la certitude qu'a le chrétien de demeurer en état de grâce jusqu'à ce qu'il rencontre son Seigneur soit par la mort, soit lors de son retour en gloire. Cette certitude d'être dans la main du Père dont rien ne pourra l'arracher.

Le Seigneur a fait cette promesse concernant ses «brebis» dans Jean 10:28-29 : «Je leur donne la vie éternelle ; elles ne périront jamais, et personne ne les arrachera de ma main. Mon Père, qui me les a données, est plus grand que tous ; et personne ne peut les arracher de la main du Père.»

Qui sera donc plus grand que le Père pour perdre une de ses brebis ? Le Diable ? Vous-mêmes ? Non, personne ! C'est là la certitude du croyant. Certains diront qu'il est orgueilleux d'avoir une telle assurance, et ce serait le cas si le croyant s'appuyait sur ses propres forces ; mais comme nous allons le voir, la persévérance possède de plus sûrs fondements.

Qui sont ceux qui persévèrent?

Il importe de bien comprendre cette doctrine afin d'éviter que certains ne se leurrent dans une insouciance coupable et que d'autres, au contraire, ne demeurent dans le doute. Pour ce faire, il faut d'abord définir ce qu'est un vrai chrétien.

Nous connaissons tous des personnes qui se disaient chrétiennes et qui se sont détournées de la foi, qui ont renié l'œuvre de Christ et sont tombées dans l'apostasie. De telles expériences nous poussent à douter de cette doctrine de la persévérance des saints.

Mais il faut nous souvenir qu'il s'agit de la persévérance des «saints» et non pas de la persévérance de «ceux qui se disent chrétiens». C'est ainsi qu'il faut faire une distinction entre ceux qui se disent chrétiens et ceux qui le sont réellement. L'Eglise visible demeure un corps mixte, un corps dans lequel cohabitent des personnes régénérées et d'autres qui, bien que baptisées, membres de l'Eglise, ne le sont pas. Ces dernières semblent marcher avec Dieu pour un temps, puis se détournent de lui. Elles n'étaient chrétiennes que de nom.

Considérons la parabole du semeur. De nombreuses graines ont levé, paraissant prometteuses. Mais bon nombre d'entre elles ont séché ou ont été étouffées après un début en apparence prometteur. Ainsi en est-il encore aujourd'hui. Un certain nombre de ceux qui répondent à l'Evangile n'ont pas de racines et sont étouffés après quelque temps.

Cette même vérité est soulignée en 1 Jean 2:19 où nous lisons cet avertissement concernant les faux docteurs: «Ils sont sortis de chez nous» – c'est-à-dire de l'Eglise – «mais ils n'étaient pas des nôtres; car s'ils avaient été des nôtres, ils seraient demeurés avec nous; mais de la sorte, il est manifeste que tous ne sont pas des nôtres.» C'est pourquoi, si votre assurance du salut repose uniquement sur le fait que vous avez été baptisé, que vous pratiquez de bonnes œuvres ou que vous êtes un membre assidu d'une Eglise, vous devez vous interroger. Vous devez vous demander si vous êtes un chrétien de nom ou un saint.

Qui sont donc les saints qui persévèrent et qui, par consé-quent, peuvent s'appuyer sur la doctrine de la persévérance des saints avec confiance, en songeant à leur destinée?

Ce ne sont pas ceux qui ont été canonisés après leur mort par l'Eglise Catholique Romaine en fonction de leurs œuvres. Mais ce sont ceux qui ont été appelés par Dieu, régénérés par son Esprit et mis à part pour se consacrer à lui. Ainsi les saints sont uniquement ceux qui ont vécu un changement de nature opéré par Dieu au plus profond de leur être. Ceux qui sont morts au péché et qui sont vivants pour Dieu (selon Romains 6:11).

La doctrine de la persévérance des saints enseigne que ceux qui ont été ainsi appelés par Dieu ne peuvent pas déchoir de la grâce, mais qu'ils persévèrent jusque dans le vie éternelle. Pourquoi? Parce qu'ils ont en eux la vie de Dieu. Cette vie éter-nelle qui leur a été donnée par Jésus-Christ comme l'affirme Galates 2:20. «Je suis crucifié avec Christ, et ce n'est plus moi qui vis, c'est Christ, qui vit en moi; ma vie présente dans la chair, je la vis dans la foi au Fils de Dieu, qui m'a aimé et qui s'est livré lui-même pour moi.»

Qui sont ceux qui persévèrent? Ceux dont la nature a été changée, qui sont nés à la vie nouvelle, suite à l'appel de Dieu et à l'œuvre du Saint-Esprit. Alors si vous avez des doutes concer-nant votre persévérance, commencez par vous demander si vous êtes vraiment en Christ. Est-ce que votre confiance se trouve dans le fils de Dieu seul pour votre salut? Vous êtes-vous identifiés à lui dans sa mort et sa résurrection? A la réponse affirmative à ces questions est liée la promesse de Jean 10:28: «Elles [mes brebis] ne périront jamais, et personne ne les arra-chera de ma main.»

Pourquoi les saints persévèrent-ils?

Pour répondre à cette question il nous faut d'abord répon-dre aux interrogations suivantes:

– Pourquoi marchons-nous, jour après jour, dans la sanctification ? C'est parce que Dieu est à l'œuvre en nous. Parce que cette vie, qu'il nous a donnée, nous fait aimer le bien de plus en plus.

– Pourquoi avons-nous été adoptés par Dieu ? Parce que, dans sa grâce, Dieu a placé en nous un Esprit d'adoption qui témoigne à notre esprit que nous sommes enfants de Dieu.

– Pourquoi avons-nous été justifiés ? Parce que l'œuvre de Christ est efficace et suffisante pour satisfaire la justice de Dieu.

– Pourquoi nous sommes-nous repentis et avons-nous placé notre foi en Christ ? Parce qu'en plaçant en nous son Esprit et en nous donnant une nature nouvelle, Dieu nous a aussi donné la repentance et la foi.

– Pourquoi avons-nous répondu favorablement à l'appel que Dieu nous a adressé par l'Evangile ? Parce que nous avons été régénérés par Dieu.

– Pourquoi avons-nous été régénérés ? Parce que, dans son dessein éternel, Dieu a décidé de nous appeler au salut.

Ainsi maintenant nous arrivons à comprendre pourquoi les saints persévèrent. C'est parce que le salut est une œuvre de Dieu du début jusqu'à la fin. Il existe une chaîne qui ne peut pas être brisée, sans porter atteinte au caractère même de Dieu ; une chaîne que nous trouvons dans Romains 8:28-30 ; une chaîne qui va de l'appel efficace à la gloire : «Nous savons, du reste, que toutes choses coopèrent au bien de ceux qui aiment Dieu, de ceux qui sont appelés selon son dessein. Car ceux qu'il a connus d'avance, il les a aussi prédestinés à être semblables à l'image de son Fils, afin qu'il soit le premier-né d'un grand nombre de frères. Et ceux qu'il a prédestinés, il les a aussi appelés, et ceux qu'il a appelés il les a aussi justifiés, et ceux qu'il a justifiés, il les a aussi glorifiés.» Il est impossible que Dieu change ou qu'il revienne sur sa volonté ; il est impossible que Dieu mente ou qu'il s'arrête au milieu de son œuvre. S'il agissait ainsi, il devrait renier sa nature et aller à l'encontre de sa Parole, or il est celui «chez lequel il n'y a ni changement, ni ombre de variation» *(Jc 1:17)*, il est celui «qui opère tout selon la décision de sa volonté» *(Ep 1:11)*.

Le décret du Père est immuable, il ne peut pas changer. Ceux qu'il a élus, il les conduira jusqu'à la gloire : ainsi c'est lui qui fera persévérer les saints.

Le sacrifice du Fils est efficace et suffisant, nous l'avons vu. Cela signifie qu'il n'y aura jamais un jour où le Père refusera l'accès de sa présence à un homme qui a été lavé par le sang de l'Agneau, sauvé par le Fils de Dieu : le sacrifice du Fils a une valeur immuable.

L'œuvre de l'Esprit est radicale dans le régénéré : il a reçu la semence de Dieu, il est né de Dieu, il a même reçu les arrhes de l'Esprit, nous dit Ephésiens 1:13, 14. Cela veut dire qu'il y a eu une telle transformation dans celui qui a été régénéré qu'aucune marche arrière n'est possible dans ce processus du salut.

Les « arrhes » sont la première partie donnée comme garantie du tout. Ainsi, donner les arrhes et se rétracter ensuite est un acte des plus malhonnêtes qui soit. Or, si Dieu nous a donné les arrhes de son Esprit, il est inimaginable de penser qu'il puisse se rétracter sur la suite du salut. Ce serait contraire à sa nature de régénérer un homme pour l'abandonner ensuite.

Cela nous permet de comprendre que la doctrine de la persévérance des saints ne laisse aucune place pour l'orgueil humain, mais suscite plutôt une grande confiance en Dieu. En effet, si les saints persévèrent ce n'est pas à cause de leurs propres forces, ni à cause de leur capacité à marcher seuls dans la voie de Dieu, mais c'est parce que Dieu est fidèle et que c'est lui qui poursuit en eux l'œuvre du salut qu'il a commencée en leur faveur.

Les Saintes Ecritures nous confirment cette vérité plusieurs fois. Philippiens 1:6 : « Je suis persuadé que celui qui a commencé en vous une œuvre bonne, en poursuivra l'achèvement jusqu'au jour du Christ-Jésus. » 2 Timothée 1:12 : « Je sais en qui j'ai cru, et je suis persuadé qu'il a la puissance de garder mon dépôt jusqu'à ce jour là. » 1 Pierre 1:3-5 : « Béni soit le Dieu et Père de notre Seigneur Jésus-Christ qui, selon sa grande miséricorde, nous a régénérés, par la résurrection de Jésus-Christ d'entre les morts, pour une espérance vivante, pour un héritage qui ne peut ni se corrompre, ni se souiller, ni se flétrir et qui vous est réservé dans les cieux, à vous qui êtes gardés en la puissance de Dieu, par la foi, pour le salut prêt à être révélé dans les derniers temps.»

Alors, pourquoi un homme, qui compte sur Jésus-Christ pour être sauvé, peut-il être sûr de son salut? Parce qu'il ne met pas sa confiance en lui-même, mais en Dieu qui l'a sauvé. C'est pourquoi, si le doute vous assaille, ne regardez pas à vous-même pour trouver le réconfort car vous ne trouverez que failles et faiblesses, et votre doute ne fera que s'accroître. Mais regardez à Dieu qui seul a la puissance de vous garder fidèles jusqu'au grand jour de la rencontre avec votre Seigneur. Souvenez-vous des paroles de David qui témoigne qu'au cours de sa longue vie il n'a jamais vu le juste abandonné de Dieu *(Ps 37:25).*

De quoi les saints sont-il préservés?

Bien que Jude 24 affirme que Dieu «peut vous préserver de toute chute et vous faire paraître devant sa gloire, irréprochables dans l'allégresse», la doctrine de la persévérance des saints n'affirme pas que les croyants seront préservés de toute chute, de tout péché. Nous avons, malheureusement, le triste exemple du péché de David avec Bathshéba, ainsi que le reniement de Pierre. Pourtant, une chose est certaine, c'est qu'ils sont préservés de déchoir de la grâce, de retomber sous le jugement de Dieu.

C'est là la différence entre un rétrograde et un apostat. Deux hommes peuvent s'éloigner de Dieu et vivre dans le péché; tous deux peuvent quitter le chemin de la foi et se trouver dans des situations apparemment identiques. Pourtant, leur statut devant Dieu peut différer radicalement. Le rétrograde – parce qu'il est au bénéfice de la prière de Jésus-Christ, son avocat auprès du Père – reviendra à la foi, tandis que l'apostat demeurera dans le péché et ne reviendra jamais à Dieu. Les attitudes de Judas et de Pierre lors de la dernière soirée de notre Seigneur nous fournissent un bon exemple de cette réalité. En Luc 22:31, 32 Jésus déclare à Pierre: «Satan vous a réclamés pour vous passer au crible comme le blé. Mais j'ai prié pour toi, afin que ta foi ne défaille pas, et toi, quand tu seras revenu à moi affermis tes frères.» Après son reniement, Pierre est revenu au Seigneur car tout au long de cette soirée, il était l'objet des tendres soins de son Maître, alors que Judas s'est perdu pour toujours *(Jn 17:12)*.

Quelle assurance! Même s'il tombe, même s'il lui arrive de pécher, celui qui a été régénéré par Dieu est au bénéfice de la prière du Christ afin que sa foi ne défaille pas, et le Père exauce toujours la prière de son Fils. Ainsi, après un certain temps passé loin de Dieu, le rétrograde revient à la repentance et à la foi. Tel fut le cas de David: il fut convaincu de son péché, se repentit et plaça à nouveau sa foi en Dieu.

La doctrine de la persévérance des saints n'est donc pas une garantie contre tout péché, mais c'est la certitude que Dieu conduira ses enfants à bon port, même s'il leur arrivait de tomber dans de graves péchés.

Charles H. Spurgeon utilisait l'illustration suivante pour expliquer la différence entre un rétrograde et un apostat. Le chrétien est comme un homme embarqué sur un grand paquebot; si une tempête survient, le paquebot est secoué par les flots, il pourra donc arriver au chrétien de glisser sur le pont, peut-être même tomber et de se blesser, mais il ne passera jamais par-dessus bord parce que le paquebot est construit en sorte qu'il y soit en sécurité.

Si, en lisant ces lignes, vous êtes conscients d'être tombés dans le péché, vous vous demandez peut-être si vous êtes un rétrograde ou un apostat? Revenez à Christ avec foi, dans la repentance en confessant votre péché; voilà la seule différence entre l'apostat et le rétrograde. Si vous revenez à Christ et que vous glorifiez Dieu, vous saurez alors que Christ a prié pour vous et qu'il vous tient dans sa main.

Quels moyens de préservation Dieu emploie-t-il?

En fait, la persévérance est très proche de la sanctification. La persévérance des saints n'est pas une sorte de cheminement désincarné, par lequel Dieu nous transporterait de la conversion à la gloire. Non, la persévérance des saints s'accomplit dans notre vie de tous les jours. Elle se concrétise dans nos actes habituels. C'est pourquoi c'est à nouveau la Parole de Dieu qui est le moyen privilégié par lequel Dieu nous fait persévérer. Par elle, il nous avertit des dangers, nous donne ses lois et dénonce le péché afin que nous atteignions le but.

Notre obéissance à ces avertissements et ces commandements, voilà le chemin de la persévérance établi par Dieu. Or, si vous êtes négligents envers les commandements de Dieu, si vous êtes nonchalants dans la mise en pratique des avertissements de la Parole, vous ne pouvez pas vous appuyer sur la doctrine de la persévérance des saints pour vous tranquilliser. En effet, Apocalypse 14:12 nous dit: «C'est ici la persévérance des saints, qui gardent les commandements de Dieu et la foi en Jésus.»

Prenez donc des décisions fermes pour faire des progrès dans votre vie chrétienne et faites-le en vous rappelant que Dieu donne ce qu'il ordonne. C'est Dieu qui vous donne la force et les moyens de marcher en nouveauté de vie. Ces moyens de préservation que Dieu donne à son Eglise et dans lesquels nous devons, en tant qu'Eglise, persévérer, nous les trouvons dans Actes 2:42: «Ils persévéraient dans l'enseignement des apôtres, dans la communion fraternelle, dans la fraction du pain et dans les prières.»

L'enseignement des apôtres est la doctrine donnée une fois pour toutes à l'Eglise du Christ. Continuons donc, sans nous lasser, à transmettre fidèlement cette saine doctrine jour après jour.

La communion fraternelle, c'est nous soucier de nos frères et sœurs croyants et nous réjouir d'être ensemble. Est-ce le cas pour vous? Avez-vous de la joie à venir à la maison de Dieu, à rencontrer vos frères et sœurs?

La fraction du pain, c'est le repas du Seigneur, la sainte Cène, pris en souvenir de l'œuvre accomplie par Christ à la croix et dans l'attente de son retour. C'est un repas d'Alliance au moyen duquel le Seigneur fortifie la foi de son Eglise et l'aide à se séparer du péché.

Les prières de l'Eglise sont présentées à Dieu, sachant que tout vient de lui.

Les premiers chrétiens pratiquaient cela «chaque jour, avec persévérance» selon le verset 46. Qu'en est-il de nous?

Telle est la persévérance par laquelle Dieu nous conduit à bon port. Le vrai chrétien doit-il craindre de tomber en panne sèche avant le but? Non, il peut rester humble et confiant – non pas en lui-même, nous l'avons vu – mais humble parce qu'il s'attend à Dieu et confiant parce qu'il sait que ce Dieu – qui l'a appelé efficacement, qui l'a fait naître à la vie, qui l'a racheté – est celui qui le conduira jusqu'à la gloire selon sa promesse.

Nous lisons en Romains 2:7 que Dieu réserve «... la vie éternelle à ceux qui, par la persévérance à bien faire, cherchent la gloire, l'honneur et l'incorruptibilité; mais la colère et la fureur à ceux qui, par esprit de dispute, désobéissent à la vérité et obéissent à l'injustice.» Que dans sa grâce, Dieu nous donne de persévérer jour après jour, en comptant sur lui et sur ses promesses!

Chapitre 20 : La loi de Dieu

Matthieu 5:17-30 ; Jacques 1:22-25

Nous allons aborder à présent un thème dont la simple mention peut provoquer des émotions bien vives. Il s'agit de la loi de Dieu. «Pourquoi aborder ce sujet puisque nous vivons sous la grâce et non plus sous la loi? Ne vivons-nous pas dans le temps de l'Evangile, du Nouveau Testament?»

Il existe aujourd'hui, parmi les chrétiens, beaucoup de confusion sur ce sujet. Pour certains, toute allusion à la loi est comprise comme légalisme. Toute expression comme «ne faites pas...», «efforcez-vous...», ou bien des mots comme «obéir», «renoncer» sont taxés de moralisme.

Ce point est donc extrêmement important parce qu'il va nous permettre de comprendre ce qu'est la vie chrétienne et comment nous devons vivre à la gloire de Dieu dès ici-bas. Nous apprendrons, également, quelle est la norme à laquelle nous devons nous référer sans cesse pour progresser dans notre marche chrétienne.

Qu'est-ce que la loi de Dieu ?

Si vous ouvrez la Parole de Dieu vous remarquerez que le mot «loi» fait référence à des notions différentes: dans le Psaume 119, par exemple, il faut comprendre ce terme comme l'ensemble de l'Ancien Testament; par contre, dans le Nouveau Testament, lorsque ce mot est mentionné avec «les Prophètes et les Psaumes», il s'agit d'une allusion au Pentateuque (les cinq premiers livres de l'Ancien Testament écrits par Moïse). Ensuite, nous constatons qu'à certains endroits le mot «loi» fait référence à l'ensemble de la Parole de Dieu. Jacques, dans son épître, parle de «la loi parfaite» ou bien «la loi de la liberté» (1:25). Enfin, de façon plus restrictive, un peu plus loin dans la même épître (2:10), le même mot fait allusion au Décalogue: «Car quiconque observe toute la loi, mais pèche contre un seul commandement, devient coupable envers tous.»

D'autre part, quand nous trouvons le mot «loi» dans les catéchismes ou quand nous utilisons l'expression «la loi de Dieu», on entend la volonté expresse de Dieu, la volonté révélée de Dieu exprimée dans sa Parole sous forme de commandements et d'ordres, tant dans l'Ancien que dans le Nouveau Testament.

Mais constatons tout de suite que l'expression «loi de Dieu» implique d'autres vérités. En effet, si Dieu a la capacité de donner une loi, cela veut dire qu'il est souverain; seul un souverain, dans son propre pays, peut donner des lois et exiger qu'on y obéisse. Si Dieu a ordonné à Adam *(Gn 2:16-17)*: «Tu pourras manger de tous les arbres du jardin; mais tu ne mangeras pas de l'arbre de la connaissance du bien et du mal, car le jour où tu en mangeras, tu mourras», c'est parce qu'il est souverain. Si la loi est donnée par ce Dieu souverain, cela veut dire qu'il parle, communique avec les hommes en se révélant à eux. Et s'il se révèle à eux, s'il leur donne des lois, cela signifie qu'ils ont personnellement des comptes à lui rendre.

Cette révélation de Dieu aux hommes – qui progresse tout au long de l'Ecriture jusqu'à sa pleine manifestation dans la venue du Seigneur Jésus-Christ – et l'explication qui en est donnée par le Nouveau Testament – est résumée dans les dix paroles appelées «Décalogue». Ces dix paroles sont les seules à avoir été écrites par le doigt même de Dieu sur deux tables de pierre. Elles revêtent donc un caractère particulier *(Ex 31: 18)*.

Le peuple d'Israël ne se séparait jamais (physiquement du moins) des dix commandements inscrits sur les deux tables de la loi qui se trouvaient dans l'arche de l'Alliance. Quatre commandements concernaient les devoirs de l'homme envers Dieu, et les six autres concernaient les devoirs de l'homme envers son prochain. Le Décalogue – qui était déjà un résumé de la loi – fut encore résumé par notre Seigneur Jésus-Christ en deux commandements: «Tu aimeras le Seigneur, ton Dieu, de tout ton cœur, de toute ton âme et de toute ta pensée. C'est le premier et le grand commandement. Et voici le second, qui lui est semblable: Tu aimeras ton prochain comme toi-même. De ces deux commandements dépendent toute la loi et les prophètes» *(Mt 22:36-40).*

Par ce résumé qu'en fait notre Seigneur nous comprenons alors, que l'obéissance à la loi et l'amour envers Dieu sont loin d'être contradictoires. Nous pouvons même dire que l'amour vrai pour Dieu se traduit obligatoirement par une obéissance à ses commandements. Il n'y a pas d'amour vrai sans obéissance à sa loi comme notre Seigneur le déclare à ses disciples *(Jn 14:15, 21).*

Mais qu'est-ce encore que la loi de Dieu? C'est le reflet du caractère de Dieu. Dans sa loi, Dieu se fait connaître. La loi de Dieu nous enseigne qu'il est bon et juste, qu'il aime la justice et qu'il hait le mal. Plus encore, la loi de Dieu nous révèle qu'il est saint, parfait, sans changement ni ombre de variation. L'apôtre Paul, dans l'épître aux Romains 12:2, affirme que la volonté de Dieu est «ce qui est bon, agréable et parfait». C'est pourquoi il peut affirmer un peu plus tôt que «la loi est sainte, et le commandement saint, juste et bon».

Certains pays ont établi des lois abjectes qui vont à l'encontre même du bien de la société et de l'être humain comme, par exemple, la libéralisation de l'avortement, la dépénalisation de la sexualité des mineurs etc. Mais la loi de Dieu, elle, est sainte, juste et bonne, parce qu'elle reflète le caractère de Dieu. La loi de Dieu, c'est la volonté parfaite du Créateur pour toutes ses créatures. Ainsi, cette loi dit à tout homme ce qu'il y a de meilleur pour son épanouissement et son équilibre, et pour qu'il occupe une place juste dans la société.

Est-ce que cette définition de la loi de Dieu vous étonne?

Vous pensiez qu'il vous était possible de vivre sans vous référer à la volonté de Dieu? Mais cela est insensé. C'est aussi insensé que de négliger de tenir compte des consignes données par le constructeur automobile pour le bon fonctionnement de votre véhicule. C'est courir le risque de l'endommager. De même, vous ne pouvez pas ignorer la loi de Dieu sans que cela ne vous porte préjudice. Elle est le reflet du caractère de Dieu et elle nous a été donnée afin que nous sachions comment nous comporter dans le monde au sein duquel il nous fait vivre.

A quoi sert la loi de Dieu?

La loi de Dieu nous fait connaître les exigences de ce Dieu Souverain pour que ses sujets puissent s'approcher de lui. Il ne demande rien de moins que l'obéissance parfaite à sa loi. Ainsi, comme l'affirme Romains 10:5: «L'homme qui la mettra en pratique vivra par elle.» En d'autres termes: tout homme qui pratiquera parfaitement cette loi pourra s'approcher de Dieu et vivre éternellement dans sa présence.

Face à une affirmation aussi catégorique, nos contemporains réagissent. Ils s'exclament: «Je n'ai ni tué ni volé, ni commis d'adultère; pourquoi serais-je coupable devant Dieu? Pourquoi ne pourrais-je pas entrer dans la présence de Dieu?» Mais formuler de telles questions, c'est démontrer que l'on n'a pas encore compris le sens des exigences de la loi de Dieu. Notre Seigneur Jésus, dans l'Evangile de Matthieu au chapitre 5, nous en donne d'ailleurs l'interprétation inspirée. Il nous montre que Dieu ne se contente pas d'une obéissance extérieure à sa loi, mais qu'il réclame une obéissance du cœur qui est le fruit d'un cœur transformé.

Il nous montre aussi que la loi de Dieu enferme chacun d'entre nous sous la condamnation de Dieu. Vous dites: «Je n'ai pas tué», soit, mais lequel d'entre nous ne s'est jamais mis en colère? Lequel d'entre nous n'a jamais injurié – en parole ou en pensée – son prochain en disant: «insensé!» (ou «imbécile!»

osons le dire, puisque c'est la traduction littérale de ce terme dans la Parole de Dieu). Or, une telle attitude de cœur contient en elle-même les germes du meurtre et, par conséquent, elle est déjà une infraction à la loi de Dieu.

Vous dites: «Je n'ai jamais commis d'adultère. Je n'y ai même pas pensé!» soit, mais ne vous est-il jamais arrivé de regarder une femme pour la convoiter? Un tel regard est déjà une infraction à la loi de Dieu, nous dit Jésus-Christ.

Face aux exigences de la loi de Dieu, il n'est pas même possible de se tranquilliser avec des phrases du genre: «J'ai désobéi si peu, une seule fois, à un seul des commandements de Dieu, il ne peut pas m'en tenir rigueur.» Car l'apôtre Jacques déclare: «Car quiconque observe toute la loi, mais pèche contre un seul commandement, devient coupable envers tous» *(2:10).* Il suffit de pécher contre un seul commandement une seule fois pour être coupable d'avoir enfreint toute la loi de Dieu. Nous pourrions comparer la loi à une chaîne. Il suffit qu'un seul maillon de la chaîne casse pour que le chien féroce se jette sur vous. Ainsi en est-il de la loi. Il suffit d'une seule désobéissance pour que vous deveniez coupable envers Dieu et sous son juste jugement.

Face à la loi de Dieu, nous comprenons qu'il nous est impossible d'être sauvés par nos propres œuvres; car nos actes ne peuvent jamais satisfaire la justice divine. Au lieu de nous amener à la justice, cette loi met en lumière notre culpabilité devant Dieu. Elle nous conduit inexorablement à la conclusion de Paul en Romains 3:19, 20: «Or, nous savons que tout ce que dit la loi, elle le dit à ceux qui sont sous la loi, afin que toute bouche soit fermée, et que tout le monde soit reconnu coupable devant Dieu. Car nul ne sera justifié devant lui par les œuvres de la loi, puisque c'est par la loi que vient la connaissance du péché.»

La loi ne pousse pas l'homme à se glorifier lui-même. Au contraire, elle le pousse à désespérer de ses propres efforts pour être justifié.

Si vous dites: «Malheureux que je suis! j'ai désobéi à Dieu; je suis coupable, pécheur devant lui; qui me délivrera de ce corps de mort? Qui me délivrera de mon péché?» c'est que l'Esprit de Dieu est à l'œuvre dans votre vie et qu'il se sert de la loi de Dieu pour vous convaincre de péché. Il le fait dans un but précis : vous conduire au pied de la croix de celui qui a obéi parfaitement à toutes les exigences de Dieu. C'est ce qu'enseigne l'épître aux Galates *(3:24)* : «Ainsi la loi a été un précepteur (c'est-à-dire l'esclave qui enseignait les enfants) pour nous conduire à Christ, afin que nous soyons justifiés par la foi.» La loi nous conduit à Christ afin que nous placions toute notre confiance en lui et que nous soyons sauvés et justifiés uniquement par son œuvre parfaite.

Jésus-Christ seul, vrai Dieu et vrai homme, a accompli parfaitement la loi de Dieu. Il déclare, en Jean 4:34 : «Ma nourriture est de faire la volonté de celui qui m'a envoyé.» N'oubliez pas que c'est après avoir été déclaré juste par Pilate, parce qu'il était sans faute, que Jésus a été crucifié. Il est mort comme un juste, afin de nous donner sa justice. C'est ce que Paul écrit dans la deuxième épître aux Corinthiens *(5:21)* : «Celui qui n'a pas connu le péché, il l'a fait devenir péché pour nous, afin que nous devenions en lui justice de Dieu.»

Pour résumer, nous pouvons dire que la loi de Dieu est utile pour conduire le pécheur à la foi en Christ afin d'être sauvé. Christ seul délivre de la malédiction de la loi : «Christ nous a rachetés de la malédiction de la loi, étant devenu malédiction pour nous ; car il est écrit : maudit soit quiconque est pendu au bois» *(Ga 3:13)*, puis au verset 14 : «Afin que, pour les païens, la bénédiction d'Abraham se trouve en Jésus-Christ et que, par la foi, nous recevions la promesse de l'Esprit». Non seulement Christ a porté la malédiction qui reposait sur nous, mais il met sur notre compte, il nous impute, la bénédiction qui était la sienne, sa justice. Nous sommes réconciliés avec Dieu, nous qui croyons, par la foi en Christ.

Ainsi le chrétien n'est pas celui qui cherche à se justifier lui-même par ses bonnes œuvres, par son obéissance à la loi, mais celui qui se reconnaît pécheur et coupable devant Dieu. Et qui, avec sa culpabilité s'abandonne avec confiance à Jésus-Christ pour son salut.

Un chrétien se caractérise encore par la repentance. Une prise de conscience grandissante de son péché et, par conséquent, une foi toujours plus ferme en l'œuvre de Jésus-Christ. Il n'y a aucun salut possible en dehors de Christ, et son sacrifice est pleinement suffisant aux yeux de Dieu, parce qu'il a répondu parfaitement à toutes les exigences de sa loi.

Que doit faire le chrétien de cette loi de Dieu?

Nos contemporains vivent sans foi ni loi, sans autre norme de référence que leurs propres envies, leurs propres désirs et leurs propres passions. Pourtant la loi de Dieu est bonne. C'est pourquoi nous ne devrions pas hésiter à la prêcher, à l'utiliser dans notre témoignage. Car, comme nous l'avons vu précédemment, si l'homme ne reconnaît pas son état de pécheur devant Dieu, il n'y a pas de salut possible pour lui. Et cette prise de conscience vient lorsqu'il est exposé à la loi de Dieu.

Nous devons donc employer la loi dans notre témoignage, la prêcher dans notre évangélisation, en nous souvenant qu'elle fait partie intégrante de l'Evangile! Il n'y a pas d'Evangile à proclamer aussi longtemps que la loi n'a pas été prêchée. Car la Bonne Nouvelle nécessite toujours une mauvaise nouvelle – celle de la culpabilité – au préalable. N'hésitons donc pas à dénoncer le péché, à montrer qu'il est une désobéissance au Dieu créateur, au Dieu souverain. Servons-nous de la loi en tant que chrétien car c'est elle qui conduit à la croix de Christ.

Mais est-ce là toute l'utilité de la loi de Dieu pour le chrétien? Vous avez sans doute déjà entendu des chrétiens se servir de la fin de Romains 6:14 pour balayer la loi que vous venez de leur citer d'un revers de main. Ils continuent en disant: «Vous n'êtes plus sous la loi! Vous êtes sous la grâce…» La loi vous a conduit à Christ, certes, mais elle ne vous concerne plus maintenant que vous êtes chrétien. Vous n'avez pas besoin de vous conformer à une loi écrite, mais à vous laisser conduire par votre cœur nouveau et par le Saint-Esprit qui l'habite. Mais employer ce texte ainsi, c'est mal comprendre ce que l'apôtre Paul a voulu dire. Car ce qu'il affirme dans ces versets, c'est que, par la conversion, Christ nous a libérés de la condamnation de la loi qui reposait sur nous. Il nous a aussi libérés de la malédiction de cette loi et du diable qui nous tenait captifs. En regardant le contexte avec soin, vous constaterez que si Dieu donne un cœur nouveau au chrétien, ce n'est pas pour qu'il vive par lui-même et pour lui-même selon ses passions, mais afin qu'il devienne esclave de Dieu et progresse dans la sanctification, Romains 6:22 : «Mais maintenant, libérés du péché et esclaves de Dieu, vous avez pour fruit la sanctification et pour fin la vie éternelle.» Ainsi, le chrétien est libéré de la condamnation et de la malédiction de la loi pour devenir esclave du Dieu de la loi. Il devient esclave de ce Dieu dont la loi est le reflet du caractère. Il est esclave du Dieu qui ne change pas et qui a donné ses commandements pour le bien de ses enfants et pour régler le comportement de toute l'humanité !

D'ailleurs l'apôtre Paul n'affirme-t-il pas qu'il n'est pas lui-même sans loi, mais bien sous la loi du Christ *(1 Co 9:21)* ?

Quelle attitude le chrétien doit-il développer devant la loi de Dieu ? Il doit l'aimer, la sonder, s'en délecter, s'y référer et y obéir. C'est en la respectant qu'il grandira spirituellement, c'est en obéissant aux commandements de Dieu qu'il verra comment mettre à mort le péché dans sa vie. C'est ce qu'affirme Jean dans sa première épître : «Quiconque commet le péché, commet aussi une violation de la loi, et le péché, c'est la violation de la loi» *(3:4)*. Mais comprenons-nous bien. Il ne s'agit pas d'une obéissance servile en vue d'obtenir la justice de Dieu, puisque le croyant est justifié en Christ. Le respect de la loi, c'est l'obéissance qui jaillit d'un cœur joyeux et reconnaissant, rempli d'amour envers Dieu pour le salut qu'il lui a accordé par pure grâce en Jésus-Christ.

Le chrétien, en qui Dieu a mis un cœur nouveau, aime ce que Dieu aime. Parce qu'il est une nouvelle créature, il aime ce qui est en accord avec sa nouvelle nature. Il aime les commandements divins car il voit en eux les désirs de Dieu.

C'est pourquoi le psalmiste au Psaume 119 peut s'émerveiller devant loi de Dieu et dire qu'il aime cette Parole, qu'il aime ces commandements.

Bien qu'il lui arrive parfois de désobéir, au fond de son cœur le chrétien prend plaisir à la loi de Dieu. L'apôtre Paul le dit très bien dans Romains 7:22 : «Car je prends plaisir à la loi de Dieu, dans mon for intérieur.» Avec l'apôtre Jacques, le croyant reconnaît que la loi de Dieu est «la loi parfaite, la loi de la liberté» *(Jc 1:25)*, parce qu'elle est un joug facile, un fardeau aisé que le Seigneur fait reposer sur lui *(Mt 11:29)*.

Ainsi, garder la loi de Dieu, obéir à ses commandements est un trait caractéristique de l'authenticité de la vie chrétienne. C'est un signe de votre amour pour Dieu car selon 1 Jean 5:3 : «L'amour de Dieu consiste à garder ses commandements.»

La vraie liberté du croyant ne se trouve pas dans le rejet des commandements de Dieu, mais dans la soumission à ceux-ci. Il n'y a rien de meilleur pour vous en tant qu'enfants de Dieu. Car la loi et l'Evangile ne s'opposent pas. Ils se complètent harmonieusement pour conduire les élus jusqu'à la gloire. La loi conduit à Christ ; Christ libère de l'esclavage du péché et de la malédiction de la loi et rend capable d'obéir à cette loi avec joie. La loi reflète le caractère de Dieu, ainsi le croyant manifeste de plus en plus l'image de Dieu dans sa vie. Quelle harmonie !

Chapitre 21 : La liberté chrétienne

Galates 5:13, 14 ; 1 Pierre 2:15, 16

Il vous arrive sûrement de vous demander s'il est juste pour vous, en tant que chrétien, de pratiquer telle ou telle activité, d'aller à tel ou tel endroit, de jouer à ceci ou à cela? Et parfois cette même question vient de vos amis, par exemple: «Tu ne peux pas venir au cinéma, puisque tu es chrétien! Un chrétien ne va pas au cinéma, n'est-ce pas?»

Afin d'être convaincante et en accord avec votre conscience, votre réponse ne doit pas se fonder sur des convictions de seconde main du type: «Je ne vais pas au cinéma parce que mon pasteur ne va pas au cinéma, ou parce que mon père n'est jamais allé dans un tel lieu.» Vous ne pouvez pas non plus vous référer à la pratique commune des membres de votre Eglise ou de la tradition. Si votre comportement se fonde sur de tels arguments, vous péchez, car la Bible affirme en Romains 14:23: «Mais celui qui a des doutes au sujet de ce qu'il mange est condamné, parce qu'il n'agit pas par conviction. Tout ce qui n'est pas le produit d'une conviction est péché.»

Ce dont vous avez besoin, c'est d'une conviction personnelle. Selon les paroles de l'apôtre Paul, il faut: «Que chacun soit pleinement convaincu dans sa propre pensée» *(Ro 14:5)*. Etre pleinement convaincu... mais par quoi? Par la Parole de Dieu et les principes qu'elle contient, parce qu'elle seule doit être notre guide pour ce vaste domaine de la liberté chrétienne dans lequel vous devez acquérir des convictions personnelles.

C'est pourquoi, après le sujet de la «loi de Dieu», nous devons aborder maintenant celui de «la liberté chrétienne».

Car il s'agit, en effet, d'être libérés des commandements et des coutumes des hommes afin de nous soumettre uniquement à la Parole de Dieu avec une conscience éclairée par l'Esprit de Dieu.

Nous verrons donc les principes généraux qui devraient gouverner cette liberté. A vous, ensuite, d'appliquer ces principes aux domaines particuliers que vous rencontrerez dans votre vie de tous les jours.

Liberté chrétienne et justification

Avant d'aller plus loin dans ce sujet, il faut nous arrêter sur la source de la liberté chrétienne. Car la liberté chrétienne n'est pas un dû; elle nous a été acquise à grand prix: la crucifixion du Seigneur Jésus-Christ; la mort du Fils de Dieu lui-même. Selon Jean 8:36: «Si donc le Fils vous rend libres, vous serez réellement libres.» La vraie liberté est donc celle qui fut acquise, accomplie et donnée par le Seigneur Jésus-Christ à tous les siens.

Cette liberté, comme tous les bienfaits qui nous sont acquis par Jésus-Christ, est une grâce de Dieu, un don immérité. Par conséquent, elle doit être employée à la gloire de Dieu et non pas à nos fins égoïstes.

Avant d'aller plus loin, rappelons encore de quoi nous avons été libérés.

Par Christ, nous sommes libérés de la condamnation de la loi.

Romains 8:1 affirme: «Il n'y a donc maintenant aucune condamnation pour ceux qui sont en Christ Jésus.» Celui qui croit en Christ est déclaré juste par le Juge universel, Dieu lui-même.

Par Christ, nous sommes libérés de la servitude de la loi mortelle.

Auparavant, étant sous la loi, nous étions sans cesse dans la crainte, sachant qu'il suffisait d'une seule désobéissance à cette loi pour attirer sur nous le courroux divin. Maintenant, par Christ, nous sommes libérés de cette servitude. Nous savons que s'il nous arrive encore de pécher, même gravement, le courroux éternel de Dieu ne repose plus sur nous puisque nous sommes en Christ. Dieu nous voit justes au travers de l'œuvre de son Fils. Il y a autant de différence entre ce que nous étions avant notre conversion et ce que nous sommes maintenant qu'entre un esclave qui n'ose s'approcher d'un maître exigeant parce que son travail n'est pas parfaitement accompli et un fils qui s'approche confiant de son père miséricordieux alors que son travail révèle encore des imperfections.

Par Christ, nous sommes libérés de la domination du péché. «Le péché ne dominera pas sur vous, car vous n'êtes pas sous la loi, mais sous la grâce» *(Ro 6:14)*. Le croyant s'est identifié avec Christ dans sa mort et sa résurrection, et en lui, il a triomphé des trois ennemis qui cherchent sans cesse à le séduire: le diable, le monde et la chair.

Grâce à Christ vous êtes donc libres à l'égard du péché et cela veut dire que, lorsque la tentation se présente, y céder n'est pas la seule issue possible. Puisque vous êtes libérés de la domination du péché, en Christ, vous pouvez véritablement lui résister et le vaincre!

En abordant le sujet de la liberté chrétienne, il est capital de nous souvenir que la source de notre liberté se trouve en Christ seul, et qu'en dehors de cette liberté il n'existe aucune réelle liberté de conscience.

Liberté chrétienne et sanctification

Affranchis du péché par le Seigneur, vous êtes maintenant appelés à vivre dans cette liberté tout en grandissant dans la foi.

Vous avez la liberté de jouir des biens que Dieu vous donne. Avant d'être croyants, vous considériez toutes les grâces divines soit comme le fruit du hasard, soit comme un dû. Mais maintenant vous êtes enfants de Dieu et vous considérez ces bienfaits comme ce qu'ils sont vraiment: des dons que Dieu vous accorde pour que vous en jouissiez.

1 Timothée 4:1-4 affirme: «Mais l'Esprit dit expressément

que, dans les derniers temps, quelques-uns abandonneront la foi, pour s'attacher à des esprits séducteurs et à des doctrines de démons, par l'hypocrisie de faux discoureurs marqués au fer rouge dans leur propre conscience. Ils prescrivent de ne pas se marier et de s'abstenir d'aliments que Dieu a créés pour qu'ils soient pris avec actions de grâce par ceux qui sont fidèles et qui connaissent la vérité. Or tout ce que Dieu a créé est bon et rien n'est à rejeter, pourvu qu'on le prenne avec actions de grâces, car tout est sanctifié par la Parole de Dieu et par la prière.»

Selon ce texte, le propre des hérétiques est de nous faire croire que certaines choses sont impures en elles-mêmes, alors que Paul, dans Romains 14:14, peut dire: «Je sais et je suis persuadé dans le Seigneur Jésus, que rien n'est impur en soi.»
C'est ainsi que le chrétien peut considérer les biens que Dieu lui accorde et en jouir librement. Il sait que tout plaisir physique n'est pas mauvais en soi. Il reconnaît la grâce de Dieu dans sa vie quotidienne.

Pourquoi Dieu a-t-il créé des milliers de fleurs aux corolles variées et aux couleurs merveilleuses? Pourquoi a-t-il créé tant d'oiseaux différents par leur chant, leurs mœurs, leur plumage? Ou encore, pourquoi Dieu nous a-t-il donné tant de mets différents? Fruits, légumes, céréales et viande, lait, pain… Avez-vous déjà réfléchi à la réponse à donner à ces questions? Dieu a créé tout cela pour notre joie et pour la manifestation de sa gloire.

Il nous révèle ainsi sa bonté, mais il désire que nous en jouissions avec reconnaissance. Alors cessons de mépriser les bienfaits de Dieu et apprenons à en jouir.

Liberté ne veut pas dire «libertinage».
Mais ceci dit, nous devons également comprendre qu'être «libérés» ne veut pas dire que nous pouvons nous livrer à l'inconduite ou au laisser-aller dans notre vie. La doctrine de la liberté chrétienne a été pervertie par les antinomiens qui rejettent les exigences de la Parole de Dieu sous couvert de liberté. Toutefois, l'apôtre Paul comme l'apôtre Pierre déclarent que la liberté acquise par Christ ne nous libère aucunement de

l'obéissance à la loi de Dieu, qui est le reflet de son caractère et la manifestation de sa volonté souveraine. «Frères vous avez été appelés à la liberté; seulement ne faites pas de cette liberté un prétexte pour vivre selon la chair, mais par amour, soyez serviteurs les uns des autres. Car toute la loi est accomplie dans une seule parole, celle-ci: tu aimeras ton prochain comme toi-même» *(Ga 5:13, 14)* et: «Car c'est la volonté de Dieu qu'en faisant le bien vous réduisiez au silence l'ignorance des insensés, comme des hommes libres, sans faire de la liberté un voile qui couvre la méchanceté, mais comme des serviteurs de Dieu» *(1 P 2:15, 16)*. Nous comprenons donc que la liberté chrétienne et la loi ne s'opposent pas: elles vont de pair.

Ainsi, la liberté chrétienne que Christ vous a acquise ne peut en aucun cas servir de couverture à une vie de débauche ou d'autres désobéissances à la loi de Dieu. Les dix commandements sont mentionnés constamment – explicitement ou implicitement – dans tout le Nouveau Testament.

Il est possible qu'avant d'être libéré de l'esclavage du péché vous étiez un voleur. Vous voliez du temps à votre patron; vous ne payiez pas vos billets de train et de parcmètre; ou vous trichiez dans vos déclarations d'impôt, etc. La liberté que Christ vous a acquise ne peut pas laisser votre conscience tranquille pour continuer ainsi. Dieu vous a libérés afin que vous cessiez de faire ce qui est formellement interdit par sa Parole et que vous commenciez à pratiquer ce qu'elle encourage. Ephésiens 4:28 souligne bien ces deux aspects: «Que celui qui dérobait ne dérobe plus, mais qu'il prenne plutôt de la peine, en travaillant honnêtement de ses mains, pour avoir de quoi donner à celui qui est dans le besoin.»

La liberté concernant les «choses indifférentes».

C'est Calvin* qui emploie cette expression «choses indifférentes». Ainsi, les choses indifférentes sont celles qui ne sont ni expressément commandées ni interdites dans la Parole de Dieu. Et, si nous ne sommes pas antinomiens, c'est souvent dans ce domaine-ci que nous avons le plus de doutes et de scrupules.

Par exemple, pour vous mesdames : quel tissu choisir pour confectionner une parure de lit : de la soie ou une matière plus ordinaire ? Pour vous messieurs : quelle puissance choisir pour votre nouvelle voiture : plus ou moins élevée ?

C'est souvent sur des sujets aussi insignifiants que notre conscience est malmenée et que nous perdons notre joie. Souvenez-vous alors que ces choix concernent des choses indifférentes. Des choses qui ne sont ni pures, ni impures en elles-mêmes. « Tout est pur pour ceux qui sont purs » dit Paul à Tite. Ce sont des choses que Dieu met à votre disposition et que vous pouvez apprécier sans commettre de péché. Alors n'ayez pas de faux scrupules !

Mais souvenez-vous qu'il y a tout de même une façon biblique d'agir et de guider nos choix dans ces choses indifférentes. Il importe d'examiner si les actes ou les biens en question pourraient porter préjudice à votre vie spirituelle et vous éloigner de Dieu. Si tel est le cas, alors il faut savoir se séparer – malgré notre liberté et dans notre liberté – de ces choses qui sont bonnes en elles-mêmes, mais qui pourraient diminuer notre zèle, ou notre résistance à la tentation et qui risqueraient de nous entraîner dans les passions qui nous animaient autrefois.

C'est d'ailleurs ce que le Seigneur déclare dans Matthieu 5:30 : « Si ta main droite est pour toi une occasion de chute, coupe-la et jette-la loin de toi, car il est avantageux pour toi qu'un seul de tes membres périsse et que ton corps entier n'aille pas dans la géhenne. »

Ainsi, une parure de soie n'est pas un mal en elle-même, mais si elle reflète l'attention exagérée que vous portez à votre intérieur au détriment de votre relation avec Dieu, alors, oui : choisissez une parure en tissu ordinaire. De même, si la possession d'une voiture plus puissante vous pousse à entretenir des pensées méprisantes pour ceux qui roulent avec une plus petite cylindrée, alors, oui : choisissez une voiture moins puissante.

Parmi un grand nombre d'exemples de « choses indifférentes », examinons quelques-unes des plus courantes.

La télévision : Si vous n'arrivez pas à gérer votre utilisation de la télévision ; si votre conscience est reprise quand vous êtes assis devant le poste parce que vous pensez que vous gaspillez du temps qui devrait être consacré à la lecture de la Parole, à la prière, à prendre soin de votre famille, alors séparez-vous de votre poste de télévision.

Le vin : L'usage du vin n'est pas condamné par la Parole de Dieu, mais s'il commence à vous gouverner et vous fait perdre petit à petit la maîtrise de vous-même, vous ne pouvez pas vous réfugier derrière la liberté chrétienne pour continuer à boire.

Le sport : La pratique d'un sport peut être utile, mais si sa pratique vous conduit à négliger les rassemblements de l'Eglise ou à perdre la maîtrise de votre temps, de vos paroles et de vos pensées, il faut vous en séparer.

Vous n'êtes pas libres de pratiquer les choses qui ne sont ni bonnes ni mauvaises en elles-mêmes, lorsqu'elles nuisent à votre croissance spirituelle.

Ces observations nous permettent de comprendre qu'il peut exister des différences entre les chrétiens dans la façon de gérer ces choses indifférentes. Mais néanmoins, il nous faut toujours garder à l'esprit le principe de 1 Corinthiens 6:12 : «Tout m'est permis, mais tout n'est pas utile, tout m'est permis, mais je ne me laisserai pas asservir par quoi que ce soit.» Ainsi, ce qui est permis, peut varier d'un chrétien à l'autre.

Liberté chrétienne et relations

Nous pourrions nous arrêter là, si nous étions appelés à vivre sur une île déserte. Mais ce n'est pas le cas. Nous sommes placés dans un pays, dans une Eglise avec la mission de proclamer l'Evangile et il nous faut jeter un bref coup d'œil sur la façon dont cette liberté chrétienne doit être gérée dans nos relations.

Gouvernement civil et liberté.

Il serait facile de se prévaloir de la liberté en Christ pour rejeter toute structure et toute contrainte dans notre société.

Mais Romains 13:1, 2 affirme: «Que toute personne soit soumise aux autorités supérieures; car il n'y a pas d'autorité qui ne vienne de Dieu, et les autorités qui existent ont été instituées par Dieu. C'est pourquoi celui qui s'oppose à l'autorité résiste à l'ordre de Dieu, et ceux qui résistent attireront une condamnation sur eux-mêmes.»

D'autre part, l'apôtre Pierre dit que le gouvernement a été établi par Dieu pour punir ceux qui font le mal et louer ceux qui font le bien. Notre liberté chrétienne ne nous affranchit pas de cette autorité et du respect que nous devons aux lois qu'elle a établies. La Parole de Dieu donne une seule limite à cette règle: si l'autorité établit des lois en opposition flagrante avec le commandement de Dieu, nous devons alors obéir à Dieu plutôt qu'aux hommes.

Si le gouvernement jugeait prudent, pour le bien de tous, que nous roulions à 40 km/h. dans les localités, nous devrions nous soumettre bien sûr. Mais, par contre, si ce même gouvernement nous interdisait de prêcher ou d'enseigner l'Evangile à nos enfants, nous devrions désobéir à ses ordres car ils vont à l'encontre du commandement divin.

Annonce de l'Evangile et liberté.

Nous voyons l'apôtre Paul user d'une grande liberté concernant les choses indifférentes, afin d'apporter l'Evangile à tous. En 1 Corinthiens 9:19-23 il déclare: «Car, bien que je sois libre à l'égard de tous, je me suis rendu le serviteur de tous, afin de gagner le plus grand nombre. Avec les Juifs, j'ai été comme Juif, afin de gagner les Juifs; avec ceux qui sont sous la loi, comme sous la loi – et pourtant je ne suis pas moi-même sous la loi – afin de gagner ceux qui sont sous la loi; avec ceux qui sont sans loi, comme sans loi – et pourtant je ne suis pas moi-même sans la loi de Dieu, mais sous la loi de Christ – afin de gagner ceux qui sont sans loi. J'ai été faible avec les faibles, afin de gagner les faibles. Je me suis fait tout à tous, afin d'en sauver de toute manière quelques-uns. Je fais tout à cause de l'Evangile, afin d'y avoir part.»

Considérons jusqu'où peut aller une telle liberté. Paul a circoncis Timothée, tout en sachant que la circoncision n'importait plus, afin de ne pas choquer ceux qu'il rencontrerait; mais, par contre, dans d'autres circonstances, il refusa de circoncire Tite afin de ne pas cautionner une attitude erronée de ses auditeurs par rapport à la loi cérémonielle.

Ainsi, la liberté dont parle Paul dans ce passage concerne les choses qui n'altèrent ni ne corrompent en aucune façon le message de l'Evangile. Elles sont indifférentes et peuvent être pratiquées à certains moments et pas à d'autres, en toute bonne conscience afin de ne pas mettre des barrières inutiles dans l'annonce de l'Evangile.

On sait, par exemple, que des missionnaires ont eu beaucoup de difficulté à pénétrer dans certaines régions viticoles parce qu'ils avaient pour principe de ne pas boire une seule goutte d'alcool. Dans un tel cas, on peut dire qu'ils n'avaient pas compris ce principe de Paul selon lequel il leur fallait passer sur de tels détails afin de pouvoir atteindre les hommes dans leur culture.

Frères faibles et liberté

Plusieurs chapitres de la Parole de Dieu traitent ce sujet. Nous nous concentrerons sur quelques éléments importants.

Quel doit être notre comportement envers ceux qui, à cause de leur conscience, ont une liberté restreinte concernant l'usage de bonnes choses que Dieu nous a accordées? L'apôtre Paul nous enseigne qu'en pareil cas, c'est le fort, celui qui se sent libre, qui doit supporter, s'adapter, au faible. Il doit éviter d'être une occasion de scandale, de chute, pour son frère plus faible. En 1 Corinthiens 8:9-13 il affirme: «Prenez garde, toutefois, que votre droit ne devienne une pierre d'achoppement pour les faibles. Car si quelqu'un te voit, toi qui as de la connaissance, assis à table dans un temple d'idoles, sa conscience, à lui qui est faible, ne le portera-t-elle pas à manger des viandes sacrifiées aux idoles?... C'est pourquoi, si un aliment fait tomber mon frère, jamais plus je ne mangerai de viande, afin de ne pas faire tomber mon frère.»

Dans quel cas ce principe s'applique-t-il? Faut-il accepter que toute l'Eglise se laisse remettre sous la loi des «tu dois» et «tu ne dois pas» des plus scrupuleux d'entre nous? Ou se soumettre à chacune des petites habitudes de chacun afin de ne choquer personne? Pas du tout. Notre Seigneur n'a eu aucun scrupule à scandaliser cette forme de pharisaïsme. Un jour, ses disciples lui dirent que les Pharisiens avaient été scandalisés d'entendre ses paroles et il répondit: «Toute plante qui n'est pas plantée par mon Père céleste sera déracinée.»

Ce principe de ne pas scandaliser, de ne pas être une occasion de chute, s'applique uniquement aux cas de conscience. Un frère peut avoir une conviction profonde – à partir de la Parole de Dieu – de s'abstenir de quelque chose qui pourrait nuire à sa vie spirituelle (comme l'exemple donné par Paul dans le passage mentionné plus haut). Dans ce cas, je devrai comprendre que la santé spirituelle de ce frère, que sa communion avec le Seigneur, est beaucoup plus importante que cette chose, bonne, dont j'ai la liberté d'user dans un autre contexte.

Il est grave de scandaliser un frère, parce que nous formons un corps dans lequel nous devons nous édifier les uns les autres à la gloire de Dieu. Sachons donc tout faire pour l'édification de ce corps. Selon Romains 15:1, 2: «Nous qui sommes forts, nous devons supporter les faiblesses de ceux qui ne le sont pas, et ne pas chercher ce qui nous plaît. Que chacun de nous plaise au prochain pour ce qui est bon, en vue de l'édification.»
Sachons abandonner ce qui nous plaît, ce qui est légitime, ce qui est bon, pour le bien du corps dans son ensemble. Dans toutes les questions de liberté chrétienne, préoccupons-nous de la gloire de Dieu et de l'amour du prochain plutôt que de notre intérêt.

La question n'est pas de savoir comment je peux utiliser au maximum ma liberté, mais plutôt comment utiliser ma liberté dans ce corps qu'est l'Eglise pour que chacun soit édifié.

Chapitre 22 : L'adoration

Deutéronome 12:29-13:1 ; Jean 4:20-26 ;
Apocalypse 19:1-8

Vous avez peut-être un jour visité une autre Eglise ou parlé avec des amis chrétiens au sujet du culte et de l'adoration et vous avez constaté qu'il existe des pratiques bien différentes. Vous vous demandez pourquoi nous n'incluons pas tel ou tel élément dans notre culte et comment adorer Dieu le mieux possible.

Jésus, en Jean 4:20-26, souligne que le Père recherche des adorateurs «en esprit et en vérité». C'est pourquoi, nous devons nous préoccuper du sujet de l'adoration.

Qu'est-ce que l'adoration du Dieu trois fois saint? Quels sont les principes qui régissent cette activité? Que nous enseigne la Bible à ce sujet?

Qu'est-ce que l'adoration?

L'adoration est le but suprême de l'homme. C'est le point culminant du dessein éternel de Dieu pour son peuple. Selon 1 Pierre 2:9 : «Vous, par contre, vous êtes une race élue, un sacerdoce royal, une nation sainte, un peuple racheté, afin d'annoncer les vertus de celui qui vous a appelés des ténèbres à son admirable lumière.»

Ainsi, contrairement à ce que nous avons parfois tendance à penser, le but ultime du plan de Dieu n'est pas notre salut, mais sa gloire. Ce verset nous rappelle que Dieu nous rachète pour que nous proclamions ses vertus au monde. Il prend plaisir à ce que son Eglise parle de ce qu'il est : combien il est bon, juste, miséricordieux et qu'elle lui rende grâce pour son œuvre si merveilleuse de rédemption.

Nous trouvons de nombreux exemples d'une telle adoration dans le Nouveau Testament. L'apôtre Paul s'exclame en Romains 11:33 : «O profondeur de la richesse, de la sagesse et de la connaissance de Dieu! Que ses jugements sont insondables et ses voies incompréhensibles! En effet, qui a connu la pensée du Seigneur, ou qui a été son conseiller? Qui lui a donné le premier, pour qu'il ait à recevoir en retour? Tout est de lui, par lui et pour lui! A lui la gloire dans tous les siècles. Amen!»

Apocalypse 19:1-8 nous dévoile que cette adoration sera la mission des rachetés pour toute l'éternité. Dieu est assis sur son trône. Il reçoit la louange, l'adoration de cette grande foule composée des peuples sauvés par Jésus-Christ et rassemblés pour l'éternité. Lorsque nous serons auprès du Seigneur dans les cieux, la foi, l'espérance chrétienne, l'intercession, l'évangélisation, et tant d'autres activités disparaîtront. Mais l'adoration, l'amour pour Dieu et pour nos frères et sœurs, demeureront éternellement.

Ainsi, adorer Dieu c'est nous détourner de nos propres intérêts, de nos soucis et vivre pour lui, penser à lui, à ce qui le glorifie. C'est un service que nous accomplissons, c'est pourquoi Pierre explique aux croyants qu'ils sont des sacrificateurs. Ils sont au service de Dieu, ils lui rendent un culte – comme les sacrificateurs dans le Tabernacle et le Temple juif – ils s'approchent de Dieu selon les règles qu'il a établies, avec révérence et crainte.

L'apôtre Paul, en Romains 12:1, 2, souligne que ce service, ce culte que nous rendons à Dieu, n'engage pas seulement nos paroles et nos pensées, mais tout notre être: «Je vous exhorte donc, frères, par les compassions de Dieu, à offrir vos corps comme un sacrifice vivant, saint, agréable à Dieu, ce qui sera de votre part un culte raisonnable. Ne vous conformez pas au monde présent, mais soyez transformés par le renouvellement de l'intelligence, afin que vous discerniez quelle est la volonté de Dieu: ce qui est bon, agréable et parfait.»

L'adoration est donc cet humble service envers le Dieu souverain par lequel nous proclamons ses vertus. Il implique une transformation de notre être, un renouvellement de notre intelligence déchue, afin que nous discernions sa volonté et que nous l'appliquions dans tous les domaines de notre vie.

Pourquoi les chrétiens vont-ils au culte ? C'est dans le but d'être éclairés par l'Esprit de Dieu afin de mieux comprendre qui il est, ce qu'il a fait pour eux et de grandir dans leur connaissance de Dieu. Une connaissance qui les conduira à l'obéissance à sa Parole afin de le glorifier. Celui qui vit dans cette perspective est un vrai adorateur du Seigneur à chaque instant de sa vie, alors que celui qui assiste au culte simplement pour y retrouver des amis ou passer un bon moment à se faire du bien en chantant... n'est pas un vrai adorateur. Car l'adoration que Dieu attend de son Eglise, est un engagement constant à son service.

Qui devez-vous adorer ?

La réponse à cette question semble évidente ! Nous devons adorer Dieu seul ; le Dieu trinitaire, Père, Fils et Saint-Esprit.
Il n'y a dans la Parole de Dieu aucune place pour l'adoration des anges ou d'une autre créature que Dieu. L'apôtre Jean en fit l'expérience dans sa vie comme nous le relate Apocalypse 22:8 : «C'est moi, Jean, qui ai entendu et vu ces choses. Et quand j'eus entendu et vu, je tombai aux pieds de l'ange qui me les montrait, pour l'adorer. Mais il me dit : Garde-toi de le faire. Je suis ton compagnon de service, et celui de tes frères les prophètes, et de ceux qui gardent les paroles de ce livre. Adore Dieu !»
Il n'y a pas de place non plus pour l'adoration ou vénération des saints et de Marie, comme l'Eglise Catholique Romaine l'ordonne. L'apôtre Pierre refusa l'adoration ou la vénération de sa personne par d'autres hommes comme nous le montre sa rencontre avec Corneille : «Lorsque Pierre entra, Corneille, qui était allé à sa rencontre, tomba à ses pieds et se prosterna. Mais Pierre le releva et dit : Lève-toi ; moi aussi, je suis un homme»

(Ac 10:25, 26). Il en va de même pour Paul qui déclare aux païens de Lystre : «Pourquoi faites-vous cela ? Nous sommes, nous aussi, des hommes de même nature que vous...» *(Ac 14:15)*.

Selon Romains 1:25, l'adoration des créatures (anges, apôtres...) au lieu du Créateur est un signe d'aveuglement spirituel. Alors, une petite remarque pour nous encourager à prendre garde à notre vocabulaire. N'employons pas le mot «adorer» à la légère, pour signifier que nous aimons quelque chose, mais réservons-le pour notre relation avec Dieu car lui seul est digne d'être adoré.

Après ces remarques importantes, tournons-nous vers celui que nous devons adorer. Nous ne trouvons aucun verset dans la Parole de Dieu qui dise explicitement que nous devons adorer le Saint-Esprit. D'autre part il n'y a que quelques passages où il est fait mention de personnes qui adorent Jésus-Christ en tombant à ses pieds. Ainsi, selon les propres paroles de notre Seigneur, dans Jean 4:21 et 23, nous devons comprendre que notre adoration doit être dirigée vers le Père.

Pourquoi en est-il ainsi ? Ce n'est pas que l'Esprit et le Fils soient moins dignes d'adoration que le Père. Mais c'est parce que dans l'adoration il en va comme dans le salut : chaque personne de la Trinité possède une place spécifique. C'est le Père qui reçoit l'adoration car c'est lui qui a préparé le salut de toute éternité. C'est le Fils qui rend cette adoration possible puisque, par son œuvre, il nous a réconciliés, rendus acceptables devant le Père. C'est le Saint-Esprit qui suscite cette adoration en nous car il nous a fait naître à la vie nouvelle, il nous a régénérés, il illumine notre entendement et nous permet de comprendre qui est Dieu.

Ainsi, il est juste d'adorer Dieu le Père, par le Fils, avec l'aide de l'Esprit Saint. L'apôtre Paul exhorte les Ephésiens à adorer Dieu selon cette structure en Ephésiens 5:18-20 : «Mais soyez remplis de l'Esprit : entretenez-vous par des psaumes, des hymnes et des cantiques spirituels, chantez et célébrez le Seigneur de tout votre cœur ; rendez toujours grâce pour tout à Dieu le Père, au nom de notre Seigneur Jésus-Christ.»

Paul dit que la plénitude de l'Esprit conduira les croyants à adorer le Père, au nom du Seigneur Jésus-Christ. Telle est l'adoration que nous devons rendre à Dieu. Comprenez-moi bien, il ne s'agit pas de dévaloriser une personne de la Trinité aux dépens d'une autre. Mais il existe un ordre établi, institué par Dieu et qui doit être respecté car notre Seigneur lui-même s'y soumet. Dans 1 Corinthiens 15:27, 28 Paul écrit : «Dieu, en effet, a tout mis sous ses pieds. Mais lorsqu'il dit que tout lui a été soumis, il est évident que celui qui lui a soumis toutes choses est excepté. Et lorsque toutes choses lui seront soumises, alors le Fils lui-même sera soumis à celui qui lui a soumis toutes choses, afin que Dieu soit tout en tous.»

Adresser votre adoration au Saint-Esprit c'est lui donner une place qu'il n'a pas dans l'adoration et l'histoire du salut, ni dans la Trinité. Alors, adressons notre adoration au Père, par le Fils, avec l'aide du Saint-Esprit. Tels sont les adorateurs en esprit et en vérité que le Père recherche.

Comment devez-vous l'adorer ?

Les critères pour une adoration qui plaît à Dieu sont définis par notre Seigneur lui-même : «Le Père recherche des adorateurs en esprit et en vérité» *(Jn 4:23, 24)*.
Pourquoi en esprit ? Parce que Dieu est esprit et que ses adorateurs doivent l'adorer selon sa nature et son caractère ; selon ce qu'il est et ce qu'il aime. Pourquoi en vérité ? Parce qu'ils doivent l'adorer selon ce que le Seigneur lui-même, qui est la vérité, a institué dans sa Parole.

Ici il existe une différence significative entre les diverses Confessions chrétiennes. Pour les Anglicans, les Luthériens et les Catholiques Romains, tout ce qui n'est pas formellement interdit par la Parole de Dieu peut être inclus dans le culte rendu à Dieu. C'est pourquoi, dans ces Eglises, on admet des cierges, des vêtements luxueux, de l'encens, etc.

Une telle approche est refusée par les Eglises réformées

historiques qui déclarent qu'une telle façon d'envisager le culte est en désaccord avec l'Ecriture, affirmant que tout ce qui n'est pas formellement enseigné et commandé par Dieu dans sa Parole concernant l'adoration, n'a aucune place dans le culte. C'est ce qu'on appelle le principe régulateur*.

Ce principe est fondé sur le texte de Deutéronome 12:29-13:1 : «Lorsque l'Eternel, ton Dieu, aura exterminé devant toi les nations que tu vas déposséder, lorsque tu les auras dépossédées et que tu habiteras dans leur pays, garde-toi de te laisser prendre au piège en les imitant, après qu'elles auront été détruites devant toi. Garde-toi de t'informer de leurs dieux et de dire : Comment ces nations rendaient-elles un culte à leurs dieux? Moi aussi, je veux faire de même. Tu n'agiras pas ainsi à l'égard de l'Eternel, ton Dieu ; car elles faisaient pour leurs dieux toutes sortes d'horreurs qui sont odieuses à l'Eternel, et même elles brûlaient au feu leurs fils et leurs filles en l'honneur de leurs dieux. Vous observerez et vous mettrez en pratique ce que je vous ordonne. Tu n'y ajouteras rien et tu n'en retrancheras rien.»

Que nous dit ce texte? Tout d'abord, nous remarquons qu'il s'agit bien d'un passage qui concerne l'adoration et la régulation du culte au sein du peuple d'Israël *(v.30)*. Ensuite nous observons que l'enseignement principal de ces versets pour le peuple de Dieu est de ne pas se fier à ce qui lui semblait plaisant et acceptable pour l'inclure dans l'adoration de Dieu, mais de se soumettre scrupuleusement aux indications reçues explicitement de Dieu.

Le principe régulateur consiste donc à reconnaître que nous n'avons pas la capacité de déterminer ce qui doit être inclus dans le culte rendu à Dieu et qu'ainsi nous devons nous soumettre aux consignes bibliques trouvées dans le Nouveau-Testament. En d'autres termes, ce n'est pas ce qui nous plaît qui est acceptable pour l'adoration de Dieu, mais ce qui lui plaît. Ce n'est pas ce qui est à la mode et qui «marche», ce qui vous fait du bien et vous réjouit, mais ce que Dieu a commandé!

Nous connaissons tous le triste exemple des fils d'Aaron, Nadab et Abihu *(cf. Lv 10:1, 2)*. Ils prirent chacun un brasier sur lequel ils avaient mis du feu et du parfum, et apportèrent devant l'Eternel «du feu étranger», ce qui était en contradiction avec l'ordre de Dieu. La conséquence de leur désobéissance fut terrible : «Le feu sortit de devant l'Eternel et les consuma : ils moururent devant l'Eternel.»

Nadab et Abihu n'avaient rien fait qui ait été formellement interdit par Dieu. Ils avaient simplement accompli un acte qui n'était pas commandé : apporter du feu étranger. Etait-ce grave ? Bien sûr puisqu'ils en sont morts ! Cet exemple nous permet de saisir toute la gravité d'ajouter ou de retrancher au commandement de Dieu en matière d'adoration et de culte.

Notre Seigneur confirme ce principe lorsqu'il dit aux Pharisiens : «Pourquoi transgressez-vous le commandement de Dieu au profit de votre tradition ?... Ainsi vous avez annulé la Parole de Dieu au profit de votre tradition. Hypocrites, Esaïe a bien prophétisé sur vous, quand il a dit : Ce peuple m'honore des lèvres, mais son cœur est très éloigné de moi, c'est en vain qu'ils me rendent un culte en enseignant des doctrines qui ne sont que préceptes humains» *(Mt 15:3, 6-9)*. Ainsi, ajouter des traditions humaines – ou simplement ce qui nous plaît – au culte de Dieu rend notre adoration vaine : «C'est en vain qu'ils me rendent un culte...»

Comment devons-vous adorer l'Eternel ? Tout simplement en nous soumettant aux exigences de Dieu en cette matière. Dieu, qui pourvut d'une manière parfaite à notre salut, ne nous a pas laissés sans instructions concernant la plus haute tâche de notre service chrétien. Il nous a donné tout ce dont nous avons besoin pour régir correctement le culte que nous devons lui rendre. Si nous y ajoutons des éléments attrayants du monde, des traditions humaines, alors, nous ne sommes pas les adorateurs que le Père recherche. D'autre part, si nous retranchons des éléments à ce qui est enseigné dans la Parole, nous ne sommes pas davantage des adorateurs «en esprit et en vérité». Ce ne sont pas nos critères qui comptent, mais les exigences de Dieu. Il ne s'agit pas d'une question insignifiante, désobéir est une abomination aux yeux de Dieu.

De quels éléments doit se composer votre adoration ?

Nous avons compris la valeur inestimable de ce principe régulateur. Mais nous devons étudier la différence entre le culte du peuple d'Israël sous l'ancienne Alliance, et celui de la nouvelle Alliance, depuis la venue de notre Seigneur Jésus-Christ.

Il y a continuité dans le sens où, sous les deux Alliances, le peuple a le même but : glorifier Dieu par toute sa vie, proclamer ses vertus, son caractère, être à son service, s'approcher de lui avec révérence.

Mais il y a aussi discontinuité ou contraste. En effet, au temps de Moïse et de l'Ancien Testament, ce principe régulateur était extrêmement précis et définissait un nombre impressionnant de cérémonies dans leurs moindres détails. Des cérémonies très matérielles, visuelles – avec des agneaux, du feu, du parfum, des lampes, des vêtements particuliers, etc – des cérémonies qui s'accomplissaient dans un lieu particulier, le tabernacle, puis plus tard, le temple.

Le culte du Nouveau Testament ne s'appuie plus sur ces consignes-là, parce que ces cérémonies ont trouvé leur accomplissement en Christ. Nous n'en trouvons aucune trace dans le texte du Nouveau Testament. Ces consignes de l'Ancien Testament n'ont plus aucune pertinence pour régler notre culte. Nous n'avons plus besoin d'édifices spécifiques pour adorer Dieu puisque nous sommes, selon Ephésiens 2:19-21, des pierres spirituelles qui forment ensemble le temple de Dieu dans lequel l'adoration de Dieu a lieu.

Nous référer aux consignes de l'Ancien Testament pour justifier la danse ou toutes sortes de pratiques vétéro-testamentaires dans le culte et l'adoration de Dieu aujourd'hui ; accorder trop d'importance au local dans lequel nous nous rencontrons, c'est nier – ou sous-estimer en tout cas – l'œuvre de notre Seigneur Jésus-Christ. C'est commettre une erreur herméneutique grave en négligeant le principe qui consiste à toujours interpréter l'Ancien Testament à la lumière du Nouveau.

Aujourd'hui, grâce à Christ, vous qui avez placé votre foi en lui, vous n'entrez plus dans le tabernacle fait par la main des hommes. Vous êtes réconciliés avec Dieu et vous entrez dans le sanctuaire céleste. Selon Hébreux 12:18-24 : «Vous ne vous êtes pas approchés, en effet, d'une montagne qu'on pouvait toucher et qui était embrasée par le feu, ni de l'obscurité, ni des ténèbres, ni de la tempête, ni du retentissement de la trompette, ni d'une clameur de paroles telle que ceux qui l'entendirent demandèrent qu'on ne leur adresse pas un mot de plus. Car ils ne supportaient pas cette injonction : Même si une bête touche la montagne, elle sera lapidée. Et le spectacle était si terrifiant que Moïse dit : Je suis épouvanté et tout tremblant. Mais au contraire vous vous êtes approchés de la montagne de Sion et de la cité du Dieu vivant, la Jérusalem céleste, des myriades d'anges ; de la réunion de l'assemblée des premiers-nés inscrits dans les cieux ; de Dieu, juge de tous ; des esprits des justes parvenus à la perfection ; de Jésus, médiateur d'une nouvelle alliance ; et du sang de l'aspersion qui parle mieux que celui d'Abel.»

Ainsi, selon ce texte, lorsque nous sommes réunis en Eglise pour rendre un culte à Dieu, nous ne sommes pas simplement dans la communion fraternelle les uns avec les autres, mais nous sommes aussi en communion avec les anges, avec l'Eglise triomphante, avec notre Seigneur, avec les héros de la foi et avec l'Eglise de tous les temps. Voilà pourquoi nous ne pouvons pas adorer Dieu comme nous le désirons, mais selon ce qu'il a établi lui-même.

Certes, les consignes données dans le Nouveau Testament, pour régir notre culte, ne sont pas aussi détaillées que celles de l'Ancien Testament. Il existe une certaine liberté, quant à la forme et l'organisation de celui-ci. C'est pourquoi vous pourrez remarquer de petites différences entre des Eglises d'un même type, attachées aux mêmes vérités ainsi qu'à ce principe régulateur. Cependant, répétons-le, notre liberté est limitée par le Nouveau Testament et par les paroles de l'apôtre Paul qui déclare : «Que tout se fasse pour l'édification (...) Que tout se fasse avec bienséance et avec ordre» *(1 Co 14:26, 40)*. Voilà la caractéristique principale d'un culte.

Mais quels sont les «ingrédients» qui doivent se trouver dans notre culte afin que nous adorions Dieu en esprit et en vérité? Ils sont disséminés dans plusieurs textes du Nouveau Testament, Actes 2:42 étant le passage le plus systématique puisqu'il nous parle du rassemblement de l'Eglise primitive: «Ils persévéraient dans l'enseignement des apôtres, dans la communion fraternelle, dans la fraction du pain et dans les prières.» Puis dans Ephésiens 5:19: «Entretenez-vous par des psaumes, des hymnes et des cantiques spirituels; chantez et célébrez le Seigneur de tout votre cœur.» Et enfin dans 1 Timothée 4:13: «Jusqu'à ce que je vienne, applique-toi à la lecture, à l'exhortation, à l'enseignement.»

Nous pouvons résumer ainsi le contenu du culte: les prières, la lecture de la Parole de Dieu et l'enseignement des Apôtres, les sacrements, les louanges.

Les prières ne sont simplement pas des requêtes centrées sur nos propres besoins. Elles sont tournées vers Dieu, vers sa gloire. C'est ainsi que priait l'Eglise primitive. Actes 4:23-26 nous montre l'Eglise persécutée, menacée; mais que faisaient les chrétiens? D'un commun accord ils élevaient leurs voix vers Dieu, non pas pour se lamenter devant le Seigneur, mais plutôt pour l'adorer. Même dans l'opposition et la persécution, les prières doivent en premier lieu rendre honneur et gloire à Dieu parce qu'il en est digne. Elles se fondent sur les Ecritures!

La lecture et l'enseignement des Apôtres. Il s'agit d'un enseignement qui vise à transformer l'auditoire. Il se caractérise par une écoute attentive et une prédication qui nourrit la vie des croyants afin qu'ils glorifient Dieu.

Le pasteur Martin Lloyd Jones* répondit un jour à une dame qui se plaignait parce que les prédications l'épuisaient intellectuellement: le but de la prédication est justement de stimuler l'intelligence afin que le chrétien comprenne mieux les choses de Dieu.

La louange s'accomplit sous forme de cantiques, d'hymnes et de Psaumes – il faut donc chanter les Psaumes: c'est un commandement. Nos chants doivent glorifier Dieu et édifier nos frères. Soyons attentifs aux paroles de nos cantiques : qu'elles soient profondes et nourries de l'enseignement des Ecritures.

Les sacrements. Ce sujet sera développé dans un chapitre ultérieur.

Tels sont les éléments qui constituent l'adoration de Dieu par son Eglise. Nous pouvons, de temps à autre, organiser d'autres rencontres dans les locaux de l'Eglise : une rencontre missionnaire avec des diapositives, visionner un film, un club d'enfants, etc., mais cela ne remplace pas le culte et l'adoration que nous avons à rendre à Dieu lorsque nous sommes réunis en Eglise.

Lorsque nous nous approchons de Dieu en Eglise pour lui rendre le culte qu'il mérite, souvenons-nous de Nadab et Abihu. Rappelons-nous que nous sommes le temple de Dieu ; que nous sommes joints aux anges, à l'Eglise triomphante, aux saints de tous les temps et qu'en quelque sorte, nous pénétrons dans le sanctuaire céleste. Cela nous aidera sans doute à ne pas ajouter, ni retrancher à l'enseignement du Nouveau Testament sur cette question. Et n'oublions pas que c'est la soumission et l'obéissance aux commandements divins et non pas l'effervescence et l'agitation qui font de nous des adorateurs en esprit et en vérité.

Chapitre 23 : Le jour du sabbat

Luc 6:1-11

Après avoir abordé le sujet de l'adoration, la question qui se pose à nous est la suivante : «Demeure-t-il, dans le Nouveau-Testament, un jour particulier mis à part pour que l'Eglise se rassemble pour adorer Dieu ?»

Pour répondre à cette question nous commencerons par examiner l'enseignement de notre Seigneur sur le sabbat, puis dans une deuxième partie, nous quitterons notre texte pour examiner le lien qui existe entre le sabbat et le dimanche afin de comprendre comment cet enseignement sur le sabbat s'applique à l'Eglise d'aujourd'hui.

L'enseignement de Jésus concernant le sabbat

Lorsque nous lisons les Evangiles, nous constatons que notre Seigneur Jésus est critiqué par les juifs dans sa façon de respecter le sabbat car il ne se soumettait pas à leurs traditions.

La loi de Moïse était très explicite sur ce qu'il était légitime ou non de faire en ce jour *(Ex 20:8-11)*. Elle interdisait à l'homme de travailler ou de faire travailler ses enfants, ses esclaves ou ses animaux, car il devait mettre ce jour à profit pour se souvenir du repos de Dieu au septième jour de la création. D'ailleurs le terme «sabbat» signifie «chômé».

Mais les chefs du peuple juif et les pharisiens, qui pensaient détenir l'autorité divine pour déterminer ce qu'il était légitime de faire en ce jour, avaient établi une longue liste de trente-neuf

ouvrages interdits, chacun de ces ouvrages étant divisé en six
sous-sections. La tradition des Pharisiens était donc un système
extrêmement complexe et les activités qu'un juif pouvait accomplir en ce jour étaient très limitées.

Mais Jésus, qui est le maître du sabbat *(Luc 6:5)* puisqu'il l'a
créé, est celui qui en définit les modalités et les règles. Il est donc
la personne parfaitement qualifiée pour nous en parler. C'est
pourquoi son enseignement et son exemple à ce sujet sont d'une
importance capitale car il ne craint pas de bouleverser les habitudes des hommes.

Il nous montre quels sont les trois grands principes qui doivent régir les œuvres accomplies ce jour-là.

1°) Il autorise les œuvres de nécessité *(v. 1-5)*.

C'est un jour de sabbat. Jésus traverse des champs de blé
avec ses disciples. Le texte parallèle de Matthieu 12:1 nous dit
qu'ils ont faim. Alors, chemin faisant, ils arrachent des épis et les
mangent. Quelques Pharisiens qui assistent à la scène, les repren-
nent en affirmant que ce qu'ils font n'est pas autorisé pendant le
sabbat.

En effet, selon leur tradition arracher des épis, les froisser dans
les mains, souffler la balle et manger les grains était assimilable à
moissonner, vanner, moudre et cuisiner. Selon eux, il s'agissait
donc d'un travail prohibé ce jour-là. Ainsi leur Tradition s'opposait à la loi qui autorisait la cueillette pour autant que la personne n'ait pas de récipient et qu'elle ne satisfasse que son
besoin immédiat *(Dt 23:25, 26)*.

Or que fait Jésus dans ce contexte? Il n'argumente pas avec
les Pharisiens sur leur interprétation puérile des gestes des disciples, mais il les conduit à l'Ecriture afin de leur donner un principe concernant ce qu'il est légitime de faire le jour du sabbat.
Dans les versets 3 et 4 il cite un épisode de la vie de David relaté
en 1 Samuel 21:1-7. David fuyait devant Saül. Comme lui et ses
jeunes hommes avaient faim, ils mangèrent les pains de proposition qui avaient été déposés sur la table dans le Tabernacle et qui
étaient réservés aux sacrificateurs.

Que veut démontrer Jésus par cette histoire? Que si David,

dans un contexte de nécessité vitale, a pu en quelque sorte
«ignorer» la loi de Dieu, il est légitime d'interpréter les restric-
tions du 4ᵉ commandement en tenant compte des nécessités
vitales de la vie humaine. Jésus autorise donc la pratique des
œuvres de nécessités le jour du sabbat.

Qu'est-ce qu'une œuvre de nécessité? C'est une œuvre que
l'on est obligé de faire. Par exemple le repas, assurer les trans-
ports publics, les soins hospitaliers, les soins aux animaux
domestiques, traire ses vaches… Ce sont les œuvres qui ne peuvent attendre le lendemain car la vie en dépend.

Dans cette perspective il serait donc légitime de faire la cuisine
le jour du sabbat, tout en veillant toutefois à se limiter à un
repas simple et à préparer à l'avance tout ce qui peut l'être.

2°) Il pratique les œuvres de piété *(v. 6a).*

En Luc 6:6, il est écrit que Jésus enseignait dans une synagogue le jour de sabbat. Est-ce qu'il s'agit d'un travail? Oui, car
l'activité cultuelle est assimilable à un travail selon Matthieu
12:5: «… les jours de sabbat, les sacrificateurs violent le sabbat
dans le temple, sans se rendre coupables.»

Ainsi, tout en étant un travail, les œuvres de piété, qui
contribuent à l'adoration et au culte de Dieu sont acceptables le
jour du sabbat. C'est même un jour spécialement mis à part
pour les accomplir car, comme nous le voyons en Luc 4:16,
Jésus avait la coutume de se rendre à la synagogue chaque
sabbat.

C'est là le sens du mot «sanctifié» qui veut dire: «mis à part
pour» et dont il est parlé dans le quatrième commandement.
Un jour sur sept est mis à part de nos activités habituelles pour
le Seigneur.

Et il est important de souligner l'aspect positif et bienfaisant
de ce commandement pour nous tous, et particulièrement pour
les étudiants et pour ceux qui ont un travail extrêmement stres-
sant. La masse de travail vous incite à retourner à vos livres, à
votre bureau, le dimanche après le culte. Mais c'est une grâce de
Dieu et non une punition de pouvoir quitter vos occupations
habituelles, vos études, un jour sur sept pour prendre du temps

avec Dieu et avec vos frères et sœurs. Vous vous demandez peut-être comment vous allez faire ensuite pour tout terminer. Mais ayez confiance en Dieu. Il est celui qui fortifie, renouvelle et secourt ceux qui l'honorent.

Retenons donc jusqu'ici que les œuvres de nécessité ainsi que les œuvres de piété sont légitimes le jour du sabbat.

Maintenant examinons l'épisode de l'homme à la main sèche que Jésus guérit afin de découvrir le troisième principe établi par notre Seigneur.

3°) Il pratique les œuvres de miséricorde *(v. 6b-11)*.

Ce récit a lieu pendant un autre sabbat, alors que Jésus enseigne à nouveau dans une synagogue. Parmi ses auditeurs se trouve un homme dont la main droite est sèche, c'est-à-dire paralysée.

Les scribes et les pharisiens, dont la perversité est de plus en plus évidente, cherchent un motif pour accuser Jésus. Ainsi ils l'observent pour voir s'il va guérir cet handicapé un jour de sabbat *(v.7)*. Jésus, connaissant leurs raisonnements *(v.8)*, fait lever cet homme au milieu de la foule et leur pose une question *(v.9)* : «Est-il permis le jour du sabbat, de faire du bien ou de faire du mal, de sauver une personne ou de la perdre.»

En face de leur silence, Jésus donne un ordre à l'homme paralysé. Il lui demande de faire ce dont il est incapable : étendre sa main. Et que se passe-t-il ? L'homme obéit et sa main devient saine. Ainsi Jésus donne un ordre à cet homme et par sa parole agissante il le rend capable de l'exécuter. Il est guéri.

Mais ce qui retient notre attention, c'est ce que Jésus veut démontrer aux pharisiens concernant le sabbat par cette guérison. Ils l'accusent, mais Jésus dénonce leur légalisme et rétablit la façon correcte de vivre le sabbat. Pour lui la réponse à la question du verset 9 est évidente, un enfant même aurait pu y répondre. S'il est légitime de faire du bien les six autres jours semaine, bien sûr qu'il est aussi légitime d'en faire le jour du sabbat.

Malheureusement les accusateurs, plus prompts à couper les cheveux en quatre qu'à être sensibles à la souffrance humaine, restent de marbre, les dents serrées. Ils sont remplis de fureur par la guérison de l'homme à la main sèche *(v.11)*.

Jésus a relevé un tel défi pour nous faire comprendre qu'il est légitime d'accomplir des œuvres de miséricorde le jour du sabbat. D'ailleurs ce jour est même spécialement mis à part pour de telles actions. C'est pourquoi Jésus accomplit la plupart de ses guérisons en ce jour.

Les œuvres de miséricorde sont légitimes le jour du sabbat. Or qu'est-ce qu'une œuvre de miséricorde ? C'est tout ce qui contribue à faire du bien aux autres. Un mot d'encouragement, un coup de téléphone, une visite, et pour vous pères : du temps de qualité à l'écoute de vos enfants et de votre épouse alors que vous en manquez cruellement en semaine…

Jésus-Christ nous donne ainsi trois grands principes concernant nos occupations le jour du sabbat : nous pouvons accomplir des œuvres de nécessité, de piété et de miséricorde.

Maintenant il nous faut examiner le lien qui existe entre le sabbat et le dimanche afin de comprendre comment ces trois grands principes s'appliquent à notre vie.

Le sabbat juif et notre dimanche

Actuellement on entend dire parmi les chrétiens que l'enseignement sur le sabbat ne s'applique plus à l'Eglise parce qu'il est accompli en Christ. Par lui nous sommes entrés dans le repos de Dieu. Tous les jours ont la même importance et nous sommes libres de passer nos dimanches comme nous le désirons. Voilà qui explique en partie l'auditoire clairsemé de bon nombre d'Eglises actuellement.

Alors nous examinerons brièvement cinq raisons en faveur de l'application des principes du sabbat à notre dimanche.

1°) Le rythme de sept jours est une ordonnance créationnelle

Dans sa création parfaite, avant l'entrée du péché dans le monde, Dieu voulait déjà que l'homme se repose de ses œuvres un jour sur sept. Et comme le dit aussi le texte de Marc 2:27 : «Le sabbat a été fait pour l'homme et non l'homme pour le sabbat.»

Le rythme de six jours de travail et un jour de repos est un bienfait que Dieu accorde à l'homme. Il était nécessaire pour son bon fonctionnement dans la création parfaite, alors à combien plus forte raison, dans la création détraquée par le péché.

2°) Le quatrième commandement est écrit du doigt de Dieu sur les tables de pierre

Il est impossible de respecter les neuf autres commandements du décalogue, ce que tous les chrétiens sérieux font, et de rejeter celui qui concerne le sabbat. Car ils forment un tout : le Décalogue écrit du doigt de Dieu. Si vous supprimez le quatrième commandement, tôt ou tard vous serez tenté de relativiser les autres.

Ces deux premières raisons nous montrent l'importance bénéfique et capitale de garder un rythme de sept jours dans notre vie. Les suivantes nous montrent pourquoi le jour du repos des chrétiens est passé du sabbat qui était le septième jour de la semaine au dimanche qui en est le premier.

3°) Le Seigneur est ressuscité et il est apparu aux disciples le premier jour de la semaine

De nombreuses références attestent que Jésus est ressuscité le premier jour de la semaine. Lisons Luc 24:1 : «Le premier jour de la semaine, elles se rendirent à la tombe de grand matin…» Jean 20:1 : «Le premier jour de la semaine, Marie-Madeleine se rendit au tombeau…» et Jean 20:19 : «Le soir de ce jour, qui était le premier de la semaine…» La résurrection du Seigneur et son apparition aux disciples en ce jour lui donna un caractère spécial dans l'Eglise primitive.

4°) Les disciples qui ont reçu leur autorité du maître du sabbat ont fait du premier jour de la semaine un jour particulier

Lorsque nous considérons le Nouveau Testament, nous constatons que très rapidement le dimanche est devenu un jour à part dans l'Eglise, même si les croyants se réunissaient aussi les autres jours. L'expression «le premier jour de la semaine» revient à plusieurs reprises pour donner une indication temporelle, alors que les autres jours de la semaine ne sont jamais mentionnés.

Actes 20:6, 7 : «… nous les avons rejoints à Troas où nous

avons passé sept jours. Le premier jour de la semaine, nous étions assemblés pour rompre le pain. Paul, qui devait partir le lendemain, s'entretenait avec les assistants et il prolongea son discours jusqu'à minuit.» Ainsi, Paul attend que le premier jour de la semaine soit passé pour s'en aller, car un rassemblement spécial de l'Eglise avait lieu ce jour-là.

1 Corinthiens 16:1, 2 : «Pour la collecte en faveur des saints, agissez, vous aussi, comme je l'ai ordonné aux Eglises de la Galatie. Que chacun de vous, le premier jour de la semaine, mette à part chez lui ce qu'il pourra…» Le premier jour de la semaine est celui où l'Eglise se réunit et rassemble les offrandes.

Apocalypse 1:10 : «Je fus ravi en esprit au jour du Seigneur…» Jean a reçu la vision de l'Apocalypse pendant le jour du Seigneur qui ne pouvait qu'être le premier de la semaine, le jour de sa résurrection.

Si Jésus-Christ est le maître du sabbat et qu'il en a donné les grands principes, nous devons accepter qu'il ait pu donner autorité à ses disciples pour changer de jour afin de célébrer le jour du repos le dimanche, en souvenir de sa résurrection.

5°) L'auteur de l'épître aux Hébreux déclare qu'il existe encore un repos de sabbat pour le chrétien

En Hébreux 4:3 il est écrit: «Pour nous qui avons cru, nous entrons dans le repos…» Ainsi l'auteur déclare que celui qui croit entre dans le repos de Dieu. De la sorte, par la foi en Christ nous sommes déjà dans le repos éternel, parce que nous sommes réconciliés avec Dieu. Nous avons l'assurance de participer à la félicité éternelle, à l'héritage céleste, en vertu de l'œuvre de salut accomplie de Jésus-Christ.

Mais plus loin, dans le même chapitre *(Hé 4:9, 10)*, l'auteur s'adresse aux mêmes personne et déclare : «Il reste donc un repos de sabbat (une observance de sabbat) pour le peuple de Dieu. Car celui qui entre dans le repos de Dieu se repose aussi de ses œuvres, comme Dieu se repose des siennes.»

Qu'est-ce que l'auteur est en train de dire ? Que bien que nous soyons entrés dans le repos de Dieu par la foi, il demeure une «observance de sabbat», d'un jour mis à part pour Dieu, qui est basée sur l'œuvre parfaite du Christ qui est «celui qui entre dans son repos et se repose aussi de ses œuvres comme Dieu se repose des siennes» *(v.10)*. L'auteur fait donc un parallèle entre l'œuvre de création de Dieu qui fondait le respect du sabbat jusqu'à la résurrection du Christ et l'œuvre de «recréation» du Christ qui fonde le respect d'un nouveau «sabbat».

Le jour a changé car nous vivons de la grâce de Dieu. Il nous fait grâce et nous accorde de commencer notre semaine par le repos, l'adoration, la communion fraternelle… afin de vivre ensuite toute la semaine de cette grâce de Dieu qui nous a été donnée.

Prenons une illustration. Aucun patron ne paie son employé par avance. Ce dernier peut au mieux réclamer une avance de salaire sur les jours de travail effectués. Mais Dieu nous donne le repos en premier, alors que nous n'avons rien fait pour lui, afin que nous nous rappelions que nous vivons constamment de sa grâce totalement imméritée.

Ainsi nous n'avons plus à regarder à Moïse pour les règles et les sanctions concernant le sabbat, car Jésus-Christ est venu comme maître du sabbat. Toutefois cela ne nous autorise pas à rejeter le respect du rythme établi par Dieu car il désire que nous nous reposions aussi de nos œuvres pendant le temps de notre vie ici-bas dans l'attente du repos éternel.

Alors soyons bien clairs, le respect du dimanche ne nous sauve pas. Mais la façon dont nous vivons ce jour montre le sérieux et la profondeur de notre attachement au maître du sabbat qui nous a sauvés, qui a parfaitement respecté le sabbat et qui nous a laissé trois grands principes concernant nos activités pendant ce jour de repos. Nous préférerions parfois, comme les Pharisiens, une longue liste d'interdits. Mais ce n'est pas ainsi que notre Seigneur agit. Il nous responsabilise en nous laissant prendre des décisions selon notre conscience, à la lumière de ces trois principes.

Voici donc les questions qui devraient nous aider à organiser nos activités du dimanche : Est-ce une œuvre de nécessité ? Est-ce une œuvre de piété ? Est-ce une œuvre de miséricorde ?

Si vous avez des doutes au sujet d'une de vos activités, abandonnez-la, car c'est à Dieu que vous devrez rendre compte de votre obéissance au quatrième commandement. Vous serez peut-être critiqué, incompris, mais qu'importe, notre Seigneur l'a été avant vous. Veillez seulement à lui plaire dans toute votre conduite.

Chapitre 24 : L'Eglise

Actes 8:9-21; Ephésiens 2:19-22 ; 1 Pierre 2:4, 5

Dans le sermon précédent, nous avons vu que Dieu s'est racheté un peuple afin qu'il l'adore. Nous sommes sauvés pour glorifier Dieu. De plus, nous devons adorer Dieu comme il nous le demande, selon la forme qu'il a lui-même définie, sans rien ajouter ni retrancher, et non selon ce qui nous semble acceptable.

Nous examinerons maintenant qui est ce peuple d'adorateurs que Dieu a racheté à si grand prix: la vie de son Fils unique. «Vous êtes (...) un peuple racheté, afin d'annoncer les vertus de celui qui vous a appelés des ténèbres à son admirable lumière» *(1 P 2.9)*.

Le sujet de l'Eglise soulève de nombreuses questions dont la réponse dépasse largement le cadre de cette prédication. Pourquoi y a-t-il tant de dénominations? Toutes les Eglises ne se valent-elles pas? Dieu ne serait-il pas mieux glorifié si nous oubliions nos différences afin de ne former qu'une seule grande Eglise mondiale ou du moins déjà dans notre ville? Aujourd'hui nous observons une tendance très forte à ce genre de discours rassembleur, s'appuyant sur le plus petit dénominateur, sous prétexte que ce n'est qu'ainsi que notre Seigneur sera glorifié. Malheureusement, cela se fait bien souvent au détriment de la vérité.

Selon notre habitude, nous chercherons donc plutôt à découvrir quel est l'enseignement biblique sur notre sujet: l'Eglise.

Qu'est-ce que l'Eglise ?

Dans la Bible ce terme est employé dans deux sens différents. Il y a, d'une part, ce que nous appelons l'Eglise invisible et
d'autre part l'Eglise visible.

Vous avez parfois l'impression que l'Eglise est une réalité
extrêmement restreinte : quelques groupes éparpillés dans le
monde. Peut-être même pensez-vous qu'elle n'existait pas avant
la Pentecôte et le ministère de Jésus-Christ.

Mais Hébreux 12:22, 23 nous donne une vision bien différente de ce qu'est l'Eglise de Dieu : «... vous vous êtes approchés
de la montagne de Sion et de la cité du Dieu vivant, la Jérusalem
céleste, des myriades d'anges ; de la réunion et de l'assemblée
(c'est le mot Eglise) des premiers-nés inscrits dans les cieux...»

Ici l'Eglise est définie comme «l'assemblée des premiers-nés
inscrits dans les cieux...» Il s'agit de l'Eglise invisible. Tous ceux
que Dieu a élus de toute éternité et rassemblés tout au long de
l'histoire humaine ; tous ceux qui ont été rachetés par le
sang du Christ et qui ne forment qu'un seul peuple ; ceux que
l'apôtre Paul appelle la descendance d'Abraham, ceux qui sont à
Christ, selon Galates 3:29 : «Et si vous êtes à Christ alors vous
êtes la descendance d'Abraham, héritiers selon la promesse».

L'Eglise invisible est donc composée de tous les rachetés de
tous les temps ; de tous ceux qui sont au bénéfice du sacrifice du
Christ ; qui ont été sauvés et qui seront sauvés par la foi en lui. Il
est important de bien comprendre cette réalité : celui qui se
repent et qui place sa foi en Christ est immédiatement intégré au
peuple de Dieu. Il est ajouté comme une pierre spirituelle à cet
édifice, cette habitation spirituelle que Dieu est en train de
construire petit à petit, tout au long de l'histoire.

Dès le moment de votre conversion, vous faites partie de
cette Eglise invisible. Vous ignorez de quoi sera faite votre vie
chrétienne : votre mission, votre chemin, vos épreuves. Vous
connaissez peut-être de grandes faiblesses spirituelles et vous
commettrez de nombreux péchés pendant votre vie. Mais vous
êtes aux côtés d'Abraham, qui a quitté son pays par la foi pour

une terre étrangère ; aux côtés de Moïse, qui préféra le sort du peuple de Dieu à la jouissance passagère de la cour de Pharaon ; aux côtés de Jérémie et d'Esaïe qui prêchèrent le jugement de Dieu sur son peuple infidèle ; aux côtés de l'eunuque éthiopien qui s'en retourna tout seul, joyeux, d'avoir compris le message de l'Evangile ; aux côtés du brigand sur la croix auquel il fut promis d'être, le jour même, dans le paradis de Dieu ; aux côtés de l'apôtre Paul et de tous ceux qui ont été appelés au salut, par Dieu, dans tous les siècles.

Ainsi vous faites partie de ce rassemblement de tous les élus de Dieu, appelés au salut. Il n'en manque pas un seul car Dieu est fidèle. Et ceux qu'il appelle selon son dessein, il les conduit jusque dans la gloire, selon le chapitre 8 de Romains.

Ainsi, l'Eglise est formée de chrétiens avec un corps et bien visibles, mais on l'appelle invisible parce qu'il est difficile d'en discerner les limites exactes avec nos yeux. Pourquoi cela ? Parce que l'Eglise invisible est composée de tous ceux qui ont un cœur nouveau. Et qui connaît les cœurs ? Dieu seul connaît le cœur de ceux qui lui appartiennent.

L'Eglise invisible est parfaite parce qu'elle ne contient que ceux qui ont été régénérés par l'Esprit de Dieu et qui ont été lavés par le sang de Christ. Elle est universelle parce qu'elle transcende les époques, les temps, les cultures et les nations, pour rassembler tous les élus en un seul peuple.

Mais le Nouveau Testament emploie également le mot «Eglise» dans un sens plus restreint. Il s'agit alors d'une autre réalité : celle de l'Eglise locale. C'est le rassemblement local, structuré, temporel, des croyants dans un lieu précis, à une époque précise. J'ai bien dit un rassemblement local, structuré, organisé. Car il ne suffit pas d'être réunis à quelques chrétiens pour pouvoir dire que nous formons une Eglise.

D'ailleurs, regardons comment l'apôtre Paul parle d'un ensemble de croyants qui ne sont pas encore organisés en Eglise, dans Tite 1:5 : «Je t'ai laissé en Crète, afin que tu mettes en ordre ce qui reste à régler, et que, selon mes instructions, tu établisses des anciens dans chaque ville.» Nous constatons que pour l'apôtre, aussi longtemps que les Eglises locales n'étaient pas organisées avec un corps d'anciens et des diacres, il y avait des choses à «mettre en ordre» selon des «instructions» précises.

Cependant, il existe un lien étroit entre l'Eglise locale, qui est visible, et l'Eglise invisible. Toutefois, il ne s'agit pas d'une identification parfaite. L'Eglise invisible est composée de ceux dont Dieu juge les cœurs, alors que l'Eglise visible ne peut être établie selon de tels critères puisque personne ici-bas – pas même les anciens – ne peut juger les cœurs. L'Eglise locale, visible, accueille donc les croyants selon d'autres critères bibliques :
–   une profession de foi en Christ crédible ;
–   une marche en obéissance au Seigneur ;
–   une démonstration de la réalité de ce changement manifesté publiquement en passant par les eaux du baptême.

L'Eglise locale est donc bâtie avec des hommes et des femmes qui satisfont à ces critères. Mais il peut arriver qu'il y ait au sein d'une Eglise locale, des gens qui répondent apparemment à ces critères sans que leur cœur ait été transformé par Dieu.

C'est ce que démontre le récit concernant Simon le magicien dans Actes 8:20, 21. A la suite de la prédication de Philippe en Samarie, Simon, ayant fait profession de foi, a été baptisé et inclus dans l'Eglise locale. Pourtant, quelques temps plus tard, Pierre déclare que son cœur n'est pas droit et que s'il n'y a pas une repentance réelle dans sa vie, il est sur le chemin de la perdition et, par conséquent, il ne fait pas partie de l'Eglise invisible. Comment est-ce possible ? Parce qu'aucun homme (et pas même un apôtre) n'a la capacité de lire dans les cœurs. Il doit baptiser et accueillir dans l'Eglise locale en fonction de la profession de foi qu'il a entendue et de l'obéissance au Seigneur qu'il a observé.

C'est pourquoi la Parole de Dieu exhorte régulièrement les Eglises locales à la vigilance et à l'exercice de la discipline ecclésiastique. Elle leur rappelle qu'il peut se trouver dans leur sein des loups, des faux docteurs, des anti-christs. Voilà ce que l'apôtre Jean nous dit : «Ils sont sortis de chez nous, mais ils n'étaient pas des nôtres, car, s'ils avaient été des nôtres, ils seraient demeurés avec nous ; mais de la sorte il est manifeste qu'ils ne sont pas des nôtres» *(1 Jn 2.19)*. Paul quant à lui déclare aux anciens d'Éphèse, en Actes 20:29 : «Je sais que parmi vous, après mon départ, s'introduiront des loups redoutables qui n'épargneront pas le troupeau, et que du milieu de vous se lèveront des hommes qui prononceront des paroles perverses, pour entraîner les disciples après eux.»

Il ne suffit donc pas d'être membre d'une Eglise locale, de fréquenter un lieu de culte pour être en paix par rapport à notre destinée éternelle. Il est possible de tromper une Eglise locale, alors qu'il est impossible de tromper Dieu, car il connaît les cœurs. C'est lui qui ajoute les pierres vivantes à l'Eglise invisible. Si jusqu'à présent, vous avez placé votre assurance de salut dans le fait d'être membre d'une Eglise, ou dans vos pratiques ecclésiastiques, au lieu de la placer en Christ seul, c'est le moment de vous repentir et de reconnaître que vous avez fait fausse route.

Ceci dit, l'appartenance à une Eglise locale n'est pas une option laissée au libre choix du chrétien. Personne ne peut justifier l'abandon du culte, le papillonnage d'Eglise en Eglise ou l'isolement en se réfugiant derrière son appartenance à l'Eglise universelle comme on l'entend parfois : «Ce matin je suis allé me promener pendant l'heure du culte, mais j'étais en communion avec vous !»

Il est vrai que les Eglises locales sont imparfaites, qu'elles ont leurs limites ; qu'elles ne jugent pas les cœurs et qu'on peut trouver en elles des hypocrites et des loups ravisseurs. Néanmoins, le Nouveau Testament insiste sur l'importance de l'attachement des croyants au peuple visible de Dieu, l'Eglise locale. Si vous avez été sauvés par Christ, vous devez vous identifier à une Eglise locale. Vous devez profiter de sa structure, jouir des bienfaits que Dieu vous donne par elle.

Maintenant nous avons compris ce qu'est l'Eglise. C'est une réalité double : un peuple unique et parfait que le Seigneur rassemble et, aussi, un rassemblement local des croyants ici-bas. Ceux-ci sont faillibles, imparfaits, mais ils sont en marche et tendent vers le but de la ressemblance croissante à ce Seigneur qu'ils aiment.

Le chrétien doit s'engager dans une Eglise locale, cela est clair. La question qui se pose à nous maintenant est de savoir si l'on peut faire partie, indifféremment, de n'importe quelle Eglise locale ? C'est ce que nous allons examiner.

Quel est le fondement de l'Eglise ?

L'Eglise visible et l'Eglise invisible ont un même fondement, elles reposent sur une même base. Un Corinthiens 3:11 nous le dit : « Car personne ne peut poser un autre fondement que celui qui a été posé, savoir Jésus-Christ. »

Ainsi, toute Eglise qui se veut fidèle ne peut avoir d'autre fondement que Jésus-Christ. En Actes 4:11, 12, Pierre affirme : « C'est lui : La pierre rejetée par vous, les bâtisseurs, et devenue la principale, celle de l'angle. Le salut ne se trouve en aucun autre ; car il n'y a sous le ciel aucun autre nom donné parmi les hommes, par lequel nous devions être sauvés. » C'est Jésus-Christ qui s'est donné afin de racheter son Eglise, qui en est l'époux, qui l'a aimée de toute éternité. Il est appelé à de nombreuses reprises, la pierre « angulaire », de « l'angle », « principale ».

« Voici, je pose en Sion, la pierre angulaire, choisie, précieuse, et celui qui croit en elle ne sera pas confondu » écrit l'apôtre Pierre dans sa première épître (2:6). Christ est la pierre de fondement, la pierre de l'angle qui détermine toute la stabilité et l'orientation de l'édifice. Sans Christ, l'Eglise de Dieu n'existe plus. Si les apôtres sont désignés comme « le fondement de l'Eglise » en Ephésiens 2:20 ; si l'Apocalypse nous dit que leur nom figure sur les douze fondements de la Jérusalem céleste, c'est parce que leur enseignement a fixé nos regards vers Jésus-Christ. Ils nous ont permis de comprendre le salut en Jésus-Christ, de posséder le message de l'Evangile de Jésus-Christ, afin que nous connaissions le seul fondement, Jésus-Christ.

Que fera donc une Eglise qui veut être fidèle ? Elle devra se conformer aux enseignements des apôtres et prêcher le message du salut en Christ seul. Toute Eglise qui ajoute ou qui retranche à ce fondement n'est plus une Eglise de Dieu.

Ainsi, avant de vous engager dans une Eglise, demandez-vous quel est son fondement? Est-ce Jésus-Christ seul et le message des apôtres contenu dans l'infaillible Parole de Dieu qui en est la base? ou a-t-elle d'autres fondements? Une Eglise qui ajoute toute la tradition au message apostolique; une Eglise qui annonce un autre médiateur que Jésus-Christ seul (comme c'est le cas de l'Eglise Catholique Romaine), n'est plus une Eglise de Dieu.

Une Eglise qui, comme la grande majorité des Eglises protestantes actuelles, fait de Jésus-Christ un simple homme; qui le dépouille de sa divinité, de son œuvre expiatoire, de sa résurrection, n'est plus une Eglise de Dieu.

Une Eglise qui met en doute l'enseignement des apôtres dans le Nouveau Testament; une Eglise qui commence à relativiser la pertinence, la normativité des écrits de la Parole de Dieu n'est plus une Eglise de Dieu.

Songez à toutes ces questions avant de vous engager dans une Eglise locale.

Voilà aussi qui nous permet de comprendre pourquoi nous ne pouvons pas collaborer avec tout groupement qui se nomme Eglise, car l'Eglise de Dieu est fondée sur Jésus-Christ seul, tel qu'il est présenté dans l'Ecriture.

Qui la bâtit et a l'autorité sur elle?

En Matthieu 16:18, notre Seigneur déclare à Pierre et aux apôtres qu'il en est le constructeur: «Et moi, je dis que tu es Pierre, et que sur cette pierre je bâtirai mon Eglise, et que les portes du séjour des morts ne prévaudront point contre elle.»

«Je bâtirai mon Eglise.» Notez ici le temps futur: cela signifie que notre Seigneur bâtit et continue, aujourd'hui encore, à bâtir son Eglise. Jésus ajoute un encouragement pour nous: les portes mêmes de l'enfer – l'ennemi de nos âmes – ne prévaudront point contre elle. Cela veut dire que ces portes ne peuvent résister à l'offensive de l'Evangile et que nul ne pourra ravir les brebis du Seigneur de la main du Père *(Jn 10:29).*

Christ rassemble son peuple et le protège contre l'ennemi, quel encouragement n'est-ce pas? Christ bâtit inlassablement, jour après jour, instant après instant son Eglise, il ajoute les pierres spirituelles les unes aux autres. C'est lui qui a autorité sur elle, il en est le chef incontesté: «... mais en disant la vérité avec amour, nous croîtrons à tous égards, en celui qui est le chef, Christ» *(Ep 4:15).*

Les images utilisées dans le Nouveau Testament reflètent bien cette réalité. Si l'Eglise est l'épouse, Christ est l'époux; si l'Eglise est le troupeau, Christ est le berger; si l'Eglise est le corps, Christ est la tête.

Ainsi, Christ est celui qui construit l'Eglise invisible et, de la même manière, il construit les Eglises locales et il en prend soin. Lisons Ephésiens 4 à partir du verset 11: «C'est lui qui a donné les uns comme apôtres, les autres comme prophètes, les autres comme évangélistes, les autres comme pasteurs et docteurs, pour le perfectionnement des saints. Cela en vue de l'œuvre du service et de l'édification du corps du Christ, jusqu'à ce que nous soyons tous parvenus à l'unité de la foi et de la connaissance du Fils de Dieu, à l'état d'homme fait, à la mesure de la stature parfaite du Christ.»

Notre Seigneur pourvoit aux besoins des Eglises locales. Il donne des anciens, des pasteurs-enseignants dans un but précis: afin que l'Eglise croisse spirituellement, en vue d'une pleine maturité chrétienne, en vue d'une plus grande unité entre les croyants. Ses responsables possèdent une autorité déléguée par Dieu s'ils sont fidèles à l'enseignement des apôtres.

De plus, au sein même de l'Eglise, le Seigneur accorde des dons à chaque croyant, pour le bien commun. Lisons 1 Pierre 2:5: «Et vous-mêmes, comme des pierres vivantes, édifiez-vous pour former une maison spirituelle, un saint sacerdoce, en vue d'offrir des victimes spirituelles, agréables à Dieu par Jésus-Christ.» Christ fait de vous des pierres vivantes, c'est-à-dire, agissantes; il vous a rachetés et vous a placés dans son Eglise afin que vous remplissiez une fonction précise. Le chrétien ne vient pas à l'Eglise pour recevoir seulement, mais pour servir, édifier, mettre ses dons au service des autres, en vue de la croissance spirituelle de tous.

Cette mission nous dépasse n'est-ce pas? Mais nous avons l'assurance que notre travail ne sera pas vain, parce que le Seigneur agit. La construction de l'Eglise est son œuvre, mais il se sert de chaque croyant. Ne comptons pas sur nos propres forces mais sur lui; implorons-le par la prière afin qu'il continue à bâtir son Eglise dans le monde; afin qu'il continue à nous édifier, à nous conduire dans la maturité chrétienne.

Comment éviter l'apostasie de l'Eglise?

Christ a promis de bâtir lui-même son Eglise, cependant nous avons vu qu'aucune Eglise locale n'est parfaite. Dans ce cas, il peut arriver qu'une Eglise apostasie, c'est-à-dire se détourne de la vérité, de l'amour de Dieu et se place sous son jugement.

A ma connaissance, il ne subsiste aujourd'hui aucune des Eglises mentionnées dans Apocalypse 2 et 3. De Laodicée, Ephèse, Sardes et Thyatire, il ne reste que des ruines, des pierres mortes sous le soleil. Dans le même ordre d'idée, on trouve dans notre ville, notre canton, de magnifiques temples qui ne suffisaient pas à contenir les fidèles au temps de la Réforme et des Réveils, mais dont les portes sont closes aujourd'hui. Pourtant les doctrines bibliques étaient prêchées avec conviction dans ces temples, il y a 400 ans. Aucune Eglise n'est à l'abri de l'apostasie!

Voilà pourquoi il est important de nous poser cette question: comment éviter l'apostasie? La réponse est: veiller, être vigilant. Nous trouvons à plusieurs reprises cette exhortation dans la bouche des apôtres. Mais à quoi devons-nous veiller?

Veillez à votre engagement: «N'abandonnons pas notre assemblée, comme c'est la coutume de quelques-uns, mais exhortons-nous mutuellement, et cela d'autant plus que vous voyez le jour s'approcher» *(Hé 10:25).*

Veillez à votre vie spirituelle: «Veillez et priez, afin de ne pas entrer en tentation» *(Mc 14:38)*; «Ne donnez pas accès au diable» *(Ép 4:27)*; «Veillez à ne pas devenir tiède comme l'Eglise de Laodicée» *(Ap 3:16).*

Veillez encore «les uns sur les autres» selon Hébreux 10:24, non pas avec suspicion, mais avec un réel souci d'entretenir la communion mutuelle et l'entraide fraternelle.

Enfin, veillez sur votre Eglise afin que les marques caractéristiques de toute Eglise fidèle continuent à être présentes dans son rassemblement:

– un enseignement fidèle à la doctrine des apôtres;
– la pratique régulière des sacrements, qui nous rappellent l'œuvre de notre Seigneur;
– l'exercice de la discipline ecclésiastique en soumission à la Parole de Dieu, avec compassion et fermeté.

Veillez et priez afin que votre Eglise locale tende toujours plus à refléter l'Église invisible, ce rassemblement pur, sans tache, des croyants de tous les temps. Qu'elle accomplisse sa mission de proclamation de l'Evangile et d'adoration de Dieu. Voilà ce qu'est l'Eglise de Dieu que Christ chérit et dont il est le fondement, le bâtisseur, le roi.

Chapitre 25 : Les sacrements

Mathieu 28:18-20 ; Marc 14:12-31

Aujourd'hui, nous nous arrêterons sur les deux ordonnances, ou sacrements, que le Seigneur a donnés à son Eglise : le repas du Seigneur – ou la cène, comme nous avons l'habitude de l'appeler – et le baptême.

Il est légitime d'employer le mot «sacrement» si nous lui donnons son sens premier, c'est-à-dire quelque chose de sacré : qui a été retiré de son usage normal ou habituel pour être consacré à Dieu. Dans ce cas, le pain et le vin, l'eau du baptême ont été retirés de leur usage ordinaire pour être mis au service de Dieu afin de représenter un message précis.

Par contre, dans un contexte catholique romain, il est plutôt conseillé d'employer le mot «ordonnance» car pour l'Eglise romaine le mot sacrement a un autre sens. Il indique un moyen par lequel Dieu communique la grâce s'il est droitement administré. Nous utiliserons donc le mot sacrement dans son sens premier.

Lorsqu'on aborde le sujet de la cène et du baptême, on pense en général à la distinction baptisme/pédobaptisme (baptême des nouveaux-nés), mais, la réalité est beaucoup plus complexe. Il convient de distinguer premièrement les «sacramentalistes» qui accordent une vertu aux éléments du baptême ou de la cène (comme l'Eglise Catholique romaine, l'Eglise luthérienne et l'Eglise anglicane), des «non-sacramentalistes» qui n'accordent pas de vertu aux éléments mêmes : pain, vin et eau.

Parmi les non-sacramentalistes, nous trouvons les «réformés-pédobaptistes» fidèles à l'enseignement des réformateurs, les «réformés-baptistes» comme notre propre Eglise, ainsi que les autres baptistes et évangéliques de toute sorte.

De plus, au sein de ces non-sacramentalistes, il faut encore distinguer entre ceux qui voient les sacrements comme des signes de l'alliance de grâce faite par Dieu avec Abraham et réalisée tout au long de l'histoire – c'est le cas des réformés-pédobaptistes et des réformés-baptistes – et ceux qui ne voient dans le baptême qu'un signe purement humain, une simple témoignage personnel – comme c'est le cas de la plupart des évangéliques et des anabaptistes.

Il s'agit donc de ne pas faire des clivages là où il ne devrait pas y en avoir car il est possible d'avoir des pratiques différentes concernant les sacrements – comme c'est le cas entre réformés-baptistes et réformés-pédobaptistes – tout en étant très proches dans notre compréhension de l'unité du message et de l'histoire du salut à cause de l'alliance que Dieu a faite avec son peuple. Il est également possible tout en pratiquant un signe identique, d'avoir des théologies diamétralement opposées.

C'est donc dans le but de montrer l'unité et le développement de l'alliance de grâce tout au long de l'histoire de l'Eglise que nous aborderons la cène et le baptême.

Qui a institué le baptême et la cène?

C'est Jésus-Christ, selon Marc 14:22: «Pendant qu'ils mangeaient, Jésus prit du pain, et après avoir dit la bénédiction, il le rompit et le leur donna». Les disciples sont à table avec leur Seigneur qui, au cours du repas donne ce commandement et institue la cène: «prenez et mangez». L'apôtre Paul déclare au sujet de la cène dans la première épître aux Corinthiens 11:23: «J'ai reçu du Seigneur ce que je vous ai transmis.»

La cène a été instituée par celui qui est le fondement, le constructeur, le souverain de l'Eglise de Dieu: le Seigneur lui-même. Le baptême également, en Matthieu 28:19 Jésus-Christ envoie ses disciples dans le monde entier: «Faites de toutes les nations des disciples, baptisez-les…»

Jésus-Christ, qui connaît les besoins de son Eglise, lui a donné ces deux sacrements. Cette simple constatation devrait nous inciter à les pratiquer avec révérence. On ne peut les mettre de côté, les ignorer, ou au contraire en ajouter d'autres sans s'éloigner de la vérité.

Quand les a-t-il institués ?

Selon Marc 14:12 : «Le premier jour des pains sans levain où l'on immolait la Pâque.» Christ institua la cène alors qu'il prenait avec ses disciples le repas de la Pâque pour commémorer la libération de l'esclavage, la délivrance opérée par Dieu lorsqu'il arracha son peuple hors d'Egypte pour le conduire dans la terre promise. Or, cette même nuit, le Seigneur, sera livré comme l'agneau qui «ôte le péché du monde» *(Jn 1:29)*.

Jésus institue la cène à ce moment précis pour que nous comprenions le lien qui existe entre le sang de cet agneau pascal, qui était mis sur les linteaux de la porte et l'agneau qui allait verser son sang sur la croix, afin que les élus soient délivrés du jugement de Dieu.

Jusqu'à quand ces sacrements doivent-ils être observés ?

Marc 14:25 : «En vérité, je vous le dis, je ne boirai plus du fruit de la vigne, jusqu'au jour où j'en boirai de nouveau, dans le royaume de Dieu.» La cène doit être prise jusqu'à un nouveau repas que le Seigneur, lors de son retour glorieux, prendra avec son peuple dans le royaume de Dieu. C'est ce que l'apôtre Paul confirme dans 1 Corinthiens 11:26 : «… jusqu'à ce qu'il vienne». Il est plus difficile de savoir quand a eu lieu l'institution du baptême puisque, dans Jean 4:1, 2 nous apprenons que le Seigneur «… faisait et baptisait plus de disciples que Jean. Toutefois Jésus ne baptisait pas lui-même, mais c'était ses disciples». Ainsi, pendant le ministère terrestre de Jésus, ses disciples, comme les disciples de Jean, baptisaient déjà. Toutefois l'institution formelle du baptême est formulée par notre Seigneur peu avant son ascension, dans Matthieu 28:19 : « Allez, faites de toutes les nations des disciples, baptisez-les au nom du Père, du Fils et du Saint-Esprit, et enseignez-leur à garder tout ce que je vous ai prescrit. »

Les deux sacrements ont été donnés par notre Seigneur à une période spécifique de l'histoire du salut, ils doivent durer jusqu'à son retour en gloire. Il est impossible de cesser de les administrer avant que le Seigneur ne soit revenu.

A qui les a-t-il confiés ?

Lorsqu'il institue les sacrements, Christ s'adresse à ses disciples, ceux qu'il enverra comme apôtres pour enseigner et qui forment en quelque sorte le fondement de l'Eglise.

Le baptême et la cène n'ont pas été ordonnés à des individus mais à l'Eglise de Dieu, à ce corps, ce peuple sur lequel Christ veille, en lui donnant, encore aujourd'hui, des intendants selon Tite 1:7 : « Car il faut que l'évêque soit irréprochable comme intendant de Dieu. » Notre Seigneur a établi sur l'Eglise une structure, des autorités, afin qu'elle continue à administrer le baptême et la cène.

A la lecture de 1 Corinthiens 11:18 nous comprenons que la cène était administrée lors d'un rassemblement formel de l'Eglise : « J'apprends que, lorsque vous vous réunissez en assemblée, il y a parmi vous des divisions... ce n'est pas pour manger le repas du Seigneur... » En Actes 2:41, 42, nous voyons un lien étroit entre le baptême et l'intégration à l'Eglise locale, entre le baptême et le rassemblement des croyants dans un lieu dans lequel on pratiquait la cène : « Ceux qui acceptèrent sa parole furent baptisés ; et en ce jour-là, furent ajoutées environ trois mille âmes. Ils persévéraient dans l'enseignement des apôtres, dans la communion fraternelle, dans la fraction du pain et dans les prières. »

Ainsi les sacrements ont été donnés à l'Eglise locale et ils doivent être administrés dans ce rassemblement de l'Eglise locale.

Malheureusement cette vérité biblique est souvent oubliée aujourd'hui : on termine un camp de jeunes ou une retraite par la cène, on se fait baptiser lors d'une convention para-ecclésiastique, lors d'un voyage en Israël ou ailleurs. Or, ces pratiques sont des désobéissances à l'enseignement de la Parole de Dieu.

Le Seigneur veille sur son Eglise. Il lui a donné les sacrements et c'est dans le cadre de son Eglise que nous découvrons les bienfaits spirituels que ces sacrements procurent.

Comment doivent-ils être administrés ?

Il est frappant de constater la clarté et la sobriété de la Parole de Dieu lorsqu'elle traite de l'administration de la cène. 1 Corinthiens 11:23-25 nous donne trois éléments pour l'administration de la cène : «Car moi j'ai reçu du Seigneur ce que je vous ai transmis. Le Seigneur Jésus, dans la nuit où il fut livré, prit du pain et, après avoir rendu grâce, le rompit et dit : Ceci est mon corps, qui est pour vous ; faites ceci en mémoire de moi. De même, après avoir soupé, il prit la coupe et dit : Cette coupe est la nouvelle alliance en mon sang ; faites ceci en mémoire de moi, toutes les fois que vous en boirez.»

1°) Une prière d'action de grâce par laquelle les éléments – le pain et le vin – sont retirés de leur usage normal pour être consacrés à Dieu comme signes de ce qu'ils doivent représenter.

2°) Une distribution du pain comme symbole du corps du Christ.

3°) Une distribution de la coupe, comme symbole du sang répandu par le Christ.

Ces trois éléments sont importants. On ne doit ni retrancher (comme l'Eglise Catholique romaine, qui ne distribue pas la coupe) ni ajouter quoi que ce soit (comme cette même Eglise qui entoure la distribution de gestes et de signes propres à éveiller la superstition de l'auditoire, tout en voilant le symbole à ceux qui prennent les éléments).

La cérémonie du baptême, elle aussi, est très sobre et simple.

Matthieu 28:19 : «Allez, faites de toutes les nations des disciples, baptisez-les au nom du Père, du Fils et du Saint-Esprit et enseignez-leur à garder tout ce que je vous ai prescrit.» Il s'agit de l'immersion d'une personne dans l'eau au nom du Père, du Fils et du Saint-Esprit. Pourquoi est-il important de mentionner le Père, le Fils et le Saint-Esprit? Parce que les trois personnes de la sainte Trinité ont une part spécifique dans le salut du croyant: le Père a prévu le salut de toute éternité, il a envoyé son Fils ici-bas, afin qu'il vive et meure à notre place; le Fils a accompli le salut en portant notre péché à la croix; l'Esprit a appliqué ce salut au croyant en le régénérant, en lui donnant un cœur nouveau, un esprit d'adoption.

Mais comment savons-nous qu'il s'agit d'immersion et non d'aspersion? Tout d'abord à cause du sens premier du terme grec *baptizo*: tant dans le grec séculier que dans la Septante* (la traduction grecque de l'Ancien Testament), il signifie plonger, immerger, tremper. C'est le même mot utilisé par la Septante dans le récit de Naaman lorsqu'il alla se plonger sept fois dans le Jourdain afin d'être purifié de sa lèpre.

L'idée d'immersion est soulignée dans le baptême de l'eunuque éthiopien dans Actes 8:38, 39 : «Tous deux descendirent dans l'eau, Philippe ainsi que l'eunuque, et il le baptisa. Quand ils furent remontés hors de l'eau, l'Esprit du Seigneur enleva Philippe...»

Enfin l'immersion est la forme qui correspond le mieux à la symbolique de l'ensevelissement et de la mort, qui est celle du baptême, selon Romains 6:4 : «Nous avons donc été ensevelis avec lui dans la mort par le baptême, afin que, comme Christ est ressuscité d'entre les morts par la gloire du Père, de même nous aussi nous marchions en nouveauté de vie.»

De quel message sont-ils le symbole?

Le baptême n'est pas pratiqué uniquement dans l'Eglise chrétienne. De nombreuses sectes et mouvements spirituels ont un rite assez proche de celui du baptême, mais le sens en est fondamentalement différent de celui de l'Eglise de Dieu. Ainsi il ne peut pas être considéré comme un baptême chrétien.

La cène et le baptême sont tous deux les signes, non-verbaux, d'un même message : celui de l'Evangile de Jésus-Christ, mort et ressuscité pour les péchés du monde.

Lisez 1 Corinthiens 10:16, 17 : «La coupe de bénédiction que nous bénissons, n'est-elle pas la communion au sang du Christ ? Le pain que nous rompons, n'est-il pas la communion au corps du Christ ? Puisqu'il y a un seul pain, nous qui sommes plusieurs, nous sommes un seul corps ; car nous participons tous à un même pain.» Le pain et le vin de la cène sont donc le symbole de notre communion au corps et au sang du Christ. Puisque Christ est mort une fois pour toutes, qu'il est entré dans le sanctuaire céleste à jamais, il n'y a plus aucune raison de refaire son sacrifice. En prenant la cène dans la foi, nous nous identifions à cette mort unique de Golgotha.

La cène est également le signe de l'unité qui existe entre les croyants, sauvés par un même Sauveur, par un même sacrifice. Nous mangeons un même pain, buvons à une même coupe et formons un même corps. Vous ne devez donc pas agir comme les Corinthiens qui étaient divisés, amers les uns envers les autres, mais vous devez plutôt vous souvenir que la cène est le symbole de votre unité avec chaque frère et sœur. Vous êtes au bénéfice de la même alliance de grâce par laquelle Dieu sauve des pécheurs dans toutes les nations. C'est pourquoi, avant de prendre ce repas, il importe de s'examiner soi-même afin de voir où se place notre foi et de considérer nos relations avec les autres.

Le baptême symbolise l'union du chrétien avec Christ. Colossiens 2:12, 13 dit en effet : «Ensevelis avec lui par le baptême, vous êtes aussi ressuscités en lui et avec lui, par la foi en la puissance de Dieu qui l'a ressuscité d'entre les morts.» Le baptême témoigne que vous êtes morts et ressuscités en Christ par la foi. Il est un signe de la grâce de Dieu qui a agi en vous et par laquelle vous avez été placés en Christ, un signe de la foi en

Jésus-Christ que Dieu vous a donnée.

Le baptême est encore un signe de la purification du péché. Souvent l'Ecriture parle de l'eau comme symbole de purification ou de pardon comme le démontre Actes 22:16 : «Lève-toi, sois baptisé et lavé de tes péchés, en invoquant son nom». C'est le baptême spirituel qui nous lave, c'est en Christ que nous sommes purifiés, mais l'eau du sacrement en est le symbole concret.

Nous avons vu que le baptême symbolise notre union avec Christ, puis notre pardon, notre purification, mais il est aussi une manifestation de notre réponse à la grâce de Dieu. C'est ce que 1 Pierre 3:21 souligne : «L'eau du déluge était une figure du baptême… qui est la demande adressée à Dieu d'une bonne conscience, par la résurrection de Jésus-Christ.»

Ainsi, le baptême et la cène nous ramènent l'œuvre du Christ, ils nous parlent de sa grâce, du salut que Dieu nous accorde. Tous deux illustrent la réalité de la mort et de la résurrection de Jésus-Christ.

A qui doivent-ils être administrés ?

A tous ceux qui professent leur attachement à Jésus-Christ, à tous ceux qui sont venus à lui dans la repentance et la foi afin de saisir le salut qu'il a accompli.

Nous avons vu jusqu'à présent la proximité des deux sacrements. La cène, comme le baptême, sont des signes de l'alliance : «Cette coupe est la nouvelle alliance en mon sang» *(1 Co 11:25)* et «C'est ici mon sang, le sang de l'alliance, qui est répandu pour beaucoup, pour le pardon des péchés» *(Mt 26:28)*. La coupe, signe de l'alliance, est donc réservée à ceux qui professent la foi et qui marchent en nouveauté de vie. Un Corinthiens 11:27, 28 est d'ailleurs très clair à cet égard : «C'est pourquoi, celui qui mangera le pain et boira la coupe du Seigneur indignement, sera coupable envers le corps et le sang du Seigneur. Que chacun donc s'examine soi-même, et qu'ainsi il mange du pain et boive de la coupe ; celui qui mange et boit sans discerner le corps du Seigneur, mange et boit un jugement contre lui-même. »

Ces versets excluent de la cène toute personne qui la prendrait indignement, c'est-à-dire sans la foi en Christ qui est une manifestation de la régénération. Cela veut dire que toute personne qui n'est pas capable de pratiquer un tel examen d'elle-même est automatiquement exclue de ce repas.

La cène est donc réservée uniquement à ceux qui ont la foi au Christ, c'est pourquoi la discipline ecclésiastique et l'excommunication doivent être pratiquées envers ceux qui apostasient ou qui ne marchent pas selon le commandement du Seigneur.

Pourtant lorsque la Pâque fut instituée, «toute la communauté d'Israël» *(Ex 12:3)*, «tous les circoncis» *(Ex 12:44, 45)* y participèrent. Il fallait être circoncis pour avoir part à la Pâque, mais les enfants aussi avaient part à la Pâque, pour autant qu'ils aient été circoncis. Toutefois, selon ce que nous venons de découvrir dans le texte de 1 Corinthiens 11:27, 28, il est clair que, pour le Nouveau Testament, la cène ne peut pas être administrée à de jeunes enfants incapables de discerner l'état de leur cœur. Cette observation nous permet de comprendre qu'il y a une progression entre les sacrements de l'ancienne et de la nouvelle alliance. Alors qu'il suffisait d'être un descendant physique d'Abraham pour participer à la Pâque, il ne suffit pas d'être un descendant physique d'Abraham et de parents chrétiens pour avoir droit à la cène. Mais il faut connaître la réalité préfigurée par la Pâque, c'est-à-dire être au bénéfice du sacrifice substitutif de Jésus-Christ.

Que dire du baptême ? Peut-il être administré aux enfants des croyants sous prétexte qu'il y a identité entre le signe de l'ancienne alliance et celui de la nouvelle alliance : la circoncision et le baptême ? L'enseignement sur la cène nous montre qu'il y a une progression entre l'ancienne et la nouvelle alliance. Ainsi ce n'est pas l'Ancien Testament qui doit être notre norme pour déterminer l'accès au sacrement mais bien la lumière apportée par le Nouveau Testament.

S'il existe effectivement un parallèle entre les cérémonies de l'Ancien et du Nouveau Testament, c'est davantage entre la Pâque et la cène, qu'entre la circoncision et le baptême. Et si les enfants de l'ancienne alliance avaient part à la Pâque alors que ceux de la nouvelle alliance n'ont pas part à la cène c'est parce que le Nouveau Testament en limite l'accès. Cela nous permet d'affirmer qu'il est abusif de baptiser les nouveaux-nés sur la base de la circoncision de l'Ancien Testament qui était pratiquée sur les jeunes garçons. C'est minimiser la progression et la nouveauté entre la circoncision et le baptême : les deux cérémonies ne sont pas identiques. Certes, elles sont liées l'une à l'autre, elles se réfèrent à une même réalité – la circoncision du cœur – mais il y a une progression entre la circoncision et le baptême. C'est ce que montre fort bien Jérémie 31:31-34 : «Je conclurai une alliance nouvelle... Je mettrai ma loi au-dedans d'eux...» Le peuple de l'alliance nouvelle est celui qui a le cœur transformé. Il ne s'agit plus d'une descendance physique, mais spirituelle. Celle qui est au bénéfice du sacrifice de Jésus-Christ, c'est elle la vraie descendance d'Abraham *(Ga 3:29)*.

Selon Galates 3:16 : «Si vous êtes à Christ, alors vous êtes la descendance d'Abraham, héritiers selon la promesse.» Ainsi Paul nous apprend que la véritable filiation d'Abraham est une filiation spirituelle et que, comme le signe était attribué à la descendance physique dans l'ancienne alliance, c'est à la descendance spirituelle qu'il doit être administré dans la nouvelle alliance. Le fait d'être le descendant physique d'un croyant ne fait pas de nous un membre du peuple de l'alliance de grâce. Bien que nous soyons au bénéfice de nombreux privilèges, en particulier par rapport à la connaissance de l'Evangile, ce n'est que lorsque nous avons répondu à l'appel de Dieu dans la repentance et la foi que le signe du baptême doit nous être administré. Cette nuance est clairement expliquée en Actes 2:39 où la condition de la fin du verset s'applique à l'ensemble des catégories mentionnées au début du passage : «Car la promesse est pour vous, pour vos enfants, et pour tous ceux qui sont au loin, en aussi grand nombre que le Seigneur notre Dieu les appellera.»

La promesse est pour tous ceux que le Seigneur appelle. C'est eux et eux seuls qui doivent recevoir le signe de l'alliance.

Ainsi il y a une nouveauté dans le baptême. Nous pouvons dire que le baptême démontre publiquement ce que la circoncision demandait; c'est-à-dire un cœur nouveau. Le baptême ne peut pas être attribué à ceux qui n'ont pas été circoncis de cœur, qui ne confessent pas la foi en Jésus-Christ. C'est pourquoi, comme la cène, il ne peut pas être attribué aux enfants des croyants.

Quelle est leur utilité?

Vous entendrez parfois des chrétiens dire que le baptême et la cène n'ont aucune utilité, qu'ils ne vous conduiront pas au ciel, qu'ils ne sont pas nécessaires puisque vous êtes nés de nouveau et que l'Esprit de Dieu habite en vous.

Pour faire face à cet argument, examinons la réaction de l'apôtre Pierre chez Corneille. Que fit-il lorsqu'il vit toutes les personnes rassemblées devant lui recevoir le Saint-Esprit et croire au Fils de Dieu? Il ordonna qu'elles soient baptisées *(Ac 10:47, 48)*. Pourquoi? parce que le baptême et la cène sont les signes de l'alliance que Dieu a établie avec Abraham et sa descendance – Christ –, et si vous lui appartenez, si vous avez foi en lui, il vous faut les recevoir car ils sont les signes de votre appartenance à Christ.

Bien que le pain, le vin et l'eau soient des éléments ordinaires, nous recevons cependant une réelle bénédiction spirituelle lorsque nous pratiquons les sacrements car Dieu bénit ceux qui obéissent à ses commandements et il les fortifie au travers de ces moyens de grâce.

Alors si vous appartenez à Christ, ne minimisez pas l'importance des sacrements. L'Esprit qui est en vous atteste que vous êtes enfants de Dieu, mais il vous manque les signes extérieurs de cette réalité. Le baptême est la démonstration visible de votre entrée dans la famille de Dieu alors que la cène est le repas régulier de cette famille. C'est pourquoi, dans l'ordre logique, le baptême devrait précéder la cène dans votre vie. Mais n'attendez pas d'être parfait pour passer par les eaux du baptême puis prendre la cène ; la repentance et la foi en Christ seul suffisent. Sondez-vous vous-mêmes pour savoir si votre confiance se trouve en lui seul pour être sauvé et ne rejetez pas les sacrements que le Seigneur a ordonnés à son Eglise. Ils sont importants pour votre croissance spirituelle parce que l'Esprit de Dieu agit dans le cœur de ceux qui les prennent dans la foi en Christ.

Chapitre 26 :
La discipline ecclésiastique

Matthieu 18:12-18 ; 1 Corinthiens 5:1-13 ;
2 Thessaloniciens 3:6-15

Puisque nous venons d'étudier les sacrements qui témoignent de la grâce de Dieu en nous identifiant à Christ, mort et ressuscité, il est logique que nous abordions à présent le sujet de la discipline ecclésiastique. Il arrive qu'une personne, après avoir reçu les signes extérieurs de la grâce de Dieu, n'en manifeste plus la réalité intérieure. Que faut-il faire alors ?

L'expression «discipline ecclésiastique» est parfois mal comprise et mal reçue. On entend des phrases comme celle-ci : «L'Eglise n'est-elle pas le lieu par excellence de la tolérance et de l'amour ? Ne devons-nous pas nous contenter de prier pour le frère qui vit dans le péché plutôt que de le reprendre ?» Et encore : «Pour qui vous prenez-vous pour oser reprendre un pécheur ? N'êtes-vous pas aussi pécheur que lui ?»

Ainsi, pour découvrir l'enseignement biblique à ce sujet, il faut tout d'abord nous rappeler quelle est la mission de l'Eglise. Matthieu 28:19 déclare : «Allez, faites de toutes les nations des disciples, baptisez-les au nom du Père, du Fils et du Saint-Esprit et enseignez-leur à garder tout ce que je vous ai prescrit.» Cette citation du Seigneur nous rappelle que la mission de l'Eglise consiste à faire des disciples. Nous avons ici un mot de la même famille que «discipline».

La discipline ecclésiastique est le moyen divinement institué par lequel, avec la grâce de Dieu, on forme des disciples. Cette discipline est nécessaire et vitale pour qu'une Eglise locale demeure une véritable Eglise de Dieu. Car s'il n'y a pas de discipline, il n'y aura pas de disciples, et s'il n'y a pas de disciples, il n'y aura ni obéissance aux commandements de Dieu, ni adoration de Dieu.

«Disciple» et «discipline» sont deux termes qui contiennent une notion double. Tout d'abord celle d'instruire. Selon le passage de Matthieu 28:19: «Faites des disciples… enseignez-leur à garder tout ce que je vous ai prescrit…», faire des disciples consiste premièrement à inculquer les préceptes du Seigneur Jésus-Christ. Il s'agit de la discipline formative, ou préventive. Le deuxième aspect consiste à garder «tout ce que je vous ai prescrit». C'est à dire non seulement d'écouter et de recevoir l'enseignement, mais encore de le pratiquer, de se détourner des anciennes manières de vivre. Dans ce cadre-là, on parle d'une discipline curative, qui cherche à guérir.

Les deux aspects sont importants. Dans l'Eglise il faut former et guérir. L'Eglise doit agir comme un médecin qui emploie l'une ou l'autre de ces techniques en fonction des besoins. L'Eglise doit nourrir chacun de ses membres. Elle doit lui donner un cadre propice à son développement spirituel, à sa croissance chrétienne. Mais elle doit aussi protéger contre le péché. Cette discipline formative, préventive, s'exerce par l'enseignement, la communion fraternelle et les prières.

L'Eglise est également responsable d'employer les mesures curatives que le Seigneur lui a données pour aider chacun à rompre avec sa vie passée, avec le péché visible dans sa vie, et c'est cette discipline-là que nous allons étudier plus particulièrement.

Avant d'entrer dans le vif du sujet il est nécessaire de nous rappeler trois vérités fondamentales.

1°) L'Eglise ne lit pas dans les cœurs:

Quand une Eglise accepte une personne comme membre, lorsqu'elle lui administre les sacrements du baptême et de la cène, elle le fait uniquement sur des évidences visibles: une profession de foi crédible et une vie qui est en apparente progression dans la sainteté. Mais, puisqu'elle ne lit pas dans les cœurs, il est possible qu'elle se trompe parfois et qu'elle administre les signes de l'alliance à des personnes qui ne devraient pas les recevoir, parce que leur cœur n'a pas été transformé.

2°) Dieu est celui qui sauve efficacement des pécheurs et qui les mène à bon port :

Pourtant, les pécheurs ne sont pas sauvés sans la persévérance. Un bon nombre de versets du Nouveau Testament le soulignent. Par exemple Matthieu 10:22 : «Celui qui persévèrera jusqu'à la fin sera sauvé.» Prenons l'illustration d'un cycliste. S'il ne continue pas à pédaler, il finira par s'arrêter ou reculer. Ainsi en est-il aussi dans la vie chrétienne. C'est la persévérance dans la foi qui révèlera au fil du temps si votre cœur a vraiment été transformé par notre Dieu.

3°) La discipline, tout comme les sacrements, est un commandement du Seigneur lui-même :

La discipline est donnée à l'Eglise pour éprouver les cœurs, pour éprouver la réalité de la vie chrétienne, et si nécessaire, pour purifier l'Eglise.

Quels buts la discipline vise-t-elle ?

Elle vise trois buts qui nous montrent bien qu'elle ne doit pas être envisagée comme une punition.

Le premier but est le bien spirituel du frère qui se trouve dans le péché :

Le Seigneur déclare : «Si ton frère a péché, va et reprends-le seul à seul. S'il t'écoute, tu as gagné ton frère» *(Mt 18:15)*, alors que Paul affirme : «... qu'un tel homme soit livré à Satan pour la destruction de la chair, afin que l'esprit soit sauvé au jour du Seigneur Jésus !» *(1 Co 5:5)*. Le premier but de la discipline est donc de gagner le frère qui vit dans le péché. Elle vise son bien spirituel, même si son corps devait en souffrir. La discipline est le moyen que Dieu a donné pour tenter de ramener dans le droit chemin celui qui s'en est détourné.

Ainsi, pratiquer la discipline ecclésiastique, ce n'est pas rejeter un frère ou lui vouloir du mal. Au contraire, c'est témoigner un réel souci et un amour vrai pour celui qui vit dans le péché. Ce n'est pas – comme on pourrait le penser – un doigt accusateur pointé vers l'autre pour l'écraser, c'est plutôt une main tendue qui cherche à le ramener à Dieu et à son Eglise.

Le second but est le bien de l'Eglise de Dieu :

«Il n'est pas beau, votre sujet de gloire! Ne savez-vous pas qu'un peu de levain fait lever toute la pâte? Purifiez-vous du vieux levain, afin que vous soyez une pâte nouvelle, puisque vous êtes sans levain, car Christ, notre Pâque, a été immolé.» *(1 Co 5:6, 7)* Le bien de l'Eglise n'est pas une croissance numérique à tout prix. C'est plutôt qu'elle soit préservée du péché et de la gangrène que celui-ci entraîne. Le second but de la discipline ecclésiastique est donc de ne pas permettre au pécheur scandaleux ou à l'hérétique de répandre ses horreurs et ses erreurs au sein de l'Eglise afin qu'elle ne soit pas contaminée.

Qu'arriverait-il si une Eglise tolérait, en son sein, un voleur notoire, un jeune couple vivant en concubinage, une personne aux pratiques sexuelles déviantes?... En l'espace de très peu de temps ces pratiques deviendraient monnaie courante parmi ses membres.

Le troisième but est l'honneur du Seigneur :

Qui a institué la discipline et l'a donnée à son Eglise? Le Seigneur lui-même! Si nous préférons la flatterie des hommes à l'obéissance au Seigneur en cette matière, c'est Jésus-Christ lui-même qui sera déshonoré. Il agira envers une telle Eglise comme il a agi envers l'Eglise de Thyatire *(Ap 2:18-29)*. Il l'avertira, puis lui retirera son chandelier.

La discipline vise le bien du frère, le bien de l'Eglise et l'honneur du Seigneur. Ne pas la pratiquer c'est préférer l'apostasie de votre frère à son progrès, c'est préférer l'impureté de l'Eglise à sa pureté, c'est préférer le déshonneur du Seigneur à sa gloire. Il n'y a pas d'alternative, alors sachons faire le bon choix.

Dans quel état d'esprit faut-il pratiquer la discipline?

Nous avons vu que la pratique de la discipline est dictée par l'amour: l'amour du frère, de l'Eglise et du Seigneur. Ainsi le sentiment qui doit nous animer lorsque nous pratiquons la discipline n'a rien à voir avec la colère, la vengeance ou les pensées hautaines. C'est l'amour.

Il est significatif d'observer que le texte de Matthieu 18:15 que nous avons lu plus haut, se trouve lié à l'image du berger *(v.12-14)*. C'est dans le contexte de la discipline ecclésiastique que le Seigneur prend cette illustration du berger qui, tout en possédant cent brebis, laisse son troupeau pour aller chercher celle qui s'est égarée. Pour agir ainsi, ce berger doit être animé de courage, de compassion et d'amour. Lorsqu'il retrouve sa brebis, il s'en réjouit, bien plus que pour celles qui ne se sont pas égarées !

Galates 6:1 souligne également l'attitude du chrétien qui pratique la discipline : «Frères, si un homme vient à être surpris en quelque faute, vous qui êtes spirituels, redressez-le avec un esprit de douceur. Prends garde à toi-même, de peur que toi aussi, tu ne sois tenté.» La douceur, l'humilité, la maturité spirituelle sont les attitudes chrétiennes requises afin d'atteindre, par la grâce de Dieu, l'objectif de gagner le frère discipliné et de le ramener au pied de la Croix au lieu de l'endurcir.

Lorsque nous sommes amenés à exercer la discipline ecclésiastique, n'oublions jamais que nous sommes pécheurs, nous aussi. Que nous sommes aussi tombés maintes fois dans le péché. Si nous devons reprendre un pécheur, ce n'est pas parce que nous sommes meilleurs, mais parce que le Seigneur l'a commandé. Nous avons besoin de toute la grâce de Dieu pour ne pas tomber dans l'orgueil. Alors prions pour recevoir sagesse, prudence, ainsi que douceur, humilité et maturité spirituelle.

Nous avons besoin de sagesse parce que, comme dans l'éducation des enfants, les mêmes paroles n'ont pas le même effet sur tous. Chacun est différent en fonction de sa sensibilité, de son caractère, de son arrière-plan, de sa maturité spirituelle et il est important de prononcer les paroles qui produiront le bon effet, au bon moment. C'est ce que souligne Jude 22, 23 : «Ayez pitié des uns, de ceux qui doutent : sauvez-les en les arrachant au feu. Ayez pour les autres une pitié mêlée de crainte, haïssant jusqu'à la tunique souillée par la chair.»

La discipline ecclésiastique ne ressemble pas à l'inquisition qui cherchait à scruter les cœurs et les consciences des hommes, à découvrir des péchés secrets et cachés aux yeux de tout le monde. Elle ne traite que des péchés visibles, soit en paroles, soit en actes.

Qui doit discipliner?

L'exercice de la discipline est-il réservé à des spécialistes? Non. Matthieu 18:15-18 nous donne les trois cadres légitimes dans lesquels elle doit s'exercer. Verset 15: seul à seul; verset 16: avec deux ou trois personnes; verset 17: devant l'Eglise. Ainsi, la discipline ecclésiastique n'est pas réservée à des spécialistes. Si vous êtes chrétien, ce sujet vous concerne. Vous serez un jour où l'autre confronté au péché de votre frère. A un péché qui produira un état d'irréconciliation entre vous et lui.

Comment agir si votre frère a péché contre vous, vous a volé, menti ou sali? Vous plaindre auprès d'un autre membre de l'Eglise ou d'un ancien? Non, ce n'est pas ce que dit notre passage: «Si ton frère a péché, va et reprends-le seul à seul. S'il t'écoute tu as gagné ton frère.» Le Texte reçu* dit même: «Si ton frère a péché contre toi, va et reprends-le (ou convaincs-le) seul à seul.» Le premier cadre de la discipline est privé: toi et ton frère. Ainsi la plus grande discrétion est assurée. Si celui qui a péché se repent, la situation sera réglée sans qu'une tierce personne ne soit au courant.

Si vous vous trouvez dans une situation où il vous faut aller trouver votre frère, avant d'aller chez lui, réfléchissez à l'attitude de cœur qui doit être la vôtre, priez et réfléchissez à la façon appropriée de lui démontrer son péché. Soyez aussi prêt à lui pardonner aussitôt qu'il se sera repenti, parce que l'amour couvre une multitude de péchés. La plupart des cas de discipline se régleront à cette étape car, par la grâce de Dieu, la repentance et le pardon accordé sont deux traits distinctifs du chrétien.

Au moment de la réconciliation on verra deux frères contrits parce que leur différend a offensé Dieu, mais réjouis parce que sa grâce se manifeste envers eux.

Mais que va-t-il se passer si le frère fautif ne se repent pas à cette étape du tête-à-tête privé ? Lisons le verset 16 : « Mais s'il ne t'écoute pas, prends avec toi une ou deux personnes, afin que toute l'affaire se règle sur la parole de deux ou trois témoins. » Le second cadre légitime de la discipline est deux ou trois témoins. Selon notre verset, leur rôle n'est pas de faire pression et d'intimider le coupable pour le convaincre, mais tout simplement de servir de témoins au cas où l'offenseur persiste dans son endurcissement. D'où l'importance de choisir ces témoins parmi les personnes qui jouissent de la confiance de l'Eglise, qui ont une réelle maturité spirituelle et dont le témoignage sera reconnu et accepté par l'Eglise en cas d'endurcissement.

Voici le troisième cadre légitime : si, devant témoins, il y a un nouveau refus de repentance, le verset 17 affirme : « Dis-le à l'Eglise ; et s'il refuse d'écouter aussi l'Eglise, qu'il soit pour toi comme un païen et un péager. » Ainsi, en dernier recours, le cas doit être porté devant l'Eglise. Ce verset démontre que l'Eglise locale – le rassemblement des croyants – est l'instance la plus haute en matière de discipline ecclésiastique.

C'est ce que nous constatons aussi dans 1 Corinthiens 5. Il y a dans l'Eglise de Corinthe un scandale : un homme qui vit avec sa belle-mère, c'est-à-dire la seconde femme de son père. Ce scandale est tel que même les païens n'agiraient pas ainsi. Or Paul, apôtre de Jésus-Christ, n'impose pas sa décision à l'Eglise, il somme cette dernière de prendre elle-même la décision.

Notre Eglise en tant que corps, en tant que rassemblement des croyants, porte la responsabilité ultime devant Dieu de gérer ses propres cas de discipline. Si un membre de notre Eglise se détournait de la foi, après avoir été au bénéfice des sacrements, il serait de notre responsabilité, en tant qu'Eglise, de nous pencher sur l'Ecriture afin de discerner comment agir envers lui. Même si les anciens sont, de par leurs fonctions, ceux qui sont le mieux à même de prononcer la sanction disciplinaire parce qu'ils sont en contact direct avec le pécheur rebelle, c'est l'Eglise qui, en dernière instance, doit ratifier la décision des anciens pour prononcer l'excommunication.

Seul, deux ou trois témoins, l'Eglise. Telle est la procédure commandée par notre Seigneur quand il s'agit de péchés privés. Cependant, dans le cas de péchés publics (comme à Corinthe), il n'y a pas lieu d'agir discrètement; au contraire, l'Eglise doit agir rapidement et intervenir publiquement, afin d'éviter la contamination et le déshonneur du Christ.

De quels moyens faut-il faire usage dans la discipline?

La Parole de Dieu répertorie trois moyens, dans l'exercice de la discipline: admonester ou réprimander, suspendre et excommunier.

Matthieu 18:15 nous parle de l'admonestation. «Si ton frère a péché, va et reprends-le.» Nous avons vu que ce verbe peut aussi être traduit par «convaincre». Il s'agit d'une réprimande, d'un avertissement verbal, face à face, par lequel on cherche – dans l'amour – à convaincre le frère de son péché. Cette admonestation est la seule façon biblique mise à votre disposition pour résoudre votre conflit privé avec un frère. Vous devez prier, bien sûr, mais le Seigneur vous commande aussi d'aller convaincre votre frère en vue de sa repentance.

Si votre admonestation ne porte pas de fruit, nous l'avons vu, il y aura d'autres étapes: l'admonestation avec deux ou trois témoins, puis devant l'Eglise.

Le deuxième moyen, c'est la suspension décrite dans 2 Thessaloniciens 3:6-15.

Que se passait-il à Thessalonique? Des chrétiens, croyant que le retour du Seigneur était tout proche, cessaient de travailler et, une fois leurs économies dépensées, vivaient au crochet des autres. Paul appelle cela une situation de désordre. Or, l'apôtre nous dit qu'en pareil cas, il faut suspendre le frère qui vit ainsi afin qu'il en ait honte, car il désobéit aux principes de la Parole.

En quoi consiste la suspension? «Si quelqu'un n'obéit pas à ce que nous disons dans cette lettre, prenez note de lui et n'ayez avec lui aucune relation, afin qu'il en ait honte» *(v.14)*. «Ne le considérez pas comme un ennemi, mais avertissez-le comme un frère» *(v.15)*. La suspension consiste à considérer celui auquel elle s'applique comme un frère, mais à lui refuser toute relation amicale et fraternelle afin qu'il se rende compte de l'état de désordre et de péché dans lequel il vit et qu'il s'en détourne. La suspension est donc la rupture de toute relation fraternelle avec celui qui est discipliné!

C'est probablement l'étape la plus difficile de la discipline ecclésiastique car il s'agit de n'accepter aucune communion avec ce frère si ce n'est pour discuter de son désordre et de sa désobéissance. Tout en le reconnaissant comme frère, il s'agit de le priver de toute part active dans la vie de l'Eglise. Pas de prière publique; pas d'enseignement à l'école du dimanche; pas de communion étroite avec nous; pas même – et surtout pas – de participation à la cène qui est le signe le plus important de la communion entre nous. Pourquoi une telle rigueur? «Afin qu'il en ait honte» *(v.14)*.

Cette rigueur, si difficile à appliquer, est un signe d'amour pour ce frère, car le but est de l'amener à se rendre compte de sa désobéissance, de la gravité de ce désordre dans l'Eglise de Dieu, afin qu'il en rougisse et qu'il revienne à la vérité.

La suspension est toujours une mesure temporaire qui, si elle ne donne pas de résultat, conduit à la troisième étape de la discipline, l'excommunication.

Le dernier moyen est l'excommunication, ou plutôt, l'expulsion. L'«excommunication» est le terme consacré pour cette troisième étape de la discipline mais il prête à confusion. En effet, lorsque nous pensons excommunication nous pensons privation de la cène, alors que la privation de la cène devrait déjà intervenir à l'étape précédente, celle de la suspension. L'excommunication, telle qu'elle est décrite dans le Nouveau Testament est beaucoup plus que la simple privation de la cène. Voici les expressions qui la décrivent en 1 Corinthiens 5:2: «Otez du milieu de vous»;

5:5: «Livrez à Satan»; 5:13: «Expulsez du milieu de vous»; Matthieu 18:17: «Comme un païen et un péager».

Excommunier, c'est donc rejeter un homme, une femme hors de l'Eglise, dans le royaume des ténèbres. C'est replacer cette personne entre les mains de Satan, comme s'il s'agissait d'un non-chrétien. L'excommunication contient un message extrêmement grave à l'encontre de l'excommunié. Lui qui a été membre de l'Eglise de Dieu, qui en a reçu les signes: le baptême et la cène, est désormais considéré par elle comme un incroyant à cause de son refus de se repentir. Le péché dans lequel il vit, ou l'hérésie qu'il propage, sans se repentir, démontrent que son cœur n'a pas été transformé par l'Esprit de Dieu.

Mais là encore, si une mesure aussi grave est prononcée – en conformité à l'enseignement de la Parole – elle est le témoignage d'un souci réel envers le frère égaré: qu'un tel moyen le fasse revenir au Seigneur, le conduise à la repentance et qu'il soit sauvé.

Ainsi, l'excommunication est un instrument important qui a été donné par Dieu à l'Eglise en vue de la maturité et de la croissance spirituelles de ses membres et nous avons besoin d'en redécouvrir la valeur.

Les Réformateurs se sont battus afin de pouvoir la pratiquer librement. Pierre Viret, le grand réformateur vaudois, a préféré être banni de son pays plutôt que d'abandonner la pratique de l'excommunication dans l'Eglise de Dieu. Alors ne la méprisons pas. C'est un outil précieux que Dieu nous donne. Veillons à l'employer avec prudence, sagesse et humilité en conformité à l'enseignement du Seigneur.

A quels résultats peut-on s'attendre?

Si nous pratiquons la discipline ecclésiastique, nous pouvons nous attendre à l'incompréhension du monde et peut-être même à l'incompréhension d'une partie de l'Eglise. «Comment, vous ne voulez pas me dire que vous avez excommunié cette personne pour un si petit péché ?» Oui, nous l'avons excommuniée, pour un si petit péché, parce qu'il s'est endurci dans son refus de repentance.

De plus vous aurez, probablement, l'opposition et la haine de la personne disciplinée. Rares sont les personnes qui, dans un premier temps, comprennent la discipline comme une bénédiction divine. Il est possible que cette personne, qui a été l'objet de vos prières et de vos tendres soins, en vienne à vouloir détruire l'Eglise de Dieu ou ses responsables ; à vouloir leur porter atteinte physiquement ou verbalement. Mais ne vous laissez pas impressionner.

Il y a des résultats beaucoup plus encourageants. L'œuvre de Dieu qui s'accomplit dans un cœur ; la joie de voir un pécheur qui se repent être réintégré dans l'Eglise, comme ce fut le cas à Corinthe : «Il suffit pour cet homme du blâme qui lui a été infligé par le plus grand nombre, en sorte que vous devez bien plutôt lui pardonner et le consoler, de peur qu'il ne soit accablé par une tristesse excessive. Je vous exhorte donc à faire prévaloir l'amour envers lui...» *(2 Co 2:6-11)*. Et le bonheur de voir une multitude de péchés couverts comme nous dit Jacques à la fin de son épître : «Mes frères si quelqu'un s'est égaré loin de la vérité, et qu'un autre l'y ramène, sachez que celui qui ramène un pécheur de la voie où il s'était égaré sauvera une âme de la mort et couvrira une multitude de péchés» *(Jc 5:20)*, devraient nous motiver à pratiquer la discipline avec confiance en Dieu qui l'a donnée.

La discipline ecclésiastique est un commandement du Seigneur et il nous est impossible de nous abstenir de la pratiquer sans le déshonorer. Il sait exactement de quoi ses enfants et son Eglise ont besoin pour persévérer jusqu'au bout. Si vous aimez vos frères, si vous aimez l'Eglise de Dieu, si vous aimez le Seigneur de l'Eglise et si vous recherchez sa gloire, pratiquez la discipline avec joie et acceptez qu'elle soit pratiquée envers vous, si cela est nécessaire. Elle est le moyen divinement institué pour votre croissance, pour la pureté de l'Eglise locale et pour que son nom soit glorifié.

Chapitre 27 : Le chrétien et l'Etat

Psaume 72 ; 1 Samuel 24:1-16 ; Romains 13:1-13

Pour aborder le sujet «le chrétien et l'Etat», nous devons comprendre que la Parole de Dieu s'adresse à nous sous différents angles en fonction des rôles que nous remplissons.

Elle parle aux enfants en tant qu'enfants : elle les exhorte à être soumis à leurs parents ; mais elle leur parle aussi en tant que pécheurs : elle les appelle à se repentir et à croire au Seigneur Jésus.

Elle parle également aux pères et leur dit d'enseigner leurs enfants ; mais ces pères ont aussi la fonction d'époux et dans ce cas, elle leur parle en tant que maris : elle les exhorte à aimer leurs femmes. Et comme ces pères sont chrétiens, elle les encourage à s'engager dans l'Eglise de Dieu ; lorsque certains d'entre eux sont anciens dans l'Eglise, elle leur donne des consignes pour paître le troupeau de Dieu.

Cependant, la Parole de Dieu ne se limite pas à notre rôle dans le cadre de la famille ou de l'Eglise. Elle s'adresse à nous en tant que citoyens. En effet, nous sommes membres d'une cité et nous appartenons à une nation dans laquelle nous avons également des devoirs à assumer.

Comment être un citoyen fidèle dans votre pays ? Pour qui devez-vous voter lors des prochaines élections ? La Bible nous donne des principes généraux, clairs, concernant le gouvernement et l'exercice de notre responsabilité envers lui en tant que citoyen, afin que nous glorifiions Dieu dans notre pays.

L'autorité politique vient de Dieu

Selon l'apôtre Paul en Romains 13:1-7: «Que toute personne soit soumise aux autorités supérieures; car il n'y a pas d'autorité qui ne vienne de Dieu, et les autorités qui existent ont été instituées par Dieu»; et Jésus-Christ qui déclare à Pilate, sur le point de le condamner: «Tu n'aurais sur moi aucun pouvoir, s'il ne t'avait été donné d'en haut» *(Jn 19:11)*, l'autorité politique vient de Dieu.

Cette première affirmation s'oppose à l'idée très répandue parmi nous que le gouvernement, les structures sociales, etc. sont le fruit d'un consensus établi par les hommes qui ont jugé nécessaire d'avoir des dirigeants. Non! L'autorité politique vient de Dieu: elle n'est pas donnée par le peuple, ni par la majorité. L'Etat reçoit son autorité de Dieu qui, seul, a une autorité absolue sur toutes choses.

Dieu a institué les autorités, il les a établies. Ainsi il est un Dieu souverain, non seulement sur le chrétien et sur l'Eglise, mais aussi sur la nation et sur tout l'univers. Dans sa grâce, il prend soin de l'Eglise mais il prend aussi soin des nations, des villes, des citoyens, qu'ils soient chrétiens ou non. Il leur donne des autorités afin qu'ils puissent jouir d'une vie paisible et tranquille *(1 Tm 2:2)*.

Nous comprenons donc ceci: à côté de l'Eglise, instituée par Dieu, chargée de proclamer l'Evangile, de dispenser les sacrements et d'exercer la discipline ecclésiastique, il y a une autre institution qui tire son autorité directement de Dieu: c'est le gouvernement. L'un n'est pas soumis à l'autre; chacun a reçu une autorité directe de Dieu et doit l'exercer dans la sphère qui lui est propre. L'Eglise et l'Etat sont comme deux enfants d'un même père qui travailleraient tous deux dans des secteurs distincts de la même entreprise familiale. Ils ont chacun leurs responsabilités, dans le secteur qui leur est propre, et ils doivent, chacun, rendre compte au père qui est le directeur principal.

L'Etat est donc une autorité, sous le contrôle de Dieu, chargée de gérer les rapports des hommes, les uns avec les autres.

L'autorité politique sert au bien

Selon Romains 13:4: «Elle est au service de Dieu pour ton bien.» La Parole de Dieu affirme que les autorités sont établies pour notre bien. Elles ont pour mission d'établir et de maintenir un cadre de vie qui permette l'épanouissement et la tranquillité des citoyens, le libre exercice de leurs devoirs spirituels. C'est ce que nous dit 1 Timothée 2:1, 2 – un passage fondamental pour bien comprendre la mission de l'Etat –: «J'exhorte donc, en tout premier lieu, à faire des requêtes, prières, intercessions, actions de grâces, pour tous les hommes, pour les rois et pour tous ceux qui occupent une position supérieure, afin que nous menions une vie paisible et tranquille, en toute piété et dignité.»

La mission de l'Etat n'est pas la proclamation de l'Evangile (c'est la mission de l'Eglise). Mais l'Etat est institué pour qu'une certaine confiance puisse exister entre les hommes, pour que la méchanceté ne triomphe pas sur le bien, que nous ne soyons pas sans cesse inquiétés, volés, agressés, calomniés.

L'autorité politique a reçu la puissance du glaive

Lisons la suite du verset de Romains 13:4: «Mais si tu fais le mal, sois dans la crainte; car ce n'est pas en vain qu'elle porte l'épée, étant au service de Dieu pour montrer sa vengeance et sa colère à celui qui pratique le mal.»

Dieu a doté l'Etat d'un instrument particulier qui est appelé «l'épée» dans ma traduction, qu'on appelle assez couramment «le glaive». Le mot est bien choisi: il ne s'agit pas du bâton de Proverbes 22:15, instrument utile à l'éducation des enfants; il ne s'agit pas non plus de l'épée de l'Esprit (la Parole de Dieu), instrument de la proclamation de l'Evangile. Le glaive de Romains 13:4 est un instrument de jugement par lequel Dieu exerce son jugement sur ceux qui pratiquent le mal.

L'épée est donnée par Dieu à l'Etat pour accomplir une mission particulière qui est de promouvoir un cadre paisible pour notre bien. L'Etat doit encourager le bien et punir le mal. C'est ce qu'enseignent les passages de Romains 13:1-13 et de 1 Pierre 2:13, 14 : «A cause du Seigneur, soyez soumis à toute institution humaine, soit au roi comme souverain, soit aux gouverneurs comme envoyés par lui pour punir ceux qui font le mal et louer ceux qui font le bien.» L'Etat a donc une responsabilité morale en rapport avec le «bien» révélé dans la Parole de Dieu. Il doit combattre le mal, la violence, l'injustice et toute désobéissance ouverte aux commandements de Dieu.

L'Etat doit réprimer le méchant et cela peut inclure la peine capitale envers ceux qui ne respectent pas la sainteté de la vie humaine ; envers ceux qui commettent un meurtre par préméditation. Comprenons bien que cette responsabilité de l'Etat n'est pas en opposition au sixième commandement qui affirme : «Tu ne tueras point.» On cite souvent ce commandement pour démontrer que l'Etat ne peux pas exercer la peine capitale. Non, l'Etat a reçu une autorité déléguée, la puissance du glaive, pour exercer ce jugement. Ce principe se trouve dans l'Ancien Testament : des hommes particuliers, les «vengeurs de sang», étaient établis pour mettre à mort un meurtrier, sans être eux-mêmes coupables de meurtre *(Nb 35:27)*.

Aujourd'hui c'est l'Etat qui «tient lieu de Dieu». Les réformateurs utilisaient l'expression «lieutenant de Dieu» pour qualifier l'Etat. C'est l'Etat qui représente Dieu ici-bas, et en appliquant la peine capitale, il démontre la valeur inestimable de la vie humaine aux yeux de Dieu ; il démontre l'horreur que Dieu éprouve envers tout être humain qui prendrait de sa propre autorité la vie de son prochain. Paul lui-même, dans le livre des Actes, ne s'oppose pas à la peine de mort. Il accepte d'être lui-même condamné à mort, si ses torts sont reconnus. «Si j'ai des torts et si j'ai commis quelque action digne de mort, je ne refuse pas de mourir» *(Ac 25:11)*.

Allons plus loin : si l'Etat doit faire usage du glaive envers les injustes et les meurtriers au sein même de son territoire, s'il doit punir et mettre à mort pour protéger les innocents et les faibles, comment en serait-il autrement quand l'oppresseur vient de l'extérieur, de l'étranger? L'autorité reçue par l'Etat: la «puissance du glaive», inclut dans certains cas l'usage de la guerre afin de protéger les faibles, les innocents, et afin de promouvoir la justice. Cette fonction est périlleuse et difficile – l'analyse de chaque situation pour savoir s'il faut entrer en guerre est souvent complexe – mais cela ne nous permet pas de restreindre la responsabilité de l'Etat. L'autorité politique vient de Dieu, elle est instituée pour notre bien, l'Etat a reçu la puissance du glaive, ce qui implique que dans des cas précis il doit faire la guerre.

Nous considérerons maintenant quatre déclarations concernant le chrétien en rapport avec cette autorité politique.

Le chrétien doit soumission et obéissance à l'autorité politique

«Rappelle-leur d'être soumis aux gouvernements et aux autorités, d'obéir, d'être prêts à toute œuvre bonne» *(Tt 3:1)*. La Parole de Dieu nous exhorte donc à être des citoyens engagés, obéissants, et à pratiquer le bien.

Le chrétien doit être un citoyen sur lequel le gouvernement peut compter quand il a besoin d'appui et de soutien lorsqu'il marche dans la voie de Dieu. Romains 13:5 démontre quel devrait être alors le moteur de cette soumission: «Il est donc nécessaire d'être soumis, non seulement à cause de cette colère, mais encore par motif de conscience.» Le chrétien obéit, non par crainte des sanctions, mais plutôt parce qu'il a compris la mission dont Dieu a chargé le gouvernement. Ce dernier agit comme un représentant de Dieu, comme son délégué. Ainsi la conscience du chrétien – éclairée par la Parole – le contraint à l'obéissance.

Mais cette soumission est-elle inconditionnelle? Non, quand le gouvernement énonce des lois en opposition flagrante aux commandements de Dieu, il dépasse les limites de son autorité et le chrétien doit désobéir. Que devrions-nous faire si un jour l'Etat nous empêchait de prêcher la Parole de Dieu? La réponse de Pierre et de Jean devant le sanhédrin est catégorique:

«Il faut obéir à Dieu plutôt qu'aux hommes» *(Ac 5:29)*.

Il est donc grave de s'opposer au gouvernement sans raison biblique évidente, car c'est résister à l'ordre de Dieu : «Celui qui s'oppose à l'autorité, résiste à l'ordre de Dieu» *(Rm 13:2)*. Par contre obéir à l'Etat quand il désobéit à Dieu est tout aussi grave. C'est lui accorder une autorité qu'il n'a pas et faillir à notre mission chrétienne.

Le chrétien doit respect et honneur à l'autorité politique

Le chrétien doit honorer le gouvernement à cause de la fonction qu'il a reçue de Dieu, même s'il doit parfois l'avertir et lui désobéir. Malgré ses limites et ses faillites, le gouvernement demeure le représentant de l'autorité de Dieu. Nous lisons en 1 Pierre 2:1 : «Honorez le roi.» Et dans le livre des Actes *(23:2-5)*, Paul – malgré les circonstances atténuantes dans lesquelles il se trouvait – s'excuse d'avoir médit de l'autorité en place.

Alors soyons vigilants sur la façon dont nous parlons de nos autorités. Certes, elles peuvent commettre de graves erreurs, elles peuvent se moquer de la loi de Dieu, elles peuvent même s'opposer à la loi de Dieu. Elles peuvent nous faire du mal et nous inciter à enfreindre la loi divine – n'est-ce pas le cas dans plusieurs domaines aujourd'hui ? – mais elles sont toujours les autorités que Dieu nous a données pour notre bien.

Soyez respectueux envers elles, et pensez à David qui – tout en sachant que Saül était rejeté de Dieu et qu'un jour lui-même le remplacerait sur le trône – n'osa pas porter la main sur le roi. Il laissa la vengeance à Dieu, parce que Saül était l'oint de l'Eternel.

Le chrétien doit servir l'autorité politique

«C'est aussi pour cela que vous payez les impôts. Car ceux qui gouvernent sont au service de Dieu pour cette fonction précise. Rendez à chacun ce qui lui est dû : la taxe à qui vous devez la taxe, l'impôt à qui vous devez l'impôt, la crainte à qui vous devez la crainte, l'honneur à qui vous devez l'honneur» *(Rm 13:6, 7)*.

Ces deux versets nous incitent donc à avoir une attitude de service et de loyauté envers le gouvernement, en d'autres mots : à payer nos impôts et nos taxes, parce que cet argent est mis à leur disposition pour l'exercice de leur fonction.

Vous ne devriez pas être comptés parmi ceux qui trichent sur leur déclaration d'impôt mais plutôt parmi ceux qui n'ont pas besoin d'être contrôlés. Vous ne devriez pas être comptés parmi ceux qui attendent la dernière minute pour payer leurs taxes (ce qui entraîne toutes sortes de procédures coûteuses) mais parmi ceux qui se soumettent, parce que «l'autorité vient de Dieu».

Allons plus loin : il est possible pour le chrétien d'accomplir un service actif au sein du gouvernement, puisqu'il est institué par Dieu. Qui serait, en effet, mieux placé que le chrétien – celui qui est régénéré par Dieu et qui cherche à obéir aux commandements de Dieu – pour accomplir cette tâche de magistrat ? Personne ! Lorsque Jean-Baptiste ou le Seigneur Jésus-Christ furent confrontés aux soldats romains, ils ne les ont pas exhortés à quitter leur fonction au service de l'Etat. Si vous croyez que Dieu vous y appelle, engagez-vous et souvenez-vous que la mission du gouvernement n'est pas celle de l'Eglise : votre responsabilité en tant que magistrat ne sera pas, d'abord, de prêcher l'Evangile mais d'établir un cadre moral, paisible et utile, afin que la piété et la dignité humaine puissent se développer harmonieusement.

Le chrétien doit prier pour l'autorité politique

Lisons 1 Timothée 2:1, 2 : «J'exhorte donc, en tout premier lieu, à faire des requêtes, prières, intercessions, actions de grâces, pour tous les hommes, pour les rois et pour tous ceux qui occupent une position supérieure, afin que nous menions une vie paisible et tranquille, en toute piété et dignité.»

Le chrétien prie parce qu'il est conscient de sa propre faiblesse et de sa dépendance totale de Dieu en toutes choses. Il prie également parce qu'il se rend compte de la mission difficile des autorités et qu'il est conscient que la liberté dont l'Eglise a besoin pour proclamer l'Evangile dépend en grande partie de la façon dont les autorités exercent leur mission. C'est pourquoi le chrétien prie tout spécialement pour les autorités, il intercède et rend grâces pour les autorités que Dieu lui a données. Soyons plus prompts à prier pour nos autorités qu'à les critiquer dans l'accomplissement de leurs tâches. Calvin disait qu'en général, les hommes ont les autorités qu'ils méritent!

Se soumettre et obéir, respecter et honorer, servir et prier, telles sont vos responsabilités de chrétiens envers les autorités que Dieu a instituées pour votre bien et pour l'exercice de sa justice ici-bas.

Jusqu'ici nous avons vu les principes généraux concernant le sujet du gouvernement. Je suis sûr qu'ils ont suscité, au fond de vous, autant de questions qu'ils en ont résolues. C'est pourquoi nous terminerons en essayant de répondre à quatre d'entre elles.

Première question :

Elle trouve son origine dans la pensée pacifiste : «N'est-il pas plus constructif de rechercher à réformer le meurtrier plutôt que de le condamner à mort?» Et dans la même veine : «Notre Etat ne devrait-il pas envisager un désarmement unilatéral plutôt qu'une préparation à la guerre?»

Cette question résulte d'une confusion entre la mission des deux institutions que Dieu a établies : l'Eglise et l'Etat. L'Etat n'a pas pour mission première de réformer les vies ; c'est là la mission de l'Eglise qui l'accomplit au moyen de la proclamation de l'Evangile et qui s'attend à Dieu pour transformer les cœurs et amener les pécheurs au pied de la croix. L'Etat a la mission de protéger les honnêtes gens, les justes, contre les méchants. Or, il existera toujours des méchants ici-bas parce que le cœur de l'homme est tortueux par-dessus tout.

Donc, priver l'Etat de son glaive, l'empêcher d'exécuter la peine capitale, ou de se préparer à la guerre, c'est le priver du moyen que Dieu lui a donné pour exercer sa mission. C'est comme de demander à l'Eglise d'amener ces hommes au salut en la privant de la Parole de Dieu. Demander à l'Etat d'être indulgent envers le meurtrier, ou bien de ne pas se protéger contre le futur envahisseur, c'est l'empêcher de faire usage du glaive qu'il a reçu de Dieu et le contraindre à désobéir au mandat divin qu'il a reçu.

Deuxième question:

«Ne m'est-il pas possible de désobéir au gouvernement pour lequel je n'ai pas voté et que je trouve particulièrement incompétent et corrompu?» Ou: «Ne m'est-il pas possible de désobéir parce que cette forme de gouvernement ne me convient pas?»

Pour répondre à cette question il faut nous rappeler du contexte de l'épître aux Romains. Elle fut écrite par Paul du temps de l'Empire romain. A cette époque le citoyen n'était pas consulté sur la formation du gouvernement ou la nomination d'un nouvel empereur. De plus, il est probable qu'au moment de la rédaction de l'épître, Néron – un des empereurs les plus cruels envers les chrétiens – était au pouvoir à Rome. Pourtant, Paul est catégorique: le chrétien doit soumission, respect, obéissance à ce gouvernement dans toutes les choses légitimes parce que son autorité lui a été donnée par Dieu. Tous les gouvernements sont imparfaits, toutes les formes de gouvernements ont leurs lacunes et leurs failles, cependant ces imperfections ne vous permettent pas de vous dégager de vos responsabilités chrétiennes à leur égard.

Nous pouvons dire que la Parole de Dieu nous donne le principe suivant: un mauvais gouvernement vaut mieux que l'anarchie complète. Et l'expression que nous trouvons dans le livre des Juges: «Chacun faisait ce qui lui semblait bon» est synonyme de chaos qui déplaît à Dieu.

Troisième question:

«Pour qui voter quand il n'y a pas de chrétiens parmi les candidats?» Dans un tel cas la question n'est pas de savoir lequel vous donnera le plus d'avantages fiscaux, sociaux ou autres, mais bien lequel – malgré son état de pécheur devant Dieu – est le plus propre à encourager la justice, le bien, tels que la Parole de Dieu les définit? Lequel d'entre eux va promouvoir le mieux – malgré ses limites, bien sûr – les valeurs chrétiennes telles que la famille, la distinction des rôles dans les sexes, le respect de la vie humaine même des plus faibles, des plus vulnérables, etc.

Quatrième question:

«Que puis-je faire pour ouvrir les yeux de mon gouvernement qui désobéit de façon flagrante à la loi de Dieu?» Prier, bien sûr. Nous devons prier quel que soit le gouvernement. Mais ensuite il nous faut agir. Sur cette question les Réformateurs étaient divisés: certains ont encouragé à une résistance active, d'autres uniquement à une résistance passive. Mais je crois que les chrétiens peuvent et doivent accomplir diverses actions légales et respectueuses des autorités afin de manifester leur désaccord envers le gouvernement et de tenter de le ramener aux principes de la Parole de Dieu. Il peut s'agir de lettres, de référendum, de présence dans les débats sur la place publique, etc.

Mais avant d'entreprendre toute démarche, souvenons-nous de ce que nous avons dit jusqu'à présent, et cherchons à nous remémorer les principes que la Parole de Dieu contient concernant notre attitude à l'égard du gouvernement: Sommes-nous vraiment conscients que l'autorité du gouvernement vient de Dieu et qu'il est en place – malgré ses faiblesses – pour notre bien? Avons-nous compris qu'il a le pouvoir du glaive pour punir le mal et que si nous agissons mal il a le devoir de nous punir? N'avons-nous pas oublié que nous lui devons soumission et obéissance, respect et honneur, service et prières, et que ce n'est que lorsque tous ces aspects seront respectés que nous réussirons à entreprendre des actions vraiment profitables, en comptant sur l'Esprit de Dieu qui, seul, transforme les cœurs?

Chapitre 28 : La mort et la résurrection

Psaume 49 ; Luc 16:19-31 ; 1 Corinthiens 15:35-58

Les deux derniers chapitres traiteront de notre responsabilité individuelle devant Dieu face à la mort et au jugement. En effet, chacun de nous devra se présenter seul devant Dieu : impossible, ce jour-là, de compter sur un voisin, un proche parent ou un conjoint.

A cause des nombreux suicides, des avortements et des discussions actuelles sur l'euthanasie, à cause de la compréhension évolutionniste de la réalité qui fait de la mort un évènement comme un autre, la mort est banalisée. On nous fait croire qu'elle fait partie de notre nature dès les origines. Ainsi on en vient à affirmer que l'homme peut décider de sa propre initiative du moment où il veut mourir.

Et le problème de nos contemporains c'est qu'ils refusent de se poser les questions de fond sur la mort à laquelle tout homme devra faire face un jour ou l'autre. Que se passera-t-il ce jour-là ? Qu'y a-t-il après ? C'est à partir des Saintes Ecritures que nous voulons examiner ces questions.

Chrétien et non-chrétien à l'heure actuelle

Il vous arrive peut-être de penser à la mort, vous demandant ce qu'il adviendra de vous ce jour-là et quelle sera votre destinée. Beaucoup de nos contemporains répondent évasivement à cette question déclarant : « On verra bien le moment venu ! »

Cependant, la Parole de Dieu nous permet d'avoir une

réponse très précise à ce sujet. Elle affirme que c'est ce que vous êtes lors de votre vie qui détermine ce que vous serez après votre mort car il y a continuité entre la condition actuelle de l'homme et sa destinée éternelle.

Selon Jean 15:18, 19, l'humanité est partagée en deux groupes : « Si le monde a de la haine pour vous, sachez qu'il m'a haï avant vous. Si vous étiez du monde, le monde aimerait ce qui est à lui ; mais parce que vous n'êtes pas du monde, et que je vous ai choisis du milieu du monde, à cause de cela, le monde a de la haine pour vous. » D'un côté il y a « le monde », de l'autre ceux que le Seigneur a choisis « du milieu » du monde, qu'il a arrachés de ce monde de ténèbres. Chaque être humain fait partie soit de l'un, soit de l'autre de ces deux groupes. Et c'est en fonction de cette appartenance – et non pas en fonction de vos origines, de vos œuvres bonnes ou de votre attachement à une nation (serait-elle le peuple juif) – que vous pouvez savoir ce qu'il adviendra de vous.

C'est pourquoi il est important que vous vous interrogiez sur votre relation avec Dieu, que vous vous posiez les questions suivantes pendant votre vie ici-bas : Où en suis-je dans ma relation avec Dieu ? Suis-je attaché à Christ, par la foi ? Suis-je certain qu'il a tout payé pour me racheter de mon péché ? Suis-je habité par l'Esprit de Dieu qui m'a régénéré et qui, maintenant, me fait marcher en nouveauté de vie ? Si tel est le cas, l'enseignement qui va suivre sera réconfortant et même exaltant, puisqu'il vous montrera quelle destinée glorieuse vous est réservée.

Par contre, si vous vivez ici-bas en comptant sur votre propre justice pour être accueilli favorablement par Dieu, si vous ne faites aucun cas de Jésus-Christ, ou si vous vous moquez de lui, ce qui va suivre sera un avertissement extrêmement sérieux.

Car, comme le dit clairement la Parole de Dieu en Hébreux 9:27 : « Il est réservé aux hommes de mourir une seule fois après quoi vient le jugement », il n'y aura pas de deuxième chance après la mort. Il n'existe que deux options :

– Soit vous êtes régénéré, habité par l'Esprit de Dieu et dans ce cas, la mort physique et la résurrection de votre corps sont des

étapes qui vous conduiront à l'état final de la perfection du salut.
– Soit vous êtes irrégénérés, esclaves du diable, du péché et de la mort. Dans ce cas la résurrection ne sera pour vous qu'un éloignement à toujours de Dieu.

Chrétien et non-chrétien à l'heure de la mort

A première vue il n'y a pas grande différence entre le chrétien et le non-chrétien à l'heure de la mort. L'un comme l'autre sont recueillis dans un cercueil et mis en terre. Le corps de l'un comme de l'autre retourne à la poussière selon l'affirmation de la Parole de Dieu dans le livre de la Genèse; le corps du fidèle comme de l'infidèle voit la corruption.

Maintenant, pourquoi les hommes doivent-ils mourir? Parce que la mort est la conséquence du péché sur la race humaine entière, comme l'épître aux Romains l'enseigne : «Par un seul homme le péché est entré dans le monde, et par le péché la mort, et qu'ainsi la mort a passé sur tous les hommes, parce que tous ont péché» *(5:12).*

Ainsi, que nous soyons chrétiens ou non, nous devons nous attendre à ce que notre homme extérieur se détruise petit à petit, alors que notre homme intérieur est en train de se développer. Et parce que nous vivons dans un monde déchu, le chrétien – aussi bien que le non-chrétien – doit mourir; il est frappé par la souffrance, les handicaps, la vieillesse, jusqu'à ce que la mort vienne le reprendre. Ainsi Dieu en a-t-il décidé!

Il est donc normal que tout en vous réjouissant de rencontrer votre Seigneur, vous ayez une certaine angoisse, une certaine révolte par rapport à la mort, parce qu'elle est un ennemi – le dernier ennemi – qui nous rappelle que nous vivons dans un monde déchu et pécheur et que, par conséquent, nous ne sommes pas ce que nous devrions être par rapport à Dieu.

D'autre part, la paix qui anime certains incrédules au moment de leur mort n'est pas une preuve de leur salut, mais plutôt la démonstration de leur ignorance. Ils sont un peu comme cet homme qui ignore que la piqûre d'un scorpion peut être mortelle et qui le prend tranquillement dans la main pour l'examiner. S'ils savaient ce que la Bible déclare sur la destinée de l'homme au moment de la mort, ils ne s'en iraient pas paisiblement.

Mais que se passe-t-il donc vraiment à l'heure de la mort? L'âme se sépare du corps et retourne à Dieu en vue de recevoir les prémices de sa récompense ou de sa punition. C'est ce que nous dit le livre de l'Ecclésiaste: «Avant que la poussière retourne à la terre, comme elle y était, et que l'esprit retourne à Dieu qui l'a donné» *(12:7).*

C'est donc dans le domaine de l'âme, de l'invisible, que se situe la grande différence entre le chrétien et le non-chrétien à l'heure de la mort. L'âme de l'un et de l'autre ont des destinées différentes. L'apôtre Paul nous exhorte ainsi à regarder: «… non point aux choses visibles, mais à celles qui sont invisibles; car les choses visibles sont momentanées et les invisibles sont éternelles» *(2 Co 4:18).*

Regardons maintenant, avec l'œil de la foi, aux choses invisibles telles qu'elles sont enseignées dans la Parole de Dieu parce que c'est à cette réalité que nous devons nous attacher.

Chrétien et non-chrétien après la mort

C'est ce que nous appelons communément en théologie «l'état intermédiaire*», c'est-à-dire le temps de la séparation entre l'âme et le corps, dans l'attente de la résurrection finale.

La Bible ne parle pas d'un lieu neutre de sommeil pour toutes les âmes, ni d'un lieu de purification en vue d'une deuxième chance après la mort, le purgatoire, comme l'enseigne l'Eglise Catholique romaine. Au contraire, elle décrit deux destinées bien distinctes.

Lorsqu'il s'agit de la destinée des âmes des chrétiens, la Bible affirme qu'elles sont réunies avec leur Seigneur aussitôt après la mort.

–   «Nous sommes pleins de courage et nous aimons mieux quitter ce corps et demeurer auprès du Seigneur» *(2 Co 5:8)*. Quitter le corps – mourir – c'est demeurer auprès du Seigneur.

–   «Je suis pressé des deux côtés: j'ai le désir de m'en aller et d'être avec Christ, ce qui est de beaucoup le meilleur...» *(Ph 1:23)*. S'en aller – mourir – pour l'apôtre, c'est être avec Christ.

Ainsi, pour le chrétien, la mort est un événement heureux, l'âme se trouve dans le paradis, dans la présence même de Dieu. Jésus ne l'a-t-il pas promis au brigand sur la croix? «Aujourd'hui tu seras avec moi dans le paradis» *(Lc 23:43)*. Cette réalité est confirmée par Hébreux 12:22 qui appelle les morts «les esprits des justes parvenus à la perfection». L'âme du chrétien, au moment de la mort, est rendue parfaite en sainteté, en justice, en pureté parce que rien d'imparfait ne peut entrer dans la présence de Dieu. Elle règne avec Christ, jouit du repos céleste et sert Dieu en l'adorant.

La différence qui existe entre cet état intermédiaire et l'état final du chrétien c'est que son corps ne participe pas encore à cette bénédiction. Il s'agit donc d'une étape intermédiaire en vue de la félicité totale du chrétien lorsque son âme sera jointe à un corps nouveau à la résurrection finale.

Quelle certitude merveilleuse pour celui qui a placé sa foi en Christ. Il ne sera pas séparé de son Seigneur un seul instant. Mais s'il est uni avec le Seigneur ici-bas, il sera uni avec lui pour l'éternité et cette union ne fera que s'accroître et se développer. C'est pourquoi l'apôtre Paul peut dire aux Philippiens 1:21: «La mort m'est un gain.»

Mais quel contraste avec la destinée de l'âme du non-croyant. Puisqu'il vit sans Dieu ici-bas, dans un sens son âme est déjà morte. Cependant, le sort de cette âme s'aggrave lorsqu'elle se trouve dans l'état intermédiaire. Lisons le récit de Lazare et de l'homme riche en Luc 16:23, 24 pour le comprendre: «Dans le séjour des morts, il leva les yeux; et, en proie aux tourments, il vit de loin Abraham et Lazare dans son sein. Il s'écria: Père Abraham, aie pitié de moi, et envoie Lazare, pour qu'il trempe le bout de son doigt dans l'eau et me rafraîchisse la langue ; car je souffre dans cette flamme. » Ce récit qui décrit l'état intermédiaire* nous montre que, dans l'état intermédiaire, l'âme du non-chrétien souffre déjà. Elle se trouve déjà dans le séjour des morts. Elle est déjà en proie au tourment.

Dans l'état intermédiaire, l'âme qui vivait loin de Dieu ici-bas, se voit déjà privée de la grâce générale de Dieu dont elle jouissait pendant sa vie terrestre sans s'en rendre compte. Souvenez-vous comme cet homme riche vivait dans l'abondance et le confort sans penser qu'il s'agissait d'une grâce de Dieu à son égard. Dans l'état intermédiaire, le voilà privé même de la goutte d'eau qui pourrait le désaltérer. Il est là, gardé dans le séjour des morts, dans l'attente du jugement final.

Ainsi, si le corps de chaque homme retourne à la poussière, l'âme des uns est déjà dans la félicité, la paix et la gloire alors que l'âme des autres se trouve dans les tourments, la souffrance et cela de façon irrémédiable.

Chrétien et non-chrétien au retour du Seigneur

La Bible parle du retour du Seigneur comme d'un grand jour où pour tous les hommes – qu'ils soient croyants ou non – aura lieu la réunion de l'âme avec le corps. Lisons Jean 5:26-29 « Comme le Père a la vie en lui-même, ainsi il a donné au Fils d'avoir la vie en lui-même, et il lui a donné le pouvoir d'exercer le jugement, parce qu'il est fils de l'homme. Ne vous en étonnez pas ; car l'heure vient où tous ceux qui sont dans les tombeaux entendront sa voix. Ceux qui auront fait le bien en sortiront pour la résurrection et la vie, mais ceux qui auront pratiqué le mal pour la résurrection et le jugement. »

Nous ne savons que peu de choses concernant le corps des incroyants, et nous avons de la difficulté à imaginer ce qu'il pourrait être puisqu'il s'agit d'un corps de mort, voué au châtiment éternel. Par contre, nous savons quelle sera leur destinée : ils sont réservés au jugement selon le verset 29 de notre passage et supporteront «la honte et l'abjection éternelle» *(Dn 12:2)*; ils iront au «châtiment éternel» *(Mt 25:46)*; et seront jetés dans «l'étang de feu» *(Ap 20:15)*. Une destinée sous la colère éternelle de Dieu.

En ce qui concerne les croyants, la Bible parle d'une transformation semblable au corps glorieux du Seigneur. En Philippiens 3:20: «Pour nous, notre cité est dans les cieux; de là nous attendons comme Sauveur le Seigneur Jésus-Christ, qui transformera notre corps humilié, en le rendant semblable à son corps glorieux par le pouvoir efficace qu'il a de s'assujettir toute chose.» Que savons-nous de notre Seigneur après sa résurrection? C'est qu'il n'était pas comme les autres ressuscités – Lazare et ceux qui ressuscitèrent le jour de sa crucifixion – parce qu'ils moururent à nouveau. Mais notre Seigneur est ressuscité pour ne plus jamais mourir. C'est pourquoi la Parole de Dieu peut parler de notre Seigneur comme du «premier ressuscité d'entre les morts». Il n'était pas le premier à ressusciter, mais il a été le premier à ressusciter comme un esprit vivifiant, c'est-à-dire avec un corps nouveau, incorruptible.

Nous trouvons ces expressions dans 1 Corinthiens 15:35-48, un texte-clef sur la résurrection de notre corps. Les versets 45 et 47 font un parallèle entre Adam et le Seigneur Jésus-Christ et ils déclarent: «... le premier homme, Adam, devint un être vivant. Le dernier Adam (Jésus-Christ) est devenu un esprit vivifiant»; puis «le premier homme tiré de la terre est terrestre, le deuxième homme vient du ciel».

Ces parallèles nous permettent de comprendre ce que sera le corps glorieux des enfants de Dieu. Il y a continuité avec ce que nous sommes actuellement et aussi nouveauté, comme il y a continuité et nouveauté lorsqu'un grain de blé est semé en terre. C'est ainsi que l'apôtre Paul illustre le lien qui existe entre le corps actuel et le corps nouveau *(1 Co 15:35-38)*. La nouveauté réside dans la qualité de ce corps nouveau.

Considérons la résurrection de notre Seigneur Jésus-Christ pour comprendre un peu mieux cela. Le tombeau était vide, le corps de Jésus-Christ n'y était plus. Ensuite le Seigneur est apparu à ses disciples dans un corps semblable à celui qu'il avait auparavant. Il a mangé, on l'a touché… mais en même temps il était nouveau. Il a traversé des portes fermées, il a disparu en un instant. Il y avait continuité et nouveauté. Ainsi en sera-t-il de notre corps ressuscité. Il ne sera pas comparable au corps d'Adam tel qu'il a été créé dans le Jardin d'Eden, mais il connaîtra un état supérieur car il sera semblable au corps du Fils de Dieu après sa résurrection.

Les versets 40 et suivants de 1 Corinthiens 15 nous donnent plusieurs comparaisons instructives pour notre compréhension du corps nouveau qui sera celui du chrétien au retour du Seigneur. Ce sera un corps céleste au lieu d'un corps terrestre – c'est-à-dire un corps parfaitement adapté à la vie dans la présence de Dieu – un corps incorruptible au lieu d'un corps corruptible – il ne pourra être ni détruit ni altéré par le temps – un corps glorieux au lieu d'un corps méprisable – parce qu'il n'y aura plus une seule ombre de péché en nous – un corps plein de force au lieu d'un corps faible – parce qu'il sera habité par la force divine – un corps spirituel au lieu d'un corps naturel (attention, spirituel ne veut pas dire immatériel) – parce qu'il sera soumis en toutes choses à l'Esprit de Dieu – un corps immortel au lieu d'un corps mortel – parce qu'il vivra pour l'éternité dans la présence de Dieu.

Ainsi, les enfants de Dieu attendent une transformation glorieuse, à la ressemblance de notre Seigneur ressuscité. Cette transformation ne touchera pas l'homme seulement mais la création tout entière, qui soupire après le renouvellement de toutes choses *(Rm 8:20-22)*.

Quelle promesse n'est-ce pas ? Vous chrétiens, qui souffrez dans votre corps, vous pouvez regarder au Seigneur et dire « un jour je serai semblable à lui, dans les cieux ». Mais que nous soyons chrétiens ou non, cet enseignement ne peut pas nous laisser indifférents et c'est par là que nous terminerons.

Chrétien et non-chrétien interpellés par cet enseignement

Si vous n'êtes pas dans la foi, si vous vivez selon vos propres désirs, souvenez-vous que c'est votre attitude actuelle envers Jésus-Christ qui déterminera votre destinée éternelle. Ne vous fiez pas aux apparences, elles sont trompeuses. Les choses visibles sont passagères, alors regardez à ce qui est invisible, écoutez avec foi l'enseignement de la Parole de Dieu et repentez-vous de votre péché; croyez au Seigneur Jésus-Christ qui a accompli la réconciliation de son peuple, qui a porté la condamnation à la place du pécheur. Car vous n'aurez pas de seconde chance.

Si vous considérez la mort comme la délivrance de toutes vos souffrances, comme la façon d'échapper à Dieu, sachez que la Bible affirme le contraire. Si vous n'êtes pas dans la foi, la mort est le début de souffrances bien pires que tout ce que vous avez vécu jusqu'à présent. Elles ne feront que s'aggraver et elles dureront éternellement. Je ne dis pas cela pour vous effrayer, pour chercher à vous forcer à venir au pied de la croix, mais parce que c'est la réalité.

Quant à vous qui avez placé votre foi en Christ souvenez-vous que vous avez dans les cieux un Seigneur qui est un Esprit vivifiant. Un Seigneur qui règne, et qui accueille l'âme du croyant dès l'instant de sa mort et l'introduit dans la félicité parfaite de la présence divine. Souvenez-vous qu'il n'y a pas un seul instant où votre âme sera séparée de l'amour de Dieu qui vous a racheté en Jésus-Christ, qui vous a régénéré par l'Esprit de Dieu et qu'il vous accueillera et vous conduira à bon port.

Chapitre 29 : Le jugement dernier

Psaume 97 ; Matthieu 25:31-46 ; Actes 17:30, 31 ; Romains
2:1-11

A cause du mot «dernier», l'expression «jugement dernier» pourrait évoquer pour nous un événement lointain, qui ne nous concerne pas vraiment. Et vous êtes peut-être comme le riche insensé qui n'envisageait pas que sa vie pouvait s'arrêter d'un instant à l'autre. Pourtant il se trouva plus rapidement que prévu confronté à la réalité de la mort et, par là, au verdict du jugement final qui l'attendait.

Le jugement dernier n'est pas une réalité aussi lointaine qu'il y paraît. Car aussitôt que la mort nous frappe, nous nous trouvons dans l'attente de ce jugement dernier, sans pouvoir changer quoi que ce soit à son verdict car, comme nous l'avons vu précédemment, c'est notre vie ici-bas qui détermine le verdict du jugement dernier ainsi que notre destinée éternelle. Pour celui qui n'a pas placé sa foi en Christ afin d'être réconcilié avec Dieu, la sentence est déjà prononcée : il est coupable et demeure sous l'ardente colère de Dieu. Ne vous laissez donc pas induire en erreur par le mot «dernier».

Qui sera jugé lors du jugement dernier?

Serez-vous, en tant que chrétiens, jugés au jour du jugement? Paul annonce aux Athéniens : «Dieu, sans tenir compte des temps d'ignorance, annonce maintenant à tous les hommes, en tous lieux, qu'ils aient à se repentir, parce qu'il a fixé un jour où il va juger le monde selon la justice...» *(Ac 17:30, 31)*. Ailleurs il s'adresse aux chrétiens de Corinthe en ces termes : « Car il nous faut tous comparaître devant le tribunal du Christ afin qu'il soit rendu à chacun d'après ce qu'il aura fait dans son corps, soit en bien, soit en mal » *(2 Co 5:10)*. Ainsi nous devons tous comparaître devant le tribunal de Christ. Il s'agit d'un jugement universel auquel aucun homme n'échappera. C'est ce que nous enseigne aussi, de façon plus générale, le texte de Matthieu 25.

Mais il est important de distinguer entre être « jugé » et être « condamné ». L'innocent accusé à tort attend son jugement avec impatience parce qu'il sait que justice lui sera rendue et qu'il sera déclaré innocent. Il sera jugé, mais il sera acquitté alors que le méchant, lui, sera jugé et condamné. Ainsi les textes bibliques ne disent pas que tout homme sera condamné, mais que tout homme sera jugé.

Non seulement les être humains seront jugés, mais les anges de Dieu le seront aussi : « Les anges qui n'ont pas gardé la dignité de leur rang, mais qui ont quitté leur propre demeure, il les a gardés dans des chaînes perpétuelles au fond des ténèbres en attendant le grand jour du jugement » *(Jude 1:6)*. Si les anges doivent être jugés, comment osez-vous penser que vous échapperez ?

La Parole de Dieu enseigne donc clairement qu'il y aura un jour de grand rassemblement de toute l'humanité, ainsi que des myriades célestes, où tous comparaîtront en jugement devant Dieu. Et vous serez là, comme une infime créature, à vous tenir devant le Dieu tout-puissant, juste et saint !

Et ce jour-là, soyez assurés que, si vous n'êtes pas au bénéfice de la grâce de Dieu, vous serez déclarés coupables. Cette prise de conscience est l'étape qui précède toute vraie repentance et donc aussi toute vraie vie chrétienne.

Qui jugera lors du jugement dernier ?

Selon Actes 17:30, 31 c'est Dieu le Père qui jugera par la médiation d'un homme qu'il a désigné d'avance. Et cet homme, c'est celui qui est mort à la croix, qui a été enseveli dans le tombeau, qui trois jours après est ressuscité des morts par la puissance de Dieu et qui est assis maintenant à la droite de Dieu ; c'est-à-dire son Fils unique notre Seigneur Jésus-Christ.

Ainsi, Dieu le Père a délégué son autorité judiciaire à son Fils, c'est pourquoi 2 Corinthiens 5:10 parle du «tribunal du Christ» devant lequel nous devrons tous comparaître. Le jugement a été remis au Fils dans un but précis, comme nous l'enseigne Jésus en Jean 5:22, 23 : «De plus le Père ne juge personne, mais il a remis tout jugement au Fils, afin que tous honorent le Fils comme ils honorent le Père. Celui qui n'honore pas le Fils n'honore pas le Père qui l'a envoyé».

La Parole de Dieu déclare également que le Seigneur sera assisté – c'est un mystère pour nous – par les croyants et par les anges. Lisons 1 Corinthiens 6:3 : «Ne savez-vous pas que nous jugerons les anges?» et Matthieu 13:49 : «Il en sera ainsi à la fin du monde. Les anges s'en iront séparer les méchants du milieu des justes».

Le juge devant lequel vous aurez à comparaître n'est donc pas un personnage mystérieux dont on ne connaît ni les exigences ni les lois. Bien au contraire, il s'agit du Dieu qui s'est incarné dans notre humanité, qui est venu habiter parmi nous, qui a vécu une vie parfaite ici-bas, qui a donné sa vie pour son peuple. Dieu le Fils, dont toutes les Ecritures nous parlent et qui peut encore être connu aujourd'hui grâce à l'Ecriture et à l'Esprit de Dieu qui l'applique à nos cœurs. Ce n'est pas un Dieu dont les exigences sont voilées, cachées, tenues secrètes. Non, elles sont contenues dans sa loi, et elles ont été accomplies parfaitement par le Fils de Dieu lui-même.

Le juge devant lequel vous comparaîtrez est donc ce Jésus que vous avez peut-être ignoré délibérément pendant tant d'années. Alors sachez qu'il n'est pas resté dans le tombeau : mais qu'il est ressuscité des morts, qu'il est assis à la droite de Dieu et que c'est devant lui que vous vous tiendrez au dernier jour.

Cette vérité est un sujet de frayeur pour le non-croyant, mais c'est une immense consolation pour le chrétien. Certes, ce dernier passera en jugement, mais il sait que son juge est celui qui l'a tant aimé qu'il s'est sacrifié pour lui. Il sait que son juge est en même temps son avocat et son rédempteur, celui qui le défend et qui a payé le prix de la rançon pour lui. C'est pourquoi, vous qui êtes dans la foi, vous pouvez penser à ce jugement avec un cœur paisible, car vous savez que le juge vous acquittera en vertu de sa propre œuvre.

Quand aura lieu ce jugement?

Selon Actes 17:31 Dieu «… a fixé un jour où il va juger le monde selon la justice». Le jugement dernier aura lieu au moment établi par le Père de sa propre autorité et ce jour sera celui de la fin du monde car: «… les cieux et la terre actuels sont gardés en réserve pour le feu, en vue du jour du jugement et de la perdition des impies» *(2 P 3:7)*. Le jour du jugement est celui qui verra la destruction de la terre et le renouvellement de toutes choses.

La Bible fait allusion à un événement soudain et nous exhorte à la vigilance. Matthieu 24:36-39 met en parallèle les jours de Noé, où personne ne s'attendait au déluge, et le jour du jugement final. Les gens mangeaient et buvaient sans se douter de rien, et le déluge arriva. Puis Matthieu 24:42-44 compare le retour du Seigneur et le jugement dernier à un voleur qui entre dans la maison à l'heure où personne ne l'attend. Ces textes, comme celui de la parabole des dix vierges en Matthieu 25:1ss, nous exhortent à être vigilants et à nous préparer à l'avance pour ce jour.

Notre préoccupation ne doit pas être d'essayer de prévoir la date du jugement dernier, mais d'être trouvé fidèle et veillant. C'est l'attente persévérante qui doit caractériser le croyant: «Celui qui persévère jusqu'à la fin sera sauvé» *(Mt 10:22)* et «Quant à nous, nous ne sommes pas de ceux qui se retirent pour se perdre mais de ceux qui croient pour sauver leur âme» *(Hé 10:39)*. Telle est la seule alternative qui s'offre à nous en attendant le jour fixé par le Père: soit la persévérance et le salut, soit le retrait et la perdition.

Lors d'une course à pieds, seul celui qui court jusqu'au bout remporte la médaille souvenir. Celui qui s'arrête en route, que ce soit dix mètres après le départ ou dix mètres avant l'arrivée, a perdu son prix. Si certains d'entre vous sont tentés de baisser les bras ; si la lutte vous semble trop rude ; si le monde vous séduit par ses richesses ; si la lassitude et le manque de discipline font des ravages dans votre vie et que vous avez envie de tout laisser tomber, songez à ce verdict implacable et au jour du jugement dernier ; songez qu'il n'y a que deux possibilités : soit vous persévérez et vous serez sauvés, soit vous vous retirez et vous êtes perdus éternellement. Accrochez-vous donc à Dieu, et implorez-le afin qu'il vous accorde la grâce de continuer jour après jour.

Quelle sera la base du jugement dernier ?

Selon Romains 2:5, 6 le jugement de Dieu s'exercera en fonction de nos œuvres : « Mais par ton endurcissement et par ton cœur impénitent, tu t'amasses un trésor de colère pour le jour de la colère et de la révélation du juste jugement de Dieu qui rendra à chacun selon ses œuvres. » D'autres textes bibliques soulignent la même vérité : « C'est pour cela aussi que nous mettons notre point d'honneur à lui être agréables, soit que nous demeurions dans ce corps, soit que nous le quittions. Car il nous faut tous comparaître devant le tribunal du Christ, afin qu'il soit rendu à chacun d'après ce qu'il aura fait dans son corps, soit en bien, soit en mal » *(2 Co 5:9, 10)*. A ce sujet, considérez aussi tout le passage de Matthieu 25:31-46.

Mais que signifie donc cette expression « vos œuvres » ? Ce sont vos actes, même secrets : « C'est ce qui paraîtra au jour où, selon mon Evangile, Dieu jugera par le Christ-Jésus les actions secrètes des hommes » *(Rm 2:16)*. Ce sont vos paroles : « Je vous le dis : au jour du jugement, les hommes rendront compte de toute parole vaine qu'ils auront proférée, car par tes paroles tu seras justifié et par tes paroles tu seras condamné » *(Mt 12:36, 37)*. Ce sont vos pensées : « Car la parole de Dieu est vivante et efficace, plus acérée qu'aucune épée à double tranchant ; elle pénètre jusqu'à la division de l'âme et de l'esprit, des jointures et des mœlles ; elle est juge des sentiments et des pensées du cœur. Il n'y a aucune créature, qui soit invisible devant lui : tout est mis à nu et terrassé aux yeux de celui à qui nous devons rendre compte» *(Hé 4:12)*. C'est en fonction de vos actes, paroles et pensées que vous serez jugés au jour du jugement dernier.

Cette affirmation vous étonne ! Elle vous paraît peut-être en contradiction avec la justification par la foi. Est-ce à dire que le jugement s'exercera selon les mérites humains ? Certes non, car aucun homme ne peut être justifié aux yeux de Dieu par ses mérites. Mais cette affirmation souligne avec force que nos œuvres révèlent la nature de notre cœur devant Dieu. Car la foi que Dieu donne à ses enfants ne reste jamais sans fruits, mais elle produit des œuvres visibles, comme l'avait bien compris Jacques *(Jc 2:26)*.

Ainsi, lorsque la Parole de Dieu affirme que Dieu vous jugera selon les œuvres, cela ne signifie pas qu'il placera sur une grande balance vos bonnes actions d'un côté et les mauvaises de l'autre. Le salut demeure une pure grâce de Dieu. Le pardon, la vie éternelle et l'acquittement par Dieu sont toujours totalement immérités, car même vos œuvres bonnes sont une grâce et un don de Dieu. Et elles ne sont jamais assez parfaites pour attirer sur vous la faveur divine *(Es 64:6)*.

Mais ces œuvres démontrent où se trouve votre cœur. S'il a été transformé par Dieu et qu'il est attaché à Christ. C'est pourquoi, tout en mentionnant les œuvres mises à jour lors du jugement, ces mêmes textes utilisent des termes qui font allusion à un don immérité. Matthieu 25:34 parle d'un héritage : «Alors le roi dira à ceux qui seront à sa droite : Venez, vous qui êtes bénis de mon Père ; recevez en héritage le royaume qui vous a été préparé dès la fondation du monde.» Un héritage est par définition un don immérité, reçu seulement à cause d'une relation familiale. C'est parce que Dieu vous a adopté en et par Jésus-Christ qu'il vous donne cet héritage gratuitement.

Ainsi, vous serez jugés selon vos œuvres, démonstration de

votre attachement à Christ. Cette vérité prévient tout laxisme et tout laisser-aller car c'est par l'obéissance à l'Evangile, par la soumission à la loi de Dieu, par le zèle dans la lutte contre le péché, par l'amour pour l'Eglise de Dieu que vous démontrez publiquement la réalité de votre foi.

Par conséquent si, après avoir fait profession de foi, vous continuez à vivre comme auparavant ; si vous vous comportez comme les non-croyants sans être attristés par un tel comportement, il y a lieu de vous interroger sur la réalité de votre foi.

Mais attention ! Qu'un tel enseignement ne produise pas en vous une fausse sécurité. Car vos œuvres bonnes, détachées de la foi en Christ, sont totalement insuffisantes pour vous sauver. Comme le montre bien Apocalypse 20:11-15, aucun homme ne sera sauvé par ses œuvres : «Puis je vis un grand trône blanc, et celui qui était assis. Devant sa face s'enfuirent la terre et le ciel, et il ne fut plus trouvé de place pour eux. Et je vis les morts, les grands et les petits, debout devant le trône. Des livres furent ouverts, et un autre livre fut ouvert, qui est le livre de vie. Les morts furent jugés d'après ce qui était écrit dans les livres, selon leurs œuvres. La mer donna les morts qui s'y trouvaient, la mort et le séjour des morts donnèrent les morts qui s'y trouvaient, et ils furent jugés chacun selon ses œuvres. La mort et le séjour des morts furent jetés dans l'étang de feu. C'est la seconde mort, l'étang de feu. Quiconque ne fut pas trouvé inscrit dans le livre de vie fut jeté dans l'étang de feu.» Il faut être inscrit dans le livre de vie pour parvenir au salut. Alors, plutôt que de trouver de la satisfaction dans vos œuvres, «réjouissez-vous de ce que vos noms sont inscrits dans les cieux» comme le disait Jésus *(Lc 10:20)*.

Quel est le but du jugement dernier ?

Pourquoi l'histoire se termine-t-elle par un jugement dernier ? Parce que Dieu veut montrer sa souveraineté et révéler son caractère. Nous sommes parfois comme le psalmiste, dans le

Psaume 73, en regardant ce qui arrive ici-bas. Il nous semble qu'aucune justice n'existe, que les méchants prospèrent, que tout ce qu'ils font leur réussit; alors que les gens honnêtes, les chrétiens sont sans cesse opprimés. Il nous semble que personne ne contrôle les forces du mal qui se déchaînent.

L'enseignement sur le jugement dernier démontre qu'il n'en est pas ainsi: Dieu règne en juste Roi, il terrassera ses ennemis, et rétablira une justice parfaite, conforme à son caractère. C'est pourquoi Romains 2 parle de ce jour comme du jour du «juste jugement de Dieu», où la colère divine déferlera sur le diable, sur les anges déchus, et sur les hommes qui l'auront rejeté et qui auront bafoué les commandements de Dieu toute leur vie. S'ils sont privés éternellement de sa présence et s'ils sont exclus pour l'éternité du royaume où ses commandements sont appliqués, ce n'est que justice.

Mais cet enseignement sur le jugement dernier nous montre aussi la miséricorde de Dieu répandue sur un peuple qui ne méritait que son jugement et auquel il fait grâce et accorde un héritage merveilleux.

Alors, si vous jouissez d'une vie paisible, si vous êtes dans l'abondance matérielle malgré votre rejet de Dieu, rappelez-vous que ce que vous vivez actuellement n'est pas la seule réalité. Au jour du jugement dernier vous aurez à rendre compte de la façon dont vous avez dilapidé ces grâces de Dieu, de votre mépris pour l'Evangile du salut en Jésus-Christ. Dieu vous dira, qu'avez-vous fait de Jésus-Christ? Et cette question tournera à votre plus grande confusion.

Quant à vous qui êtes peut-être découragés devant l'injustice qui règne dans le monde, souvenez-vous que le chrétien – comme les patriarches et le psalmiste – est un homme qui pénètre dans le sanctuaire de Dieu, qui fixe le regard sur la cité céleste et qui, avec foi, attend la réalisation des promesses de Dieu. Même s'il ne les voit pas se réaliser pendant sa vie terrestre, il sait qu'un jour le Seigneur manifestera sa justice parfaite. Gardez confiance en Dieu et persévérez dans la foi en sachant qu'il vient, le juste Juge, le juste Roi.

Quel sera le résultat du jugement dernier ?

Il s'agit, nous l'avons vu, d'une séparation éternelle et radicale, entre d'un côté ceux qui ont placé leur foi en Christ et qui le manifestent par une vie d'obéissance, et de l'autre ceux qui vivent uniquement pour eux-mêmes, qui ont peut-être fait une profession de foi, mais qui, néanmoins, continuent à vivre selon les principes de ce monde, attestant par là qu'il n'y a pas eu de transformation dans leur cœur.

Les premiers auront part au renouvellement de toutes choses, tel que le livre de l'Apocalypse nous le décrit : «Je vis un nouveau ciel et une nouvelle terre ; car le premier ciel et la première terre avaient disparu, et la mer n'était plus. Et je vis descendre du ciel, d'auprès de Dieu, la ville sainte, la nouvelle Jérusalem, prête comme une épouse qui s'est parée pour son époux. J'entendis du trône une forte voix qui disait : Voici le tabernacle de Dieu avec les hommes ! Il habitera avec eux, ils seront son peuple et Dieu lui-même sera avec eux. Il essuiera toute larme de leurs yeux, la mort ne sera plus, et il n'y aura plus ni deuil, ni cri, ni douleur, car les premières choses ont disparu. Celui qui était assis sur le trône dit : Voici, je fais toutes choses nouvelles. Et il dit : Ecris, car ces paroles sont certaines et vraies. Il me dit : C'est fait, je suis l'Alpha et l'Oméga, le commencement et la fin. A celui qui a soif, je donnerai de la source d'eau de la vie, gratuitement» *(21:1-6)*.

Tandis que les autres auront part aux tourments, à la fureur, à l'angoisse, aux ténèbres et au feu qui ne s'éteint pas comme le dit le verset suivant *(Ap 21:8)* : «Mais pour les lâches, les incrédules, les abominables, les meurtriers, les débauchés, les magiciens, les idolâtres et tous les menteurs, leur part sera dans l'étang brûlant de feu et de souffre : cela, c'est la seconde mort.»

Au moment de sa mort, le non-chrétien entend le verdict tomber. Il n'y a plus de possibilité de changer quoi que ce soit pour lui. Par contre, dès qu'il s'approche de Dieu, dans la repentance et la foi dans cette vie présente, il se trouve immédiatement accueilli par Dieu et placé au bénéfice de l'œuvre parfaite de son Fils. Voilà pourquoi il est si important de prêcher l'Evangile autour de nous, annonçant à tout homme qu'il doit se repentir parce que c'est le moyen choisi par Dieu pour rassembler ses élus.

Si vous êtes chrétiens, en réfléchissant à ce sujet solennel, vous avez découvert un peu plus l'immensité de la grâce de Dieu envers vous en comprenant à quoi vous avez échappé. Alors maintenant vous pouvez comprendre pourquoi il y a tant de joie dans le ciel lorsqu'un pécheur se repent. A votre tour, soyez éternellement reconnaissants pour ce Dieu de grâce qui vous a tirés d'une si triste destinée et qui vous donne part à un héritage aussi glorieux.

Conclusion

Que dire pour terminer cet ouvrage, si ce n'est de vous encourager à poursuivre votre réflexion, car je suis bien conscient de n'avoir fait qu'effleurer la plupart des sujets. Le but poursuivi étant davantage de vous donner un survol de la théologie réformée historique sous un angle baptiste, qu'une dogmatique détaillée.

Dans la bibliographie située en fin de volume, vous trouverez une sélection d'ouvrages qui devraient vous aider dans cette démarche. Lisez-les dans un esprit de prière et avec une attitude de soumission à l'Ecriture Sainte et au Dieu Souverain qui l'a inspirée, afin que, par son Esprit, il vous rende de plus en plus conforme à l'image de son Fils *(2 Co 3:18; Col 3:10).*

Bref lexique

Aoriste: L'aoriste est un temps du verbe grec qui s'utilise pour faire référence à une action ponctuelle qui a lieu à un moment précis dans le temps. Parfois dans le grec du Nouveau-Testament, l'aoriste a une signification théologique particulière en désignant une action qui a eu lieu dans un point précis du passé, mais dont les conséquences ou les effets sont encore actuels. (p.168)

Calvin, Jean: Né en 1509 en Picardie. Après des études de théologie (catholique romaine) et de droit, en 1536 il devient le réformateur de Genève, contraint par Guillaume Farel à rester dans cette ville. A part un épisode de quatre ans (de 1538 à 1541) où il doit quitter Genève, banni par les bourgeois de la ville qui réagissent à la publication de son petit catéchisme, il est l'un des pasteurs de cette ville jusqu'à sa mort qui survient en 1564. Par contre, il n'a jamais eu l'autorité politique qu'on lui prête puisqu'il n'a reçu la bourgeoisie de la ville que cinq ans avant sa mort. (p.198)

Etat intermédiaire: Cette expression fait référence à l'état dans lequel se trouve l'âme de l'homme entre le jour de sa mort et celui du retour de Jésus-Christ. Il est intermédiaire car, bien que l'âme du chrétien soit déjà auprès du Seigneur, elle attend encore l'union avec un corps nouveau qui n'interviendra qu'au jour du retour de Jésus-Christ. (p. 270)

Inspiration verbale et plénière: Par cette expression nous voulons dire que la Bible est inspirée (soufflée) par Dieu, jusque dans chacun de ses mots. Plénière vient du latin «plenus» qui veut dire «plein, total». Alors que verbale vient du latin «verbum» qui veut dire «mot». (p. 17)

La Septante: Traduction grecque de l'Ancien Testament hébreu. Elle a été faite à Alexandrie en Egypte au troisième siècle avant Jésus-Christ. C'est souvent à partir de cette version que les auteurs du Nouveau Testament citent l'Ancien Testament. Selon la tradition elle aurait été traduite par septante savants juifs en septante jours. Sans doute que cette tradition doit être rejetée, bien que ce soit d'elle que ce document tire son nom: La Septante, abrégée LXX (septante en chiffres romains). (p. 239)

Libre arbitre: Idée selon laquelle l'homme est totalement libre de ses actes et capable de s'approcher de Dieu par lui-même, indépendamment d'une œuvre première de Dieu dans son cœur. Cette doctrine a été dénoncée par les réformateurs qui ont démontré que l'homme est esclave de sa nature et que, par conséquent, il ne peut et ne veut pas s'approcher de Dieu. Ils affirmèrent que, bien que l'homme soit libre de ses actes et de ses choix, n'étant pas conduit par une force extérieure contraignante, il est néanmoins incapable de s'approcher de Dieu, sa nature étant hostile à Dieu. (p. 121)

Lloyd Jones, Martyn: Né au Pays de Galles en 1899. Après des études de médecine qui le destinaient à une brillante carrière, il accepta un appel au ministère pastoral en 1927, ministère qu'il exerça pendant plus de cinquante ans. Sans aucun doute, il fut le plus grand prédicateur du XXe siècle, tant par la profondeur de son enseignement que par son impact spirituel. Sa mort survenue en 1981 a été une grande perte pour l'Eglise de Dieu. (p. 213)

Malan, César: Né à Genève en 1787 et décédé à Vandœuvres en 1864. Il fut l'un des principaux artisans du réveil de Genève au début du XIXᵉ siècle. Privé de son poste d'instituteur, puis de pasteur à cause de ses positions évangéliques, il fonda une Eglise indépendante qui se réunissait dans la chapelle qu'il s'était fait construire dans son jardin. Son activité littéraire et musicale est abondante. On lui doit plus de mille cantiques et de nombreux traités. (p. 122)

Monod, Adolphe: Né à Copenhague en 1802, il décède à Paris à l'âge de cinquante-quatre ans à la suite d'une longue maladie. Après des études de théologie à Paris et à Genève, il devint l'un des grands pasteur français du XIXᵉ siècle. On lui doit plusieurs volumes de sermons ainsi que ses célèbres «adieux», recueil composé de courtes méditations prononcées sur son lit pendant sa maladie. (p. 122)

Péché originel: Expression qui fait référence au premier péché d'Adam par lequel il entraîna toute l'humanité dans la mort et sous la condamnation de Dieu *(Rm 5:12)*. La Bible enseigne que, par le péché d'Adam, toute l'humanité hérita d'une nature pécheresse car, lorsqu'il pécha, Adam agissait en tant que représentant de l'humanité (comme un chef d'état signe seul un traité qui engage toute sa nation). (p. 86)

Principe régulateur: Le principe régulateur établi par les réformateurs repose sur le texte de Deutéronome Ch.12 v.29 à Ch.13 v.1. Il consiste à affirmer que le vrai culte et l'adoration authentique de Dieu se limitent à ce que Dieu a commandé dans sa Parole. Tout ce qui ne s'y trouve pas expressément mentionné doit en être banni, car l'être humain n'est pas en mesure de savoir par lui-même ce qui plaît à Dieu, ni ce qu'il convient de faire pour l'adorer. Les circonstances du culte (l'heure, les détails du lieu, etc.) sont gouvernées par le bon sens, mais le contenu du culte doit être en accord avec les principes de l'Ecriture. (p. 209)

Révélation générale : C'est la révélation de Dieu lui-même au travers de la création et de la conscience de l'homme. Par elles, l'homme connaît les perfections invisibles de Dieu au point d'être inexcusable lorsqu'il rejette Dieu *(Ps 19; Rm 1:19-21; 2:14, 15)*. Toutefois, il ne peut venir à la connaissance du salut qu'au moyen de la révélation spéciale de Dieu en Jésus-Christ et dans la Bible. (p. 11)

Révélation spéciale : C'est la révélation verbale par laquelle Dieu nous a fait connaître tout ce qu'il veut que nous sachions sur lui pour le salut et la façon de vivre chrétiennement. Cette révélation nous a été donnée dans la Bible. Elle est arrivée à son apogée en Jésus-Christ qui est «La parole faite chair» *(Jn 1:14)*. (p. 11)

Spurgeon, Charles Haddon : Né en 1834 en Grande-Bretagne, il fut un prédicateur remarquable et commença à prêcher à l'âge de 16 ans. A partir de l'âge de 19 ans, il était déjà le pasteur de l'Eglise baptiste de New Park Street à Londres. Ses sermons simples et profonds, publiés chaque semaine à plus de vingt-cinq mille exemplaires embrasèrent la Grande-Bretagne. Son ministère fut extrêmement fécond tant dans la prédication et la formation de pasteurs et missionnaires que dans l'organisation d'œuvres sociales variées. Il mourut en 1892. (p. 122)

Synergie : Vient du grec sun (avec) et ergon (travail). Le synergisme est la doctrine qui affirme que Dieu et l'homme travaillent ensemble. La Bible s'oppose au synergisme dans le salut, alors qu'elle souligne une certaine forme de synergisme dans la sanctification, puisque, lorsqu'il obéit à la Parole de Dieu, le chrétien coopère avec l'Esprit Saint qui œuvre dans sa vie. (p. 171)

Texte reçu (Textus Receptus) : Pour comprendre cette expression, il faut savoir qu'il existe un large débat parmi les protestants actuels quant à l'établissement des textes hébreux et grecs à partir desquels on devrait traduire la Bible actuellement. Bon nombre de théologiens affirment que c'est à l'homme d'établir un texte digne de confiance en comparant les manuscrits actuellement disponibles, c'est ce que l'on appelle «la critique textuelle». Ce faisant, ils se démarquent clairement de la position réformée historique qui confesse la doctrine de «la préservation de l'Ecriture» (cf. *Confession de foi de Westminster* Ch.1 § 8). Ce qui veut dire que Dieu ne s'est pas contenté d'inspirer le texte sacré, mais qu'il a aussi veillé par son Esprit à sa transmission à travers les âges, de telle façon que nous ayons encore aujourd'hui un texte grec, hébreu (et araméen dans certains passages) infaillible et totalement digne de confiance. C'est ce texte que l'on appelle le texte reçu. Il se compose du texte grec du Nouveau Testament qui a été maintenu pendant les seize premiers siècles de notre ère dans les Eglises d'orient parlant le grec, raison pour laquelle on le nomme «byzantin» et du texte hébreu de l'Ancien Testament appelé massorétique. Pour creuser la question, voir l'excellent chapitre du pasteur P. Courthial in *De Bible en Bible*, Lausanne, L'Age d'Homme/ Kerygma, , 2002. (p. 251)

Bibliographie

Voici une bibliographie sélective pour vous encourager à poursuivre votre réflexion dans une perspective analogue à celle que vous avez découverte dans cet ouvrage. Bien que la littérature anglophone soit beaucoup plus abondante, nous avons cherché autant que possible à nous limiter à des ouvrages en français.

R. Baxter, *Le ciel ou le vrai repos*, Châlon-sur-Saône, Europresse, 1992, 189 p.

J. Blanchard, *Où donc est passé l'enfer?*, Châlon-sur-Saône, Europresse, 1993, 303 p.

H. Blocher, *Péché et Rédemption*, Vaux-sur-Seine, Faculté libre de Théologie Evangélique, Fac étude, 1983, 458 p.

J.M. Boice, *Le Dieu souverain*, Saint-Légier, Emmaüs, 1981, 222 p.

J.M. Boice, *Le Dieu qui libère*, Saint-Légier, Emmaüs, 1987, 216 p.

G. Bray, *La doctrine de Dieu*, Cléon d'Andran, Excelsis, Théologie, 2003, 272 p.

F. Buhler, *Retour de Christ et millénium. Schémas des principaux systèmes prophétiques*, Mulhouse, Centre de Culture Chrétienne, 1976, 57 p.

J. Calvin, *L'Institution chrétienne*, édition abrégée en français moderne, Lausanne, Presses Bibliques Universitaires, 1985, 237 p.

J. Calvin, *L'Institution chrétienne*, Genève, Labor et Fides, 1958 (Nouvelle édition chez Kerygma, Aix-en-Provence, en 4 volumes).

P. Courthial, *La foi en pratique*, Aix-en-Provence, Kerygma, Synapse éthique, 1986, 45 p.

P. Courthial, *De Bible en Bible, le texte sacré de l'Alliance*, Lausanne, L'Age d'homme/Kerygma, Messages, 2002, 203 p.

S. Ferguson, *Connaître Dieu pour l'adorer*, Châlon-sur-Saône, Europresse, 2003, 172 p.

S. Ferguson, *L'Esprit Saint*, Cléon d'Andran, Excelsis, Théologie, 1999, 319 p.

W.J. Grier, *Le grand dénouement, le retour de Jésus-Christ*, Mulhouse, Grâce et Vérité, 1977, 135 p.

W. Hendricksen, *Plus que vainqueurs, commentaire sur l'Apocalypse*, Mulhouse, Grâce et Vérité, 1987, 200 p.

M. Horton, *Tout est accompli, regards sur l'œuvre de Christ*, Châlon-sur-Saône, Europresse, 1990, 132 p.

K. Johns, *Aimés de toute éternité, regards sur l'élection divine*, Châlon-sur-Saône, Europresse, 1989, 112 p.

E. Kevan, *La Sainte Cène*, Châlon-sur-Saône, Europresse, 1987, 79 p.

E. Kevan, *Jalons pour une Vie Nouvelle*, Mulhouse, Grâce et Vérité, 1988, 128 p.

F. Lacueva, *L'œuvre de la grâce*, Mulhouse, Grâce et Vérité, 1981, 127 p.

C. Malan, *La vraie croix*, Châlon-sur-Saône, Europresse, 1993, 112 p.

S. Olyott, *Fils de Marie, Fils de Dieu, ce que la Bible enseigne sur la personne de Christ*, Châlon-sur-Saône, Europresse, 1984, 139 p.

S. Olyott, *Les trois sont un, ce que la Bible enseigne sur la Trinité*, Châlon-sur-Saône, Europresse, 1990, 109 p.

J.I. Packer, *Connaître Dieu*, Mulhouse, Grâce et Vérité, 1984, 335 p.

J.I. Packer, *Les mots en question*, Mulhouse, Grâce et Vérité, 1991, 218 p.

A.W. Pink, *La Souveraineté de Dieu*, Châlon-sur-Saône, Europresse, 1987, 143 p.

A.W. Pink, *Ils ne périront jamais*, Châlon-sur-Saône, Europresse, 2000, 223 p.

J. Seaton, *La grâce rien que la grâce*, A.P.E.B., diffusion Excelsis et Maison de la Bible, 2000, 24 p.

R. Sheehan, *La Bible, ce qu'elle est, ce qu'elle dit*, Châlon-sur-Saône, Europresse, 1999, 157 p.

P.B. Sing, *The keys of the Kingdom, a study on the biblical form of church governement*, Kembangan, Malaisie, Good News Enterprise GNE, 1995, 417 p.

C.H. Spurgeon, *Tout par grâce*, Strombeek-Bever, Ed. de Littérature Biblique, 1964, 138 p.

J.R.W. Stott, *Du baptême à la plénitude, l'œuvre du Saint-Esprit en notre temps*, Monnetier-Mornex, Ed. Emmanuel, 1978, 126 p.

S.E. Waldron, *A modern exposition of the 1689 Baptist Confession of Faith*, Darlington, Evangelical Press, 1989, 490 p.

P. Wells, *Dieu a parlé*, Québec, La Clairière

T. Wells, *La foi*, Mulhouse, Grâce et Vérité, 1989, 216 p.

Les Textes de Westminster, Aix-en-Provence, Kerygma, 1988, 115 p.

La Confession de la Rochelle, Aix-en-Provence, Kerygma, 1988, 80 p.

La Seconde Confession helvétique, Aix-en-Provence, Kerygma, 2001, 124 p.

La Confession Réformée Baptiste de 1689, Châlon-sur-Saône, Europresse, Comité d'entraide Réformé Baptiste, 1994, 96 p.

PUBLICATIONS CHRÉTIENNES

Publications Chrétiennes est une maison d'édition évangélique qui publie et diffuse des livres pour aider l'Église dans sa mission parmi les francophones. Ses livres encouragent la croissance spirituelle en Jésus-Christ, en présentant la Parole de Dieu dans toute sa richesse, ainsi qu'en démontrant la pertinence du message de l'Évangile pour notre culture contemporaine.

Nos livres sont publiés sous six différentes marques éditoriales qui nous permettent d'accomplir notre mission :

ÉDITIONS IMPACT   IMPACT HÉRITAGE   IMPACT ACADÉMIA

éditions cruciforme   La Rochelle   EUROPRESSE

Nous tenons également un blogue qui offre des ressources gratuites dans le but d'encourager les chrétiens francophones du monde entier à approfondir leur relation avec Dieu et à rester centrés sur l'Évangile.

REVENIR À L'ÉVANGILE

reveniralevangile.com

Procurez-vous nos livres en ligne ou dans la plupart des librairies chrétiennes.

pubchret.org | XL6.com | maisonbible.net | amazon

www.ingramcontent.com/pod-product-compliance
Lightning Source LLC
Chambersburg PA
CBHW071316090426
42738CB00012B/2710